저녁 기도

Evening Prayers: For Every Day of the Year
by Christoph Friedrich Blumhardt

Copyright © 2014 by Plough Publishing House, Walden, New York and Robertsbridge, England.
Korean edition copyright © 2015 by Poiema, an imprint of Gimm-Young Publishers, Inc. All rights reserved.
This Korean edition was published by arrangement with Plough Publishing House.
Originally published in German as *Abendgebete für alle Tage des Jahres*, Furche Verlag, Berlin, Germany, 1926.

지은이
크리스토프 프리드리히 블룸하르트
Christoph Friedrich Blumhardt

1842년 독일 뫼트링겐에서 저명한 목사 요한 크리스토프 블룸하르트(1805-1880)의 아들로 태어났다. 신앙을 실제 삶에서 실천하고 하나님의 기적을 자연스럽게 받아들이는 분위기에서 성장한 그는 아버지의 전철을 밟아 튀빙겐에서 신학을 공부했다. 1869년, 어린 시절을 보낸 중남부 독일의 온천마을 바트볼로 돌아와 아버지의 사역을 도왔고, 아버지가 세상을 떠난 후에도 그곳에서 사역을 이어갔다. 곧 그는 아버지처럼 복음전도자와 성령치유자로 높은 명성을 얻게 된다.

하지만 병든 몸을 이끌고 찾아오는 가난한 노동자들을 대하면서 블룸하르트의 시선은 점점 세상 한가운데로 옮겨간다. 당대의 사회·경제적 문제에 관심을 가지게 된 그는 결국 노동자 탄압에 반대하는 시위에 참석하여 세상을 놀라게 한다. 독일 사민당에 들어가 본격적으로 정치 활동을 시작한 블룸하르트는 뷔르템베르크 지방 의원으로 당선되어 6년간 의정활동을 하기도 했다. 그러나 임기가 마무리될 즈음에 정당 정치에 환멸을 느껴 재선에 도전하지 않은 채, 바트볼로 돌아가 1919년, 생을 마감할 때까지 다시 목회자의 길을 걸었다.

블룸하르트는 인류 발전의 가장 큰 장애물은 실제 삶과 영성을 분리시킨 '일요일만 지키는 신앙'이라고 생각했다. 예배 형식과 자기 구원, 내세에만 집중하여 삶의 진정한 변화와 하나님나라의 정의를 도외시하는 허울뿐인 기독교를 그는 한탄했다. 그의 이러한 사상은 후일 디트리히 본회퍼, 에밀 브루너, 오스카 쿨만, 카를 바르트와 같은 신학의 거장들에게 지대한 영향을 미쳤다. 그의 책 중 《숨어 있는 예수》, 《예수처럼 아이처럼》, 《기다리며 서두르며》(근간) 등이 한국에 소개되어 있다.

옮긴이
칸앤메리
Khan & Mary

서로 다른 언어로 꿈꾸는 이 부부는 한때 석탄을 캐는 광부들로 붐볐던 영국의 작은 시골 마을에서, 브루더호프 형제자매들과 더불어 산다.

저녁 기도
Evening Prayers

크리스토프 프리드리히 블룸하르트

칸앤메리 옮김

포이에마

일러두기
본문의 성경 인용은 대한성서공회에서 펴낸 개역개정판을 따랐으며, 다른 번역을 사용한 경우에는 따로 표기하였습니다.

저녁 기도

크리스토프 프리드리히 블룸하르트 지음 | 칸앤메리 옮김

1판 1쇄 발행 2015. 12. 31. | **1판 6쇄 발행** 2024. 8. 9. | **발행처** 포이에마 | **발행인** 박강휘 | **편집** 강영특 | **디자인** 지은혜 | **등록번호** 제 300-2006-190호 | **등록일자** 2006. 10. 16. | 서울특별시 종로구 북촌로 63-3 우편번호 03052 | 마케팅부 02)3668-3260, 편집부 02)730-8648, 팩스 02)745-4827

본 저작물의 한국어판 저작권은 Plough Publishing House와 독점 계약한 포이에마에 있습니다. 저작권법에 의하여 한국 내에서 보호받는 저작물이므로 무단전재와 무단복제를 금합니다.

값은 뒤표지에 있습니다. ISBN 979-11-5809-039-5 03230 | 독자의견 전화 02)730-8648 | 이메일 masterpiece@poiema.co.kr | 좋은 독자가 좋은 책을 만듭니다. | 포이에마는 독자 여러분의 의견에 항상 귀를 기울이고 있습니다.

머리말

창조의 리듬으로 돌아가는 기도

김영봉 (와싱톤한인교회)

'저녁 기도(Vespers Service)'의 전통이 언제 시작되었는지 정확히 알 수는 없다. 로마의 클레멘스, 알렉산드리아의 클레멘스, 오리게네스, 테르툴리아누스 같은 고대 교부들이 저녁 기도에 대해 언급한 것을 미루어 짐작건대 늦어도 3세기에는 시작되었다고 추측할 수 있다. 아마도 유대교의 준비일 예배가 모델이 되었을 것이다. 유대교인들은 안식일 전날 저녁, 즉 안식일이 시작되는 시간(요즘으로 치면 금요일 저녁)에 모든 일을 중단하고 가장의 인도하에 예배를 드렸다. 유대적 시간 계산법에 의하면 하루의 시작은 아침이 아니라 저녁이다. 전통적인 유대인들이 안식일 전날 저녁에 드리는 예배에 초청받아본 사람들은 그들이 바치는 정성과 예법에 놀란다. 그것이 그리스도인들의 매일 기도로 변모한 것이다.

그 전통이 이냐시오 같은 영성가들에 의해 체계화되었고, 가톨릭교회와 동방교회에서는 매우 귀중하게 여겨졌다. 수도원에서는 매일 드리는 예배 중 가장 중요한 예배로 자리를 잡았다. 하루의 삶을 돌아보며 감사하고 또한 반성하는 것, 그리고 새로운 하루를 주님의 인도하심에 맡기는 것은 깊이 있는 영적 생활에 매우 중요하다. 개혁자들은 가톨릭의 많은 전통과 예전(禮典)을 버렸지만 저녁 기도는 그대로 지켰다. 개신교 중에서도 예전을 중시하는 성공회, 루터교, 감리교 같은 교단이 특히 저녁 기도 전통을 중시했다.

불행하게도, 저녁 기도의 전통은 세속적인 문화와의 싸움에서 패배하여 지금은 수도원으로 퇴각해 있는 실정이다. 현대인의 삶의 환경은 하루를 마감하면서 조용히 물러앉아 기도할 만한 여건을 허락하지 않는다. 전등의 발명은 매일의 리듬을 깨뜨려놓았다. 생산성의 악귀에 사로잡힌 현대인들은 밤을 최대한 연장시켜놓고 온갖 일로 자신과 이웃을 들볶는다. 늦은 밤까지 지치도록 움직이는 것이 현대인의 삶의 패턴이다. 그런 환경에서 저녁 기도 혹은 저녁 예배를 드리는 것은 거의 불가능한 일이다.

크리스토프 프리드리히 블룸하르트의 저녁 기도문을 읽으면서 하나님의 창조 리듬에 맞추어 살아가고 싶은 열망이 내 마음 깊은 곳에서 솟아올랐다. 전깃불로 밤을 밝히고 수많은 일들로 자신을 소모시키는 것이 유익하기만 한 것이 아니라는 사실을 새삼 느꼈다. 저녁이 되면 일손을 멈추고 잠시 물러앉아 하루를 돌아보며 반성하고 감사하며 예배드리고, 남은 시간에는 사랑하는 사람들과 식사를 하고 정담을 나누며 밤을 준비하는 것은 얼마나 복된 삶인가! 하나님께서는 일주일에 하루를 안식일로 정하셔서 일을 멈추고 이미 주어진 복을 감사하고 축하하고 누리고 나누게 하신 것처럼, 하루의 일부를 밤으로 정하셔서 감사하고 축하하고 누리고 나누게 하셨다. 어떻게 우리의 밤을 구속(redeem)할까? 이것이 이 기도서를 손에 든 사람 누구나 고민해야 할 숙제다.

카를 바르트의 전기에 보면 (《칼 바르트》, 복 있는 사람 역간) 크리스토프 프리드리히 블룸하르트에게서 받은 신학적 충격과 영적 영향에 대해 꽤 자세하게 나와 있다. 블룸하르트는 바르트의 신학 형성에 가장 중요한 역할을 한 사람 중 하나다. 그는 젊은 시절에 카리스마적 사역자로 명성을 얻었으나 사회 현실에 눈을 뜬 다음부터 방향을 돌렸다. 그는 진정한 교회 그리고 진정한 제자도에 대해 고민과 연구와 씨름을 지속했고 그로 인해 많은 이들에게 영향력을 미쳤다.

이 기도서는 블룸하르트의 균형 잡힌 영성과 거룩한 삶이 숙성하여 빚어낸 열매다. 한 사람의 기도는 그 사람의 내면과 신학을 보여준다. 그의 기도문들은 비록 간결하지만 그 안에 담긴 영성은 깊고도 풍요롭다. 한 번 읽고 덮을 기도가 아니다. 한 글자 한 글자 음미하면서 읽고 그 정신을 담아 자신의 말로 다시 기도하는 것이 필요하다. 이 기도문들은 저녁 기도로써 쓰인 것이지만 하루 중 어느 때든 읽고 묵상해도 좋다. 또한 이 기도문들은 공동체의 기도로 쓰인 것이다. 그러므로 공동체로 모여 기도하는 것이 제일 좋다. 하지만 개인적으로 읽고 기도해도 유익하다. 다만, 공동체를 기억하면서 기도하면 된다.

이 기도서는 일종의 '거룩한 독서(렉시오 디비나)'를 위한 가이드로 사용될 수도 있다. 저자는 '거룩한 독서'의 네 구성 요소 중 '읽기(렉시오)'와 '기도하기(오라치오)'만 제공해주었다. '묵상하기(메디타치오)'와 '관상하기(콘템플라치오)'는 독자의 몫이다. 독자는 기도문을 읽기 전에 앞에 나와 있는 성경 본문을 먼저 읽고 그 의미를 묵상하면 좋겠다. 그런 다음 그 묵상을 마음에 품고 기도문을 읽고 기도하라. 그러면 그 말씀이 독자의 삶 속에서 소화되어 영적인 살과 피로 변할 것이다. 그것이 진정한 '관상'이다. 관상은 우리 편에서 행하는 어떤 노력이 아니라 말씀의 살아 있는 능력이 나를 만들도록 맡기고 살아가는 과정이다.

   부디, 이 기도서가 독자의 영적 지평을 활짝 열어주고 일상에 하늘의 신비를 비추는 도구가 되기를 기도한다.

이 책을 사용하시는 분들께

한 세기가 지나도록 전 세계의 수많은 사람들이 여전히 이 저녁 기도문을 사용하는 까닭은 무엇일까요? 이 기도문은 보기 드물게 단순하면서도 권위가 있는데, 이는 기도문을 작성한 크리스토프 프리드리히 블룸하르트가 살았던 경이로운 삶에서 비롯됩니다. 목사이자 신학자였던 그는 디트리히 본회퍼, 파울 틸리히, 카를 바르트에게 많은 영향을 미쳤습니다. 블룸하르트가 생각했던 기도에 대해 카를 바르트는 다음과 같이 썼지요. "마음에 큰 뜻을 품고 무엇인가 소망하고 있다면 전문서적을 읽기보다 기도하라. 신체의 건강과 내면의 견고함을 원한다면 어린아이와 같은 믿음으로 돌아가야 한다. 이 같은 조언을 받아들이는 사람들에게 블룸하르트의 기도문은 큰 도움이 될 수 있을 것이다."

이 현대판 신앙 고전을 이제 새로이 개정해 펴냅니다. 다음은 블룸하르트의 친구이자 블룸하르트 전집 편집자인 유헨 야흐의 소개글입니다.

◆

1919년 블룸하르트가 죽고 난 후 그의 기도문을 모아 만든 이 책은 원래 블룸하르트와 가까이 지내던 사람들만을 위한 것이었다. 독일 바트볼(Bad Boll)에서 목회했던 블룸하르트가 저녁 예배를 드리며 기도문을 읽을 때, 그에게는 그것들을 출판하고자 하는 의도가 전혀 없었다. 이같이 삶의 현장에서 자연스럽게 만들어진 이유로 이 책은 그것을 사용하는 사람들에게 더 많은 사랑을 받게 되었다.

책을 편집할 때, 실제 예배에서 읽힌 기도문의 특성과 기도문이 지닌 본질적 단순성을 그대로 살리기 위해 가능한 한 문체에 변화를 주지 않았다.

블룸하르트를 알고 지냈던 사람들은 모두 그의 목회자다운 성품에 깊은 인상을 받았다. 그의 관심은 단지 자신이 아는 사람들 혹은 자신에게 도움을 요청하는 사람들에 머무르지 않았고 온 세상을 향해 열려 있었다. 블룸하르트는 쉬지 않고 기도했지만 기도에 많은 말을 담지는 않았다. 사람들과 그들의 어려움을 기억하고 그들을 책임지려는 마음으로 하나님 앞에 섰다. 그가 사람들의 염려에 귀를 기울였던 것은 그것이 바로 하나님의 관심사라고 생각했기 때문이다.

그가 기도할 때 언제나 주기도문 전반부의 세 문장을 무의식적으로 입에 올린 것은 그의 기도의 특성을 잘 나타낸다. 그는 자신의 기도를 삶으로 실천했고, 기도 외의 다른 모든 것을 부차적인 것으로 여겼다. "우리가 바라고 구하는 모든 것, 우리의 가장 사소한 걱정까지도 주의 손에 맡기며 기도합니다. 아버지의 이름이 하늘에서와 같이 땅에서도 높임을 받으소서." 블룸하르트의 짧고 응축된 기도들은 세부적인 사항이나 사소한 기도 제목으로 산만하지 않으면서도 우리가 하나님 앞에 꺼내놓고 싶은 모든 내용을 담고 있다. 그의 기도 생활과 그의 모든 삶을 지배했던 말씀은 마태복음 6장 33절, "그런즉 너희는 먼저 그의 나라와 그의 의를 구하라. 그리하면 이 모든 것을 너희에게 더하시리라"였다. 이것이 바로 그의 기도에서 삶의 부차적인 것들에 대한 요청을 좀처럼 찾기 힘든 이유이다.

블룸하르트의 기도에는 평화의 향기가 난다. 감정에 치우친 그런 평화가 아니다. 이 평화는 격변의 시기에도 하나님나라가 여전히 가까이 오고 있음을 확신하는 그의 믿음에서 나오는 것이다. 그는 감사한다. "우리가 하나님나라를 소망하게 하시니 감사합니다. 이 소망으로 인해, 우리는 다시 한 번 삶의 힘을 얻고 새로운 용기와 젊음을 얻습니다. 비록 보이진 않지만 그 나라는 누구도 막을 수 없는 위엄으로 다가오고 있습니다." 하나님의 오심을 기다리는 모든 사람들처럼, 떨리는 마음으로 그는 내면의 고요함을 위해 기도한다. 그 고요함은 하나님의 음성을 듣기 위한 것이며, 우리를 괴롭히는 모든 것을 잊고 그분 앞에 서기 위한 것이다.

사도 바울의 거의 모든 편지가 감사로 시작하듯이 블룸하르트의 기도 역시 언제나 감사와 찬양으로 채워져 있다. 감사만큼 우리의 마음을 가볍게 하는 것은 없기 때문이다. 감사를 드릴 때 우리는 긍정적으로 변한다. 감사 앞에서는 모든 반대와 부정적인 감정이 사라진다. 블룸하르트의 감사는 지나치게 묘사적이거나 피상적이지 않다. 그것은 가슴속 깊은 곳, 하나님께서 주신 우리의 영혼 중심을 향해 있으며 우리는 하나님의 자녀라는 고백에 기초해 있다. 따라서 블룸하르트는 하나님이 우리의 아버지이시고 우리는 그분의 자녀인 것에 대해 어린아이처럼 단순한 감사를 드리는 것을 결코 식상해 하지 않는다.

"자녀이면 또한 상속자 곧 하나님의 상속자요 그리스도와 함께 한 상속자니 우리가 그와 함께 영광을 받기 위하여 고난도 함께 받아야 할 것이니라"(로마서 8:17). 블룸하르트의 기도는 여기서 말하는 고난, 온 세상의 고난에 대한 동정심에서 비롯하지만 그것에 대해 비탄하지는 않는다. 그와 반대로 그의 기도는 담대하고 기쁨에 넘친다. 우리에게 주신 하나님의 약속에 대한 신뢰와, 승리에 대한 확신으로 가득 차 있다. 근본적으로 그의 기도는 모두 한 방향을 가리키고 있다. 즉, 그의 기도는 하나님나라와 구세주의 오심을 구하는 기도다. 우리가 기도할 때, 온갖 죄와 어려움은 오히려 우리의 믿음을 자라게 한다. 기도할 때 우리는 하나님께서 당신의 일을 성취하시는 날, 우리의 모든 아픔이 사라질 것을 더욱 확신하게 될 것이다.

기도를 들으시는 주여
모든 육체가 주께 나아오리이다.

시편 65:2

Evening Prayers

1월
January

01월 01일

> 그러므로 너희는 이렇게 기도하라.
> 하늘에 계신 우리 아버지여
> 이름이 거룩히 여김을 받으시오며 나라가 임하시오며
> 뜻이 하늘에서 이루어진 것같이
> 땅에서도 이루어지이다. 마태복음 6:9-10

하늘에 계신 우리 아버지, 아버지의 이름을 거룩하게 하소서. 아버지의 나라가 오게 하여주시며, 그 뜻을 하늘에서 이루심같이 땅에서도 이루소서. 새해에도 우리가 이같이 기도하기를 쉬지 않고, 성도들과 함께 영원하고 거룩한 것을 나누게 하소서. 우리가 걷는 순례의 길에 복을 주셔서, 우리를 속박하는 모든 것들로부터 벗어나게 하시고 암울한 시절에도 주님의 은혜를 잊지 않고 늘 감사하게 하소서. 주님의 이름을 높이며 예수님의 가르침을 따라 기도합니다. 아멘.

Our Father in heaven, may your name be honored. May your kingdom come and your will be done on earth as in heaven. May this continue to be our prayer in the new year, and may we find fellowship with one another in what is eternal and holy. Bless us on our way. Bless us on our earthly pilgrimage so that we may remain free from all bondage, able to thank you day and night for all the good you do, even when things look very dark. We praise your name and we pray as the Savior has taught us. Amen.

01월 02일

이러므로 내가 하늘과 땅에 있는 각 족속에게 이름을 주신
아버지 앞에 무릎을 꿇고 비노니
그의 영광의 풍성함을 따라 그의 성령으로 말미암아
너희 속사람을 능력으로 강건하게 하시오며
믿음으로 말미암아 그리스도께서 너희 마음에 계시게 하시옵고
너희가 사랑 가운데서 뿌리가 박히고 터가 굳어져서. 에베소서 3:14-17

주 우리 하나님, 아버지 앞에 우리가 모였습니다. 주님은 말씀을 통해 자신의 일부를 우리에게 주셔서, 우리가 주님의 제자, 하나님의 자녀가 되게 하셨습니다. 어떤 일을 당해도 흔들리지 않고 믿음을 지킬 수 있게 하셨습니다. 슬픔 가득하여 힘겨운 나날을 보낼 때 우리를 기억하시고, 주님의 백성을 친히 돌보소서. 이 땅이 아무리 캄캄해도 우리의 믿음 흔들리지 않게 하소서. 주님은 우리를 강건하게 하십니다. 우리의 힘으로는 아무것도 할 수 없습니다. 그러나 성령님은 우리를 새롭게 하십니다. 우리가 깨어 있게 도우시며 우리에게 영원한 기쁨을 주십니다. 우리는 주님의 백성, 그 품에 안겨 온갖 슬픔을 잊고 기뻐하는 주님의 자녀입니다. 아멘.

Lord our God, we have gathered in your sight. We thank you that through your words you have given something of your very self to help us be your disciples, your children, who stand firm in faith and trust throughout our lives, whatever our lot may be. Help us in these times, and when days grow difficult and full of grief, hold your people securely in your hand. Help us to be firmly rooted in faith, however dark it is on earth. You can give us strength and courage; we can do nothing in our human strength. But the power of your Spirit can renew us, make us alert, and fill us with lasting joy. For we are your people, your children, and when held in your hand, we can rejoice in spite of all grief. Amen.

01월
03일

> 여호와께서 땅끝까지 선포하시되
> 너희는 딸 시온에게 이르라. 보라 네 구원이 이르렀느니라.
> 보라 상급이 그에게 있고 보응이 그 앞에 있느니라 하셨느니라. 이사야 62:11

주 우리 하나님, 우리가 주님의 승리를 확신하며 마음 열고 주님을 만날 수 있게 하시니 감사합니다. 우리가 즐거이 외칠 것입니다. "하나님의 구원의 날이 다가왔습니다! 예수 그리스도의 날이 온 세상 모든 민족 위에 동틀 것입니다." 늘 곁에 계셔서 우리를 도우소서. 고난의 때에 주의 성령을 보내서서 우리가 힘을 얻게 하소서. 모든 나라들을 주님 앞으로 모으소서. 우리가 그들에게 선포하겠습니다. "우리의 하나님, 곧 여러분의 하나님께서 여러분을 구원하실 날이 가까이 왔습니다. 모두 마음을 놓으십시오. 그 날이 오면 우리가 함께 하나님의 영광을 영원토록 기뻐할 것입니다." 아멘.

Lord our God, we thank you that we may go to meet you with open hearts, with jubilant faith, and with this joyful shout, "God's salvation is coming! Through Jesus Christ day is dawning on earth for all nations." Stay with us and help us. Send us your Spirit to strengthen us, especially in times of trouble. Let all nations come before you. Let us tell all peoples, "Be comforted. The salvation of our God, who is also your God, is coming. In this salvation we will rejoice together forevermore to the glory of our God." Amen.

01월
04일

내게 이르시되 너는 나의 종이요
내 영광을 네 속에 나타낼 이스라엘이라 하셨느니라.
그러나 나는 말하기를 내가 헛되이 수고하였으며
무익하게 공연히 내 힘을 다하였다 하였도다.
참으로 나에 대한 판단이 여호와께 있고
나의 보응이 나의 하나님께 있느니라. 이사야 49:3-4

주 우리 하나님, 단 한 번도 우리에게서 도움의 손을 거두지 않으신 주님께 감사드립니다. 우리의 믿음이 헛되지 않은 것을 알고 우리가 기쁨으로 주 앞에 섭니다. 우리를 이끄셔서 우리 앞에 놓인 하늘나라의 상을 바라보게 하시니 감사합니다. 세상 모든 사람들이 그 나라를 보게 될 것입니다. 혼자라고 느낄 수 있는 적막한 시간에 우리와 함께하소서. 인생의 고난을 견뎌내고 유혹에 넘어지지 않도록 우리를 붙드소서. 주께서 우리의 손을 잡고 동행하시니 우리가 요동치 않을 것입니다. 덧없는 이 세상에서 우리를 건지실 분은 바로 주님이십니다. 아멘.

Lord our God, we thank you for the help you have given us over and over again so that we can stand before you, rejoicing in the certainty of faith. We thank you for guiding and leading our lives and for letting us see a goal ahead, a goal to be revealed to all men. Be with us in times of silence when we seem to be alone. Keep us strong and steadfast through temptation and through all the turmoil of life. Help us to remain unshaken, for you walk with us holding us by the hand, and you can lift us above all that does not endure. Amen.

01월 05일

> 흑암에 앉은 백성이 큰 빛을 보았고
> 사망의 땅과 그늘에 앉은 자들에게 빛이 비치었도다 하였느니라.
> 마태복음 4:16

하늘에 계신 우리 아버지, 우리가 고요한 마음으로 주를 찾을 때 가까이 오소서. 성령을 힘입어, 참을성 있게 주의 도움을 기다리게 하소서. 우리가 늘 선한 일에 힘쓰게 하소서. 우리 한 사람 한 사람이 주님의 자녀인 것을 깨달아 아버지의 돌보심을 함께 기뻐하게 하소서. 우리 가운데 주의 뜻이 더욱 충만히 이루어지길 기도합니다. 아버지의 뜻이 이루어질 때, 우리가 참된 자유를 누리고 어두운 곳이 주님의 빛으로 밝혀질 것입니다. 아멘.

Dear Father in heaven, be close to us as we seek you in the quiet of our hearts. Grant us the strength of your Spirit, the strength to wait patiently for your help in our lives. Help us to hold to all that is good. Help us to feel, each one of us, that we are your children and that we may rejoice in your fatherly care. May your will be done more and more fully in us and around us. May your will be done so that we may be given ever greater freeing and your light can dawn where there is still darkness. Amen.

> 헤롯 왕 때에 예수께서 유대 베들레헴에서 나시매
> 동방으로부터 박사들이 예루살렘에 이르러 말하되
> 유대인의 왕으로 나신 이가 어디 계시냐.
> 우리가 동방에서 그의 별을 보고 그에게 경배하러 왔노라 하니.
> 마태복음 2:1-2

주 우리 하나님, 이 땅에 친히 내려오심을 감사합니다. 이 기쁜 소식을 듣는 모든 자들이 그의 별을 보게 하소서. 비록 그리스도인이 아니어도 마음에 진실함이 있다면, 그 빛을 보게 하소서. 그들이 주님의 별을 알아보고 그리스도 예수 안에 있는 구원을 선물로 받게 하소서. 우리가 주님을 더욱 뚜렷이 볼 수 있도록 주님의 빛을 우리에게 비추소서. 주를 부르는 모든 이들을 기억하시고 주님의 백성을 잊지 마소서. 주의 이름으로 모인 백성들이 세상의 빛이 되어 어디에서든지 하나님을 섬기게 하소서. 아멘.

Lord our God, we thank you that you have come to this earth. Let a light shine out again and again among those who hear your gospel, also among those with sincere hearts, whether or not they are Christians. May they come to know your light and receive salvation in Jesus Christ. May your light shine for us and may you appear to us ever more clearly. Remember all who call to you. Remember your people. May your people gather and become a light in your name, serving you wherever they go. Amen.

01월 07일

> 일어나라 빛을 발하라. 이는 네 빛이 이르렀고
> 여호와의 영광이 네 위에 임하였음이니라.
> 보라, 어둠이 땅을 덮을 것이며 캄캄함이 만민을 가리려니와
> 오직 여호와께서 네 위에 임하실 것이며 그의 영광이 네 위에 나타나리니
> 나라들은 네 빛으로, 왕들은 비치는 네 광명으로 나아오리라. 이사야 60:1-3

하늘에 계신 아버지, 우리를 주님의 자녀로 삼으소서. 주님의 보호하시는 날개 아래서 주님의 자녀들이 용기를 얻습니다. 세상의 유혹과 고통 속에서도 주의 사랑과 선하심을 신뢰하게 하소서. 온 누리에 구원의 소식이 전해지고 주님의 이름이 높임을 받도록, 우리를 써주소서. 주께서 우리에게 주신 희망이 해처럼 떠올라, 주님이 사랑하시는 모든 사람들이 내일을 살아갈 힘을 얻게 하소서. 아멘.

Dear Father in heaven, accept us as your children, whose lives are under your protection and who turn to you for strength. In the midst of all the struggles and temptations in this world keep us certain of your love and goodness. Grant that we may help your name to be honored on earth and your salvation to spread over all the world. May we help that the hope you have given us brings light and strength for our own lives and for all whom you love in Jesus Christ. Amen.

01월 08일

사도들이 주께 여짜오되 우리에게 믿음을 더하소서 하니
주께서 이르시되 너희에게 겨자씨 한 알만 한 믿음이 있었더라면
이 뽕나무더러 뿌리가 뽑혀 바다에 심기어라 하였을 것이요
그것이 너희에게 순종하였으리라. **누가복음 17:5-6**

하늘에 계신 우리 아버지, 삶의 곳곳에서 우리를 격려하시고, 주님 안에 생명이 있음을 가르쳐주시니 감사합니다. 언제나 우리를 보호하시는 주님, 우리의 믿음과 소망도 지켜주시니 참 감사합니다. 우리가 성령을 더욱 깊이 체험하여, 악하고 불행한 이 세상에서 주를 전하게 하소서. 거룩한 영이시여, 이 땅에서의 삶과 그 이후의 삶에 대한 소망을 우리에게 주소서. 아멘.

Father in heaven, we thank you for the many ways you strengthen us and reveal your life to us. We thank you for all your protection, also for your protection of our faith and hope. Grant that your Spirit may penetrate us more and more, enabling us to be your witnesses in this evil and unhappy world. May your Spirit give us hope for this life and for the life to come. Amen.

01월 09일

> 우리 주 예수 그리스도로 말미암아
> 우리에게 승리를 주시는 하나님께 감사하노니
> 그러므로 내 사랑하는 형제들아
> 견실하며 흔들리지 말고 항상 주의 일에 더욱 힘쓰는 자들이 되라.
> 이는 너희 수고가 주 안에서 헛되지 않은 줄 앎이라. 고린도전서 15:57-58

주 우리 하나님, 우리가 주님의 사랑 안에 살게 하시니 감사합니다. 세상의 모든 고통이 마침내 사라질 것이라고 약속하신 주님께 감사드립니다. 우리가 주님께 돌이켜 전심으로 기도하오니 우리의 기도를 들으소서. 우리는 연약하나 주님은 강하십니다. 주님의 능력을 소망하고 신뢰하게 하소서. 전능하신 주께서 일어서실 그날까지, 우리 삶의 모든 영역을 주의 손에 맡깁니다. 온 세상이 죄를 용서하시는 주님을 보게 될 그날, 감사와 찬양의 소리가 영원히 그치지 않을 것입니다. 아멘.

Lord our God, we thank you that we are allowed to live in your love. We thank you for your promise that all the suffering on earth shall come to an end. Hear us when we turn to you with all we have on our hearts. We are weak, but you are strong. May we hope and trust in your strength. May our life, with all its practical concerns, remain in your hands until the day when you will act in might and the whole world will know the forgiveness of sins and will praise and thank you evermore. Amen.

01월 10일

> 너희의 하나님이 이르시되 너희는 위로하라 내 백성을 위로하라.
> 너희는 예루살렘의 마음에 닿도록 말하며 그것에게 외치라.
> 그 노역의 때가 끝났고 그 죄악이 사함을 받았느니라
> 그의 모든 죄로 말미암아 여호와의 손에서 벌을 배나 받았느니라
> 할지니라 하시니라. 이사야 40:1-2

주 우리 하나님, 우리를 향한 주님의 사랑과 도우심이 어찌 그리 크신지요! 우리의 잘못과 흠결이 더는 문제되지 않음을 알고, 우리가 평안히 주 날개 아래 거하게 하소서. 주께서 우리 죄를 용서하시고 우리 마음에 착한 씨앗을 심으시니, 우리는 주께서 주신 목표를 향해 앞으로 나아가겠습니다. 우리와 함께하소서. 주의 크신 사랑을 의지하여 우리가 언제나 신실하게 하소서. 주님의 이름이 우리 가운데 높임을 받을 것입니다. 주님 영광을 위해 주께서 모든 것을 선하게 마무리하실 것을 믿고, 우리가 마음의 위로를 얻게 하소서. 아멘.

Lord our God, how great is your love, and how great is your help! May each one of us feel sheltered in your hand, knowing that our faults and shortcomings no longer matter. We can go straight toward the goal you have set, for you will help us through the forgiveness of sins and through all the good you can put into our hearts. And so we ask you to be with us. May we be faithful, believing firmly in your great mercy, so that your name may be glorified among us. May each heart be given the comfort of knowing that everything will yet turn to the good, to the glory of your name. Amen.

01월 11일

> 여호와는 나의 빛이요 나의 구원이시니
> 내가 누구를 두려워하리요.
> 여호와는 내 생명의 능력이시니
> 내가 누구를 무서워하리요. 시편 27:1

하나님 아버지, 하늘 보좌에서 우리에게 내려오소서. 주님의 선하심과 자비로, 빛과 생명으로 우리를 감싸주소서. 우리는 부족하고 연약합니다. 굳건히 서서 믿음을 지켜야 할 때 오히려 길을 잃곤 합니다. 그러나 주님은 신실하셔서 우리 곁을 떠나지 않고 도와주십니다. 날마다 우리를 돌보시고 영혼의 양식으로 먹이소서. 우리 인생이 헛되지 않게 하소서. 우리가 늘 새롭게 다시 시작할 수 있도록, 삶의 순간순간마다 영원한 주님을 경험하게 하소서. 아멘.

Our dear Father, we ask you to come to us from heaven and surround us with your goodness and mercy, with your light and life. We are weak, poor, and lost just when we need to stand firm and hold on. But you are faithful. You stay by us and help us. Continue to help and sustain us, we pray. Do not let our lives be lived in vain. May something of eternity be with us in all we have to face in life, so that over and over again we may find courage to start anew. Amen.

01월 12일

> 네 짐을 여호와께 맡기라.
> 그가 너를 붙드시고 의인의 요동함을
> 영원히 허락하지 아니하시리로다. 시편 55:22

하늘에 계신 우리 아버지, 우리를 향한 주님의 인자하심이 얼마나 넓은지 우리가 몸소 보고 느낍니다. 우리 영혼이 주 안에서 승리를 맛보게 하소서. 신실한 믿음으로 주의 편에 서서 기뻐하게 하소서. 모든 짐을 주님 손에 맡긴 자유로운 영혼이 되어 즐거워하게 하소서. 함께 마음 모아 기도하오니, 우리의 기도를 들으소서. 우리가 바라고 구하는 모든 것, 우리의 가장 사소한 걱정까지도 주의 손에 맡기며 기도합니다. 아버지의 이름이 하늘에서와 같이 땅에서도 높임을 받으소서. 아멘.

Dear Father in heaven, you let us see and feel your great goodness toward us. Grant us the inner help to be victorious in the Savior, rejoicing to be by his side with faith and loyalty, and with the strength of soul that frees us from all burdens by laying them in your hands. Hear us as together we pray to you. All we ask and long for, all our concerns down to the very smallest, we lay in your hands in the one great request that your name be glorified on earth as it is in heaven. Amen.

01월 13일

깨어 믿음에 굳게 서서 남자답게 강건하라.
너희 모든 일을 사랑으로 행하라.
고린도전서 16:13-14

하늘에 계신 우리 아버지, 우리에게 어린아이와 같은 마음을 허락하셔서 모든 것을 사랑의 눈으로 바라보게 하소서. 우리는 비록 약하고 어리석지만, 사랑으로 이해하며 일할 때 선한 결실을 보게 하소서. 하늘에 계신 아버지, 주님은 우리가 겪는 일상의 어려움과 좌절을 아십니다. 우리를 언제나 지켜보고 도우시는 주님, 우리가 그 이름을 높이겠습니다. 아버지의 나라가 오게 하시고, 주의 뜻이 하늘에서와 같이 땅에서도 이루어지게 하소서. 아멘.

Dear Father in heaven, give us childlike hearts so that we may understand everything in the right way. Grant us work that bears fruit in spite of our faults and weaknesses, because we want to work with the understanding given by love. Father in heaven, you know that we are faced day and night with many difficulties and setbacks. But you see us, and you will help us so that your name may be honored, your kingdom may come, and your will may be done on earth as in heaven. Amen.

> 그리스도께서 약하심으로 십자가에 못 박히셨으나
> 하나님의 능력으로 살아 계시니
> 우리도 그 안에서 약하나
> 너희에게 대하여 하나님의 능력으로 그와 함께 살리라.
> 고린도후서 13:4

주 우리 하나님, 우리가 주님 계신 보좌 앞에 나아가 무릎을 꿇습니다. 마음 다하여 구하오니 우리에게 성령을 보내소서. 유일하신 하나님, 모든 생명을 창조하신 주께서 우리 삶을 인도하시고 다스리시기를 기도합니다. 우리가 주의 말씀을 새겨듣게 하소서. 살아가며 겪는 모든 일 가운데 주님의 축복을 발견하게 하소서. 주 앞에 나아가 구하는 우리의 기도를 들으소서. 우리는 가난하고 연약합니다. 우리가 이룰 수 있는 것은 아무것도 없습니다. 지친 우리 마음에 생명을 불어넣으시는 주님, 주께서 모든 일을 바로잡으시고 아버지의 나라를 온 세계에 드러내실 것을 믿습니다. 그때에 모든 사람들이 세상을 향한 아버지의 뜻은 고통과 고난이 아니요, 선함과 생명, 영원임을 깨닫게 될 것입니다. 아멘.

Lord our God, we come into your presence and kneel before your throne, asking you with all our hearts for your Spirit, so that our lives may be guided and ruled by you, the one God and Creator of all life. Let your Word come into our hearts. Give your blessing on all we experience in life and on all we ask of you as we stand before you. We are weak and poor. We can achieve nothing, and our hearts are weary. But you can strengthen us. You can make everything come right to reveal your kingdom throughout the world. Then all the people of our time may come to know that your will for the earth is not distress and suffering, but your goodness, your life, and your eternity. Amen.

01월 15일

> 이와 같이 성령도 우리의 연약함을 도우시나니
> 우리는 마땅히 기도할 바를 알지 못하나
> 오직 성령이 말할 수 없는 탄식으로
> 우리를 위하여 친히 간구하시느니라. 로마서 8:26

주 하나님, 우리에게 주님의 거룩한 영을 보내시고, 온 세상에 성령을 보내셔서 어두운 이 땅 위의 사람들에게 주의 빛을 밝히소서. 주님의 권세를 드러내셔서 하늘나라의 통치가 시작되게 하소서. 오, 주님, 주님의 뜻을 이루소서. 주님의 보좌 앞에 무릎 꿇고 나아가 간절히 기도하오니 연약한 우리를 도우소서. 우리에게 복을 내리소서. 그리스도의 은혜를 받아들이는 사람들, 기꺼이 주님을 따르고자 하는 사람들의 마음속에 주님의 나라를 세우소서. 주의 권능으로 우리를 이끄시고 다스리소서. 오, 주 하나님, 우리의 아버지, 성령으로 우리와 함께하소서. 아멘.

Lord God, send your Spirit, we pray, over us and over the whole world. Let your light dawn on earth among men. Reveal your power and let your reign begin. May your will be done, O Lord. We kneel before your throne and plead to you. We are weak, Lord, help us. Bless us. Establish your kingdom in the hearts of those who are willing to follow you, who are willing to accept your grace in Jesus Christ. Help us through your strength. Reign over us. Be with us with your Holy Spirit, O Lord God, our Father. Amen.

왕이신 나의 하나님이여 내가 주를 높이고
영원히 주의 이름을 송축하리이다.
내가 날마다 주를 송축하며
영원히 주의 이름을 송축하리이다. 시편 145:1-2

하늘에 계신 우리 아버지, 우리가 주 앞에 나아가 온 정성으로 감사의 제사를 드립니다. 우리가 감사해 하는 모든 것들을 아시는 주님, 주께서 이끄시는 그 길을 따를 수 있도록 우리를 살피시고 돌보아주소서. 지난하고 힘든 싸움 속에서 고통을 겪을 때에도, 모든 일이 선을 이루어 결국 우리를 주께로 이끌 것을 믿습니다. 이것이 바로 우리가 주께 감사와 찬양을 드리는 이유입니다. 우리의 생각과 마음, 영혼을 지켜주소서. 우리 인생을 영원히 새롭게 하실 성령께서, 우리가 낙심할 때마다 용기와 희망을 주시길 기도합니다. 아멘.

Dear Father in heaven, we come before you and thank you with all our hearts. You know all that we are thankful for. Continue to sustain us, we pray, and give us strength for the paths on which you lead us. Even when we must suffer and fight long, hard battles, we know that everything has its right purpose and will still lead us to your goal. For all this we praise and thank you. Protect us in mind, heart, and spirit. Keep us courageous, and lift us above all discouragement through your Spirit, who will renew our lives forevermore. Amen.

01월 17일

> 여호와는 나의 목자시니 내게 부족함이 없으리로다.
> 그가 나를 푸른 풀밭에 누이시며 쉴 만한 물가로 인도하시는도다.
> 내 영혼을 소생시키시고 자기 이름을 위하여
> 의의 길로 인도하시는도다. 시편 23:1-3

하늘에 계신 우리 아버지, 한 번도 우리를 버리지 않으시고 언제나 그 손으로 인도하시는 주님, 감사합니다. 우리 몸의 건강과 물질적인 필요를 돌보시고 내면의 삶도 보살펴주시니 참 감사합니다. 오 하나님, 우리가 주님을 찬양합니다! 영원토록 우리의 목자가 되소서. 우리 가운데 쉬지 않고 일하시는 주님을 보며, 선한 목자께서 우리를 이끄신다는 것을 알게 하소서. 아멘.

Dear Father in heaven, we thank you that we need never feel forsaken. We thank you that we are led and guided by your hand. We thank you for all we have received from you, your care for our bodies, for our material needs, and for our inner life. We praise you, O God! Continue to lead us, we pray. Continue to work among us so that we can all see and come to know that the Good Shepherd is leading us. Amen.

01월
18일

> 내 형제들아 너희가 여러 가지 시험을 당하거든 온전히 기쁘게 여기라.
> … 시험을 참는 자는 복이 있나니 이는 시련을 견디어낸 자가
> 주께서 자기를 사랑하는 자들에게 약속하신
> 생명의 면류관을 얻을 것이기 때문이라. 야고보서 1:2, 12

주 우리 하나님, 우리와 함께하소서. 성령으로 우리의 영혼을 어루만지셔서, 주님의 뜻을 받아들이게 하소서. 시험과 유혹을 당할 때에도, 삶의 어려움과 죽음의 고통 속에서도 기쁨을 발견하게 하소서. 말씀으로 우리를 지키소서. 우리가 늘 주를 따르며 주님의 뜻을 행할 수 있도록, 말씀으로 우리 마음을 밝히소서. 우리의 발걸음이 닿는 모든 곳에 함께하소서. 온 인류를 향한 주님의 계획이 이루어질 때까지 전능하신 손으로 만물을 다스리소서. 마지막 날에 받을 영광의 면류관을 바라보며 우리가 온갖 시련과 어려움 속에서도 기뻐하게 하소서. 아멘.

Lord our God, be with us. Touch us with your Spirit so that our hearts may receive something from you. Let us find joy even in a life of struggle and temptation. Let us find joy in every need we face, even in the agony of death. Protect us through your Word, and let it always be a light to us so that we can follow you and do your will. Be with us on all our ways. Guide everything with your hand until the goal for all mankind is reached and we may rejoice over all the trials and testing because in the end the glorious prize can be won. Amen.

01월 19일

주는 우리 아버지시라. 아브라함은 우리를 모르고
이스라엘은 우리를 인정하지 아니할지라도
여호와여, 주는 우리의 아버지시라.
옛날부터 주의 이름을 우리의 구속자라 하셨거늘. 이사야 63:16

주 하나님, 그 옛날 선지자들이 남긴 발자취를 돌아보며 주께 감사드립니다. 그들은 소리 높여 외쳤습니다. "주님은 우리의 아버지. 그의 자녀를 참된 인생길로 인도하신다!" 이 증인들의 행렬에 마침내 우리도 동참하게 하시니 참 감사합니다. 모든 나라들을 위한 등불이 되셔서 한없는 사랑과 인자하심으로 이 시대를 비추시니 감사합니다. 주님, 우리를 지켜주소서. 우리 안에 계신 성령께서 더욱더 강력히 일하시길 기도합니다. 주의 종들이 선포했던 구원의 날이 속히 오게 하소서. 모든 나라 위에 주의 빛이 동터와 아버지의 이름이 영광 받게 하소서. 아멘.

Lord God, we thank you as we look back to the times throughout the ages when your servants lifted a voice to witness that you are our Father, that you lead the peoples to their true goal. However long it may take, we thank you for allowing us to be part of this witness. We thank you that so much love and goodness still shine into our time as a light to the nations. Watch over us. May your Spirit grow stronger and stronger within us. Bring the redemption proclaimed by your servants, and let your light dawn over all lands to the honor of your name. Amen.

01월 20일

두려워하지 말라, 내가 너와 함께함이라.
놀라지 말라, 나는 네 하나님이 됨이라.
내가 너를 굳세게 하리라. 참으로 너를 도와주리라.
참으로 나의 의로운 오른손으로 너를 붙들리라. 이사야 41:10

하늘에 계신 우리 아버지, 우리를 자녀로 삼으시고 우리와 함께하시니 감사합니다. 그 손으로 우리를 인도하신다는 것을 알게 하시니 참 감사합니다. 우리의 모든 걸음을 살피시는 주의 손을 우리가 항상 알아볼 수 있도록, 이해의 성령을 보내주소서. 우리의 부족함을 긍휼히 여기소서. 연약한 우리가 길을 잃고 어찌할 바를 모를 때, 우리의 팔을 붙잡아주소서. 주님은 강하고 위대하신 분, 어두운 우리 마음을 밝히십니다. 우리의 구원자, 예수 그리스도를 바라보며 항상 기뻐하게 하소서. 주의 자녀 앞에 놓인 위대한 목표를 향해 우리가 즐거이 나아가겠습니다. 온 세상 향한 주님의 계획이 이뤄질 그날을 바라보며 한 걸음 한 걸음 전진하겠습니다. 아멘.

Dear Father in heaven, we thank you that you are our Father and that we may have you with us. We thank you that we can know you are leading us by your hand. Give us your Spirit of understanding so that we may always see your mighty and powerful hand guiding us on all our ways. Help us where we fall short. Help us, for we are weak and are often in situations where we cannot help ourselves. But you are strong. You give light to our hearts. Through the Savior, Jesus Christ, we can direct our lives cheerfully, joyfully, and patiently toward the great goal set before us your children, and before the whole world. Amen.

01월 21일

> 내가 환난 중에서 여호와께 아뢰며 나의 하나님께 부르짖었더니
> 그가 그의 성전에서 내 소리를 들으심이여
> 그의 앞에서 나의 부르짖음이 그의 귀에 들렸도다. 시편 18:6

하늘에 계신 우리 아버지, 주께서 우리의 아버지가 되심을 우리가 기뻐합니다. 우리 한 사람 한 사람을 다스리시고 인도하셔서, 사소한 걱정에 매몰되지 않고 선하고 참된 삶을 추구하게 하시니 감사합니다. 우리를 새롭게 하시고 언제나 이끄소서. 우리 모두가 날마다 새로운 용기와 기쁨으로 살아갈 수 있도록, 우리를 얽매는 모든 것들로부터 자유롭게 하소서. 그때에 우리가 주를 찬양하고 주님의 능력을 경험할 것입니다. 이 땅에 아버지의 나라가 오게 하시고, 주의 뜻이 이루어지게 하소서. 가난하고 연약한 사람들, 낮고 천한 사람들, 병들고 고통받는 사람들을 돌보아주소서. 우리가 주님의 이름을 기리며 즐거워합니다. 아멘.

Dear Father in heaven, we rejoice that you are our Father. We rejoice that you rule and guide each of us so that our path in life leads to what is good and genuine and we do not get stuck in this or that concern. Lead us, renew us, and again and again free us to go forward, finding new courage and joy for ourselves and for our fellowmen. Then we can praise you, your strength and power can be revealed to us, your heaven come down to earth, and your will be done on earth. Here on earth your help shall come to the poor, the weak, the lowly, the sick, and the suffering. May your name be praised! We rejoice in your name. Amen.

01월 22일

수고하고 무거운 짐 진 자들아 다 내게로 오라.
내가 너희를 쉬게 하리라. 마태복음 11:28

하늘에 계신 우리 아버지, 우리가 잠잠하게 하소서. 마음 짓누르는 모든 것을 잊고 조용히 주 앞에 나아가 그 음성을 듣게 하소서. 우리가 살아 계신 하나님의 도우심을 경험할 것입니다. 슬픔과 걱정, 고통 속에서도 기뻐하며 늘 감사하게 하소서. 감사할 때, 주님이 함께하십니다. 감사할 때, 예수 그리스도께서 우리를 도우십니다. 그분은 우리 영혼의 깊은 시름을 풀어주시려 이 땅에 오셨습니다. 우리를 주의 손에 맡깁니다. 우리가 늘 성령 안에 거하게 하소서. 아멘.

Dear Father in heaven, grant us the inner quiet we need so that we may come into your presence and hear you speak, forgetting all the things that try to force themselves upon us. May we experience your true and living support. Keep our hearts glad and thankful for everything, even in grief, anxiety, and suffering. In this thankfulness we can remain with you, and Jesus Christ can help us, Jesus, whom you have given as our support and helper in all that most deeply concerns us. We entrust ourselves to you. Keep us in your Spirit. Amen.

01월 23일

여호와께서 그의 보좌를 하늘에 세우시고 그의 왕권으로 만유를 다스리시도다.
… 여호와의 지으심을 받고 그가 다스리시는 모든 곳에 있는 너희여
여호와를 송축하라. 내 영혼아 여호와를 송축하라. 시편 103:19, 22

하늘에 계신 우리 아버지, 우리가 하나님나라를 소망하게 하시니 감사합니다. 이 소망으로 인해, 우리는 다시 한 번 삶의 힘을 얻고 새로운 용기와 젊음을 얻습니다. 비록 보이진 않지만 그 나라는 누구도 막을 수 없는 위엄으로 다가오고 있습니다. 우리가 넘어질 때 일으키시고, 하나님나라에 대한 비전을 잃지 않게 하소서. 모든 것이 주의 뜻대로 될 것을 믿습니다. 무슨 일을 당해도 우리는 항상 주의 손 안에 있습니다. 그 누구도 우리 안에 있는 기쁨을 빼앗아 갈 수 없습니다. 아멘.

Dear Father in heaven, we thank you for giving our hearts hope for your kingdom, the kingdom of God. We thank you that again and again we may draw strength from this hope, find new youthfulness and courage, and discover how powerfully, though hidden, your kingdom is already approaching. Protect this vision and help us when we fail. All will come right. Whatever happens, we are in your hands, and no one shall snatch this joy from our hearts. Amen.

> 나는 감추어진 곳과 캄캄한 땅에서 말하지 아니하였으며
> 야곱 자손에게 너희가 나를 혼돈 중에서 찾으라고 이르지 아니하였노라.
> 나 여호와는 의를 말하고 정직한 것을 알리느니라. 이사야 45:19

주 우리 하나님, 우리를 향한 그 사랑에 감사드립니다. 우리 인간들이 점점 더 선하고 옳은 일에 관심을 갖게 하시니 감사합니다. 온 세상을 주의 성령으로 가득 채우소서. 거짓의 구름이 걷히고, 모든 사람들이 하나님나라의 정의를 분명히 보게 될 것입니다. 언제나 우리를 지키시고, 몸과 마음이 병들어 지쳐 있을 때 살피소서. 주의 진리와 의로우심으로 우리를 도우소서. 아멘.

Lord our God, we thank you for giving us your love, for letting us men draw nearer to what is right and good. May your Spirit penetrate everywhere, overcoming what is false and helping people everywhere to understand the true nature of your justice. Guard us on all our ways. Protect us when our bodies and our lives are worn down by sickness and distress of every kind. Grant us your help according to your truth and righteousness. Amen.

01월 25일

> 너희는 세상의 빛이라. 산 위에 있는 동네가 숨겨지지 못할 것이요
> 사람이 등불을 켜서 말 아래에 두지 아니하고 등경 위에 두나니
> 이러므로 집 안 모든 사람에게 비치느니라.
> 이같이 너희 빛이 사람 앞에 비치게 하여 그들로 너희 착한 행실을 보고
> 하늘에 계신 너희 아버지께 영광을 돌리게 하라. 마태복음 5:14-16

주 우리 하나님, 의로우신 하나님, 주님의 빛을 비추소서. 우리와 동행하소서. 주의 말씀과 영으로 우리 눈과 마음을 맑게 하소서. 우리가 시험을 당할 때 함께하셔서, 언제나 선하고 바른 길로 인도하여주소서. 우리를 지켜주시고 복을 주소서. 우리의 마음을 저 깊은 곳에서부터 변화시켜주셔서, 주님의 모든 은혜를 감사하며 주께 찬양과 영광을 돌리게 하소서. 아멘.

Lord our God, O God of righteousness, let your light shine out. Go with us on our way. May we have clear eyes and hearts through your Word and your Spirit. Through temptations and struggles be always with us, lighting our way to what is right and good. Protect and bless us. Move our hearts from their very depths to thank you for all you have done for us, to praise you, and to glorify you. Amen.

01월 26일

> 여호와께서는 자기에게 간구하는 모든 자
> 곧 진실하게 간구하는 모든 자에게 가까이 하시는도다.
> 그는 자기를 경외하는 자들의 소원을 이루시며
> 또 그들의 부르짖음을 들으사 구원하시리로다. 시편 145:18-19

하늘에 계신 우리 아버지, 전능하신 하나님, 주님의 자녀가 기도합니다. 그 손으로 언제나 우리를 지켜주소서. 주님은 우리의 기도를 들으시고, 우리와 함께하시며, 주님의 이름을 위해 우리에게 늘 최선의 것을 주시는 분이심을 깨닫게 하소서. 이 시간 우리가 하나님의 선하심과 자비를 누리게 하소서. 주께서 지금까지 베푸신 모든 은혜와, 앞으로 허락하실 은총을 생각하며 우리가 항상 즐거워하고 감사하게 하소서. 아멘.

Dear Father in heaven, Almighty God, your children look to you in prayer. Hold us always by the hand. Reveal to us that you hear us, that you are among us providing what is best for us, to the glory of your name. In this hour let us experience something from you, the good and merciful One. May we always be glad and thankful for all we have already received from you and for all we are still to receive in our lives. Amen.

01월 27일

> 내가 기도하노라.
> 너희 사랑을 지식과 모든 총명으로 점점 더 풍성하게 하사
> 너희로 지극히 선한 것을 분별하며
> 또 진실하여 허물 없이 그리스도의 날까지 이르고
> 예수 그리스도로 말미암아 의의 열매가 가득하여
> 하나님의 영광과 찬송이 되기를 원하노라. 빌립보서 1:9-11

주 우리 하나님, 우리가 주를 깊이 의뢰하게 하시니 감사합니다. 우리에게 온갖 선물을 베푸시니 참 감사합니다. 그중 가장 귀한 것은 바로 예수 그리스도를 알게 하신 은혜입니다. 주의 생애를 생각하며 우리는 날마다 살아갈 힘을 얻습니다. 이 땅에서 주님이 주신 목표를 향해 나아갈 때 우리에게 확신과 용기를 주시니, 주님의 이름을 찬양합니다. 주께서 우리의 소원을 이루실 것을 믿습니다. 그 소원은 이미 조금씩 우리 눈앞에서 현실이 되어가고 있습니다. 우리가 주님을 송축합니다. 아버지의 이름이 우리 가운데 높임 받으시고, 가난하고 연약한 우리 안에 생명의 샘이 끊임없이 솟아오르게 하소서. 우리가 푯대를 향해 전진하도록 도우시는 주님, 주님의 이름을 찬양합니다. 아멘.

Lord our God, we thank you for filling our hearts with such great trust. We thank you for all we are given in our lives, above all that we can come to know Jesus Christ. We thank you that over and over we can draw strength and life from his life. Praise to your name, for our life has a goal and we may find strength and certainty during our time on earth. You will reveal what we hope for, and even now you allow us to keep something of this goal before our eyes. We praise you that your name may become great in our midst and that again and again new life can well up from us, who are poor and weak. May your name be praised for setting this goal before us to strengthen us. Amen.

내가 네 갈 길을 가르쳐 보이고
너를 주목하여 훈계하리로다. 시편 32:8

주 우리 하나님, 우리가 주 앞에 나아가 기도합니다. 우리 삶의 모든 부분을 다스려주소서. 이해하기 힘든 상황에서도 우리는 주의 도우심을 구하겠습니다. 성령으로 우리와 함께하소서. 그 손으로 우리를 인도하소서. 비록 주의 뜻이 우리에게 고통을 의미한다 해도 우리는 그 뜻이 이루어지길 기도합니다. 아버지의 뜻은 언제나 선하시니 모든 것이 정의롭게 해결될 것을 믿습니다. 주의 말씀을 우리가 새겨듣고 하늘 아버지께서 주시는 복을 누리게 하소서. 아멘.

Lord our God, we come into your presence and ask you to help us. Help us in every part of our lives, even when we do not understand. Be with us with your Spirit. Guide and lead us with your hand. Let your will be done in all things, even if we must bear suffering. Your will is for good alone and you will set everything right. Help us. Bless us through your Word, through everything we are allowed to hear from you, our God and our Father. Amen.

01월 29일

> 이스라엘아 들으라.
> 우리 하나님 여호와는 오직 유일한 여호와이시니
> 너는 마음을 다하고 뜻을 다하고 힘을 다하여
> 네 하나님 여호와를 사랑하라.
> 오늘 내가 네게 명하는 이 말씀을
> 너는 마음에 새기고. 신명기 6:4-6

주 우리 하나님, 날마다 주님의 뜻을 따라 우리를 인도하시니 참 감사합니다. 굴곡진 인생길에서 주님은 변함없이 우리를 이끄십니다. 세상 그 무엇보다 주를 사랑하게 하소서. 주는 우리의 아버지, 우리가 주님을 간절히 기다립니다. 우리 삶을 다 바쳐 주를 사랑하고 경배하게 하소서. 주 우리 하나님, 이 땅에 주님의 정의를 이루소서. 우리가 언제나 주의 뜻을 행하고 아버지의 명령을 따르도록 도와주시길 기도합니다. 아멘.

Lord our God, we thank you that every day-through good days and through days that to us seem bad-we know that our lives are guided by your will, what you do and what you want. For this we thank you. We want to love you above everything in the world. Our hearts long for you, for you are our Father. We want to love and honor you with our whole lives. Lord our God, bring your order into the world. Help us at all times to do your will and to fulfill your commandments. Amen.

> 땅의 모든 끝이여 내게로 돌이켜 구원을 받으라.
> 나는 하나님이라, 다른 이가 없느니라.
> 내가 나를 두고 맹세하기를 내 입에서 공의로운 말이 나갔은즉
> 돌아오지 아니하나니
> 내게 모든 무릎이 꿇겠고 모든 혀가 맹세하리라 하였노라.
> 이사야 45:22-23

주 하나님, 우리가 주 앞에 무릎 꿇고 경배합니다. 주님은 하늘과 땅에서 놀라운 일을 행하시는 분, 사람들이 주님의 자녀가 되어 섬길 수 있게 하셨습니다. 무수한 사람들이 그 크신 은혜를 입고 주님을 따랐습니다. 더욱 많은 사람들에게 같은 은혜를 베푸실 것을 믿습니다. 사람들의 그릇된 길을 곧게 하시겠다고 주님은 약속하셨습니다. 세상을 구원하시러 오신 예수 그리스도를 따를 때, 우리의 모든 행위는 하나님을 섬기는 일이 될 것이라고 주님은 말씀하셨습니다. 온 세상이 그리스도를 알게 되어, 모든 민족이 주 앞에 나아가 주를 섬길 것입니다. 그리고 아버지의 뜻이 하늘에서와 같이 땅에서도 이루어질 것입니다. 주 우리 하나님, 우리가 주님을 찬양합니다! 살아도 죽어도 우리는 주님의 소유, 우리의 마음을 받으소서. 아멘.

Lord God, we kneel before you and worship you, for you do mighty deeds in heaven and on earth and allow men to become your children and your servants. You have done great things for many people, enabling them to serve you, and you will do still more. For you have promised that the paths of men will be made straight. You have promised that all we do may be a service to you through Jesus Christ, the Savior of the world, whom we follow. He will be revealed to the whole world, so that the nations will be called to serve you and your will may be done on earth as in heaven. Praised be your name, Lord our God! We open our hearts to you. In death and in life we are yours. Amen.

01월 31일

나는 시온의 의가 빛같이,
예루살렘의 구원이 횃불같이 나타나도록
시온을 위하여 잠잠하지 아니하며
예루살렘을 위하여 쉬지 아니할 것인즉. 이사야 62:1

주 우리 하나님, 우리가 주님을 경배합니다. 우리가 어디에 있든지 찾아와 만나주시는 주님, 주님의 영광이 이 대지에 비쳐옵니다. 우리가 주께 합당한 백성이 되어, 온 생애를 바쳐 세상에 그리스도를 알리게 하소서. 유혹과 시험을 당할 때에 견뎌낼 수 있는 힘을 주소서. 우리가 예수 그리스도의 이름으로 기도할 때마다, 긍휼히 여기셔서 응답하소서. 주의 손으로 우리의 몸과 영혼을 돌보소서. 성령으로 거듭난 우리가 주님의 참 자녀가 되어, 하늘 아버지 앞에 서게 될 것입니다. 아멘.

Lord our God, we worship you, for you come to meet us everywhere and you reveal your glory on our earth. May we become worthy of you, people who can represent you with our whole being. Give us the strength to endure, even through struggles and temptations. Be merciful to us at all times through Jesus Christ our Savior. May we remain body and soul in his hands, that at last we may come to you, our Father in heaven, as your true children, reborn through the Holy Spirit. Amen.

2월
February

02월 01일

보라 아버지께서 어떠한 사랑을 우리에게 베푸사
하나님의 자녀라 일컬음을 받게 하셨는가.
우리가 그러하도다.
그러므로 세상이 우리를 알지 못함은
그를 알지 못함이라. 요한일서 3:1

주 우리 하나님, 우리를 주의 자녀로 삼으시고 그 손으로 인도하시니 감사합니다. 우리 앞에 놓인 길이 험하고 삶이 슬픔과 고통으로 가득할 때, 우리에게 믿음과 인내를 주소서. 주님은 빛이 되셔서 우리에게 바른 길을 보여주십니다. 성경에서 말하는 자기부인과 인내를 주님은 우리에게 몸소 보여주셨습니다. 우리가 걷는 모든 길을 살피소서. 우리의 일이 헛수고처럼 여겨질 때에도, 우리 안에서 일하시며 우리에게 기쁨을 주시는 주님을 또렷이 볼 수 있도록, 오 하나님, 우리 가운데 하나님나라가 커가게 하소서. 주님의 일에 실패는 없습니다. 주님의 행사를 우리가 기뻐하며, 날마다 주님께 감사드립니다. 아멘.

Lord our God, we thank you that we may be your children and may be led by your hand. Give us patience and faith, especially when our way on earth seems difficult and life is full of grief and hardship. You are light. You show us the right path. You go before us in the self-denial and patience taught us by your Word. Protect us on all our ways. May your kingdom grow among us until it can be plainly seen that you, O God, are truly with us doing your work and bringing us joy, even though what we do seems fruitless. But your work endures. In your work we rejoice, and we want to give thanks to you every day. Amen.

02월 02일

여호와의 속량함을 받은 자들이 돌아오되 노래하며 시온에 이르러 그들의 머리 위에 영영한 희락을 띠고 기쁨과 즐거움을 얻으리니 슬픔과 탄식이 사라지리로다. 이사야 35:10

하늘에 계신 우리 아버지, 변함없이 우리를 인도하시니 감사합니다. 우리가 함께 모여 주의 이름을 찬양합니다. 우리의 간절한 기도를 들으소서. 세상이 점점 어두워져가는 이때에 각별히, 우리와 함께하소서. 권능의 손으로 우리를 지켜주소서. 우리의 기도에 응답하셔서 우리가 주님의 능력을 경험하게 하소서. 모든 민족을 위해 기도합니다. "하늘에 계신 아버지, 아무리 죄와 잘못으로 얼룩진 인생일지라도 그들 역시 우리의 형제와 자매입니다." 오 하나님, 저들을 도우소서. 주님이 누구시고, 어떤 일을 행하시며, 앞으로 무슨 일을 이루실지 그들이 머지않아 깨닫게 하소서. 그때에 온 세상이 기뻐하고, 온 누리의 사람들이 하나님의 자녀가 되는 복을 알게 될 것입니다. 아멘.

Dear Father in heaven, we thank you that you lead us on all our paths. Together we praise your name. We plead with you, stay with us, especially when the world grows darker. Stay with us and send down your power. Send your power in answer to our prayers. For all people we pray, "Father in heaven, these are our brothers and sisters in spite of their failures and sins." Help them, O God. May they soon come to recognize who you are, what you do, and what you will still do, so that the whole world can be joyful and all people on earth may know the blessing of being your children. Amen.

02월 03일

> 너희가 다 믿음으로 말미암아 그리스도 예수 안에서 하나님의 아들이 되었으니 누구든지 그리스도와 합하기 위하여 세례를 받은 자는 그리스도로 옷 입었느니라.
> 갈라디아서 3:26-27

하늘에 계신 우리 아버지, 우리를 자녀로 불러주신 그 은혜를 의지하여 주 앞에 나아갑니다. 우리를 구원하신 아버지께 간절히 기도합니다. 주의 말씀으로 우리에게 복을 주시고, 회복시키소서. 이 시대의 고통을 감당할 수 있도록 용기를 주소서. 사람들이 하나님의 뜻을 생각하도록 어두운 이 시대를 밝히소서. 그때에 아버지의 뜻이 이루어져 이 땅의 고통은 사라지고, 주님의 이름이 높임을 받을 것입니다. 주 하나님, 주님만이 우리의 도움이십니다. 우리를 불쌍히 여겨주소서. 모든 사람들이 주님께 돌아와 그 명령을 따르도록 전능하신 팔을 펼치시고, 아버지의 뜻이 이 땅에서 이루어지게 하소서. 아멘.

Dear Father in heaven, we may come to you, for you have counted us as your children. Our hearts long to come to you, our God and Savior. May your Word bless us and restore us. Give us courageous hearts to bear the distress of our times. Let a light arise in our days so that people care about your will. Then the need on earth shall come to an end, your name shall be honored, and your will be done. Lord God, you alone are our help. Be merciful to us. Stretch out your hand so that all people may turn to you and to your commandments, and your will may be done on earth. Amen.

02월 04일

예수께서 이르시되 내가 곧 길이요 진리요 생명이니
나로 말미암지 않고는 아버지께로 올 자가 없느니라. 요한복음 14:6

주 우리 하나님, 우리가 예수 그리스도의 이름을 전해 듣고 그 기쁜 소식을 알게 되었습니다. 아버지의 품으로 우리를 인도하시는 구주 예수님께 전심으로 나아가게 하소서. 우리의 간절한 기도를 들으시고 주의 얼굴을 온 세계에 비추소서. 새 시대가 속히 시작되게 하소서. 주 이름의 영광을 위해 세상을 구원하소서. 우리가 깨우친 하나님에 대한 진리가 마음속에 살아 있게 하시고, 우리의 삶이 그 진리에 뿌리내려 더욱 참되게 하소서. 진리가 우리를 하나님나라로 이끌어 주님을 경배하게 할 것입니다. 오 주 우리 하나님, 우리의 기도에 귀 기울이소서. 우리의 전부를 주께 맡기며 매일의 삶을 드립니다. 우리가 신실하게 하소서. 삶의 모든 영역에서 주님을 기쁘시게 하는 하나님의 자녀가 되게 하소서. 아멘.

Lord our God, help us who have listened in the name of Jesus Christ and heard the good tidings. Help us come with our whole hearts to the Savior, who leads us into your arms. Hear our pleading and let your countenance shine over the world. Let a new age come soon. Send your salvation into the world to the glory of your name, so that the truth we have learned about you becomes a reality in our hearts and our whole life can be genuine, rooted in the truth, leading us into heaven, to the honor of your name. Hear us, O Lord our God. We entrust ourselves and our daily lives to you. We want to be faithful. Help us to be your children, mindful at every step that we belong to you. Amen.

02월 05일

내가 전심으로 여호와께 감사하오며
주의 모든 기이한 일들을 전하리이다.
내가 주를 기뻐하고 즐거워하며
지존하신 주의 이름을 찬송하리니. 시편 9:1-2

주 우리 하나님, 우리가 성령 안에 거하게 하소서. 죄악으로 가득 찬 이 세상에서 주의 놀라운 행적을 전하고 늘 기뻐할 수 있도록, 우리의 몸과 영혼을 지켜주소서. 바르고 선한 것, 영원한 것을 분별할 수 있도록 우리 마음을 밝혀주소서. 아직도 주님을 모른 채 어둠 속을 헤매는 자들을 구원하소서. 그들을 위한 우리의 기도는 작고, 우리는 그들을 잘 모릅니다. 그러나 주님은 우리의 한계를 뛰어넘어 더 많은 일을 이루실 것입니다. 한없는 주님의 사랑으로 그들을 품으소서. 우리의 창조자, 우리의 아버지를 향한 감사의 노래가 온 세상에 울려 퍼질 것입니다. 아멘.

Lord our God, keep us in your Spirit. Surround us with your protection, so that in body and soul we may praise your might and be joyful even in a world full of evil. Shine into our hearts, that we may discern what is right and good and eternal. May you do more than we can ask or understand for those who still walk in darkness far away from you. May your eternal mercy enfold them, and may the earth be filled with thanks to you, the Creator and Father of us all. Amen.

> 내가 주의 인자하심을 기뻐하며 즐거워할 것은
> 주께서 나의 고난을 보시고
> 환난 중에 있는 내 영혼을 아셨으며. 시편 31:7

하늘에 계신 우리 아버지, 주님이 이 땅에서 우리와 함께하심을 기뻐하며, 감사함으로 주 앞에 나아갑니다. 갈등과 유혹, 문제투성이의 인생이지만, 주님은 여전히 우리를 돌보시고 모든 것을 다스리십니다. 주의 손으로 우리를 굳게 붙드소서. 온갖 시련을 견뎌낼 수 있도록 도우소서. 모든 것을 아시는 주께서 마침내 선한 길로 인도하실 것을 믿습니다. 영원한 것을 바라는 사람은 어둡고 힘겨운 순간일수록, 승리를 주시는 주님의 손길을 더욱 분명히 느낄 것입니다. 그와 같은 인생은 슬픔이 아닌, 아버지의 영광 가운데 그 생을 마감할 것입니다. 아멘.

Dear Father in heaven, we come before your presence with thanksgiving and rejoice that you are with us on earth. Even though we have many struggles and temptations and even though problems crowd in upon us, we know that we are in your hands and that everything must go according to your will. Hold us securely in your hand. Help us to bear all that we find hard, for we know you are in control and you lead everything to a good end. The darker and more difficult it may seem, the more clearly your hand will reveal the victory in men whose lives are founded in eternity, whose lives cannot end in sorrow but will end in your glory. Amen.

02월
07일

> 오직 한 일 즉 뒤에 있는 것은 잊어버리고
> 앞에 있는 것을 잡으려고 푯대를 향하여
> 그리스도 예수 안에서 하나님이 위에서 부르신
> 부름의 상을 위하여 달려가노라.
> **빌립보서 3:13하-14**

하늘에 계신 우리 아버지, 우리 안에 영원을 심으신 분, 우리가 주님께 나아가 간절히 기도합니다. 주께서 심으신 그 영원이 더욱 자라게 하소서. 무거운 짐을 힘겹게 짊어지고 알 수 없는 미래로 불안해할 때, 우리에게 생명의 빛을 비추소서. 삶에 실망하지 않고 거짓에 현혹되지 않게 하소서. 우리가 더욱 절실히 주님의 다스리심을 바라게 하소서. 다른 많은 사람들의 삶에 그리고 마침내 세상 모든 이들의 삶에, 주님의 변함없고 견고한 통치가 시작되게 하소서. 아멘.

Dear Father in heaven, living source of all that is eternal in us, we come to you and plead with you to strengthen the gifts you have given us. Grant us the light of life in which we can walk in spite of the many burdens and uncertainties of our earthly life. Protect us from deception and disappointment. Strengthen our hope for your steadfast, firm, and eternal rule in us, in many others, and finally in all men. Amen.

02월 08일

무릇 하나님의 영으로 인도함을 받는 사람은 곧 하나님의 아들이라.
너희는 다시 무서워하는 종의 영을 받지 아니하고 양자의 영을 받았으므로
우리가 아빠 아버지라고 부르짖느니라.
성령이 친히 우리의 영과 더불어 우리가 하나님의 자녀인 것을 증언하시나니.
로마서 8:14-16

하늘에 계신 우리 아버지, 임마누엘의 주, 우리가 주님을 아빠, 아버지라고 부릅니다. 주의 자녀가 된 것을 기뻐하며 우리의 삶을 주님 손에 맡기오니, 선하고 유익한 인생으로 빚어주소서. 양떼와 같은 우리가 더불어 함께 살아갈 수 있도록 우리의 목자가 되어주소서. 주님의 자녀가 이곳뿐 아니라 세상 곳곳에 있음을 깨닫게 하소서. 주께서 한 사람 한 사람 붙드시며 말씀하십니다. "너는 내가 돌보는 나의 양이다." 온 세상을 살피시는 주님, 온 인류를 다스리시는 하나님, 그들이 어디에 있든지 찾아가셔서 은혜를 베푸실 주님께 감사드립니다. 우리의 구세주께서 오셔서 지체 없이 이 일을 이루시길 기도합니다. "주, 예수여 오소서. 곧 오셔서 하늘 아버지께로 우리를 인도하여주소서." 아멘.

Dear Father in heaven, you are among us and we can call you Abba, dear Father. In the joy of being your children we want to lay our lives into your hands to be made good and happy. Care for us like a shepherd pasturing his flock so that we can have community with one another. Help us to realize that you have many children here and everywhere, and that again and again you take a child by the hand saying, "You are mine. I am caring for you." We thank you that your eyes watch over all the world. We thank you that your rule is over all mankind and will bring good to all people, wherever they may live. May this happen soon through our Savior. We call to him, "Lord Jesus, come. Come soon! May your hand keep us all close to the Father in heaven." Amen.

02월 09일

> 지존자의 은밀한 곳에 거주하며
> 전능자의 그늘 아래에 사는 자여,
> 나는 여호와를 향하여 말하기를
> 그는 나의 피난처요 나의 요새요
> 내가 의뢰하는 하나님이라 하리니. 시편 91:1-2

주 우리 하나님, 우리가 주님 앞에 나아갑니다. 주께서 항상 거기 계셔 우리의 기도를 들으시는 것을 알기 때문입니다. 우리가 많은 일들로 슬프고 괴로울 때, 주님은 우리의 피난처가 되십니다. 지금부터 영원까지 주는 우리의 하나님, 우리의 구세주이십니다. 이제까지 우리를 도우시고 구원하신 주께서 앞으로도 계속 우리를 돌보실 것을 믿습니다. 아버지의 이름에 영광 돌리며 주님을 찬양합니다. 예수 그리스도의 복음이 이 시대에 새로운 바람을 일으키기를, 새 생명을 불어넣기를 기도합니다. 주의 이름이 영광 받으시고, 아버지의 나라가 오게 하여주시며, 아버지의 뜻이 하늘에서와 같이 땅에서도 이루어지게 하소서. 아멘.

Lord our God, we come into your presence, for you are our certainty, our refuge, especially in these times when so much is happening to grieve and trouble us. You are our God and our Savior today and for all time. You have always been our Savior and helper, and you will remain our Savior and helper forever. We praise you and glorify your name. Give a new spirit in our day, we pray, new help through the gospel brought by Jesus Christ. May your name be kept holy, your kingdom come, and your will be done on earth as in heaven. Amen.

02월 10일

*그날에 유다 땅에서 이 노래를 부르리라.
우리에게 견고한 성읍이 있음이여
여호와께서 구원을 성벽과 외벽으로 삼으시리로다.
… 너희는 여호와를 영원히 신뢰하라.
주 여호와는 영원한 반석이심이로다.* 이사야 26:1, 4

주 우리 하나님, 우리에게 구원의 길을 보이소서. 주께서 우리의 아버지가 되심을 믿고 우리가 그 길을 가겠습니다. 우리를 괴롭히는 모든 생각들로부터 구원하소서. 성령님, 그와 같은 생각들을 몰아내주소서. 전능하신 주께서 세상 모든 사람들의 영혼을 위해 일하시니, 우리가 주 앞에 잠잠하게 하소서. 만물이 주의 영광을 찬양하며 주께 감사드릴 것입니다. 밤낮으로 우리를 지켜주소서. 우리 마음이 새롭게 변화되어 우리의 구세주, 우리의 하나님을 기쁘게 하소서. 아멘.

Lord our God, help us find the path that we may walk with confidence because you are our Father. Banish all thoughts that try to depress us. Let your Spirit drive them away. May our hearts become quiet before you, because you, the Almighty, guide everything for man's good on earth. Everything will lead to thanksgiving, to your praise and glory. Be with us at all times, day and night. May our hearts always exult afresh, rejoicing in you, our God and our Savior. Amen.

02월 11일

> 그러나 진리의 성령이 오시면 그가 너희를 모든 진리 가운데로 인도하시리니
> 그가 스스로 말하지 않고 오직 들은 것을 말하며
> 장래 일을 너희에게 알리시리라. 요한복음 16:13

하늘에 계신 아버지, 자녀 된 우리에게 주의 영을 보내주소서. 이 땅에 거룩함을 보이셔서, 우리의 삶이 단지 인간적인 것에 그치지 않고 하늘의 능력과 진리를 체험하는 인생이 되게 하소서. 아무리 캄캄한 세상에서도 용기를 잃지 않게 하소서. 주는 언제나 가까이 계시고 아버지의 나라는 늘 우리 가운데 있습니다. 우리를 평화와 치유의 도구로 삼으소서. 주님께 불가능한 일은 없고 그의 행사는 인간의 이해를 초월합니다. 우리가 어찌 하나님의 일을 감당할 수 있겠습니까. 우리는 그저 주님의 도우심으로 우리가 할 수 있는 것을 행할 뿐입니다. 우리가 주를 신뢰합니다. 주께서 우리의 일생을 권능으로 다스리실 것을 믿습니다. 마음에 탄식하며 참 진리를 기다리는 뭇사람들을 그의 나라로 인도하실 것입니다. 아멘.

Dear Father in heaven, grant your Spirit to us, your children. May something from you be revealed on earth so that divine strength and divine truth, not what is only human, are with us in all we do. Keep courage alive in our hearts even when things look dark. May powers of peace and healing be revealed through us because you are near and your kingdom is all around us. You can do all things, also things beyond our understanding. With your help we do what we are able, but we cannot do what you do. We trust in you, and we believe that through your power and your Spirit you will take possession of our whole lives and the lives of the many who sigh in their hearts for absolute truth. Amen.

02월 12일

> 그러나 귀신들이 너희에게 항복하는 것으로 기뻐하지 말고
> 너희 이름이 하늘에 기록된 것으로 기뻐하라 하시니라. **누가복음 10:20**

하늘에 계신 우리 아버지, 우리가 온 마음 다해 주께 감사드립니다. 주님은 그 권능으로 수많은 어려움과 위협에서 우리를 구해주셨습니다. 우리를 위해 그토록 무수한 기적을 행하시니 참 감사합니다. 그러나 그 무엇보다 기쁜 것은 주께서 우리의 이름을 하늘에 기록하신 일입니다. 우리의 이름이 있는 곳에 우리가 가게 될 것입니다. 우리 주 그리스도 예수께서 계신 곳에 우리도 함께 있기를 원합니다. 우리의 모든 말과 행동의 시작은 예수 그리스도입니다. 우리가 어디에 있든지 이 믿음을 지키고 주를 기꺼이 섬기게 하소서. 아멘.

Dear Father in heaven, we thank you with all our hearts for showing your power in us and for overcoming so much that is hostile and that threatens to harm our life. We thank you for the countless wonders you do for our sake. We rejoice and thank you most of all for allowing us to know that you are writing our names in heaven. Where our names are, there we are too. Where our Lord Jesus Christ is, there we want to be too, and our words and our actions should come from him. Keep us faithful in this, and let us serve you with gladness on every path we tread. Amen.

02월 13일

어떠한 일이 닥치더라도 기꺼이 받아들이고
네 처지가 불쌍하게 되더라도 참고 견디어라.
실로 황금은 불 속에서 단련되고 사람은 굴욕의 화덕에서 단련되어
하느님을 기쁘게 한다. 집회서 2:4-5, 공동번역

주 우리 하나님, 쉬지 않고 우리를 도우시는 주님, 감사합니다. 주님은 숱한 고난과 어려움 속에서 우리를 건지셨습니다! 주의 이름을 찬양하며, 우리를 위해 행하신 모든 일에 감사드립니다. 주를 향한 우리의 신뢰는 변함이 없습니다. 우리를 구하신 예수 그리스도를 보며 우리가 아버지를 의지합니다. 예수께서는 온 세상에 아버지의 은혜를 전파하십니다. 우리가 곤경에 처할 때마다 용기를 주시고 하나님나라를 바라보게 하십니다. 십자가를 지신 그리스도를 따르게 하소서. 고통을 직면해야 할 때, 담대하게 하소서. 주님은 고통을 거룩하게 하셔서, 우리의 삶이 고통 속에서도 영원한 그 나라를 위해 열매 맺게 하셨습니다. 아멘.

Lord our God, we thank you for helping us again and again. Praised be your name for all you do for us and for all your help in many dangers and hardships! We trust you completely and have faith in you through Jesus Christ, the Savior. He reveals your grace everywhere, in every hardship, giving us the courage and freedom to look toward your kingdom. Help us remain courageous when we have to face suffering, for we want to be your disciples in Jesus Christ, the Crucified One. He has made suffering holy, that our suffering too may bear fruit for you in time and in eternity. Amen.

02월 14일

그러므로 우리가 믿음으로 의롭다 하심을 받았으니 우리 주 예수 그리스도로 말미암아 하나님과 화평을 누리자. 또한 그로 말미암아 우리가 믿음으로 서 있는 이 은혜에 들어감을 얻었으며 하나님의 영광을 바라고 즐거워하느니라. 다만 이뿐 아니라 우리가 환난 중에도 즐거워하나니 이는 환난은 인내를, 인내는 연단을, 연단은 소망을 이루는 줄 앎이로다. 소망이 우리를 부끄럽게 하지 아니함은 우리에게 주신 성령으로 말미암아 하나님의 사랑이 우리 마음에 부은 바 됨이니. 로마서 5:1-5

주 우리 하나님, 예수 그리스도께서 베푸신 그 은혜 안에 우리가 늘 머무르게 하소서. 다른 이들에게도 같은 은혜를 내려주소서. 아버지의 나라를 기다리며 주를 의지하는 사람들에게 주님의 얼굴을 드러내소서. 우리 가족들을 은혜로 보살펴주소서. 우리를 도우시는 주님, 감사합니다. 주님의 도우심을 힘입어 우리가 아버지께 충직하게 하소서. 어려운 순간이 찾아올 때, 주께서 함께하신다는 것을 믿고 흔들리지 않게 하소서. 우리가 하나님을 알고 그분을 신뢰합니다. 구주 예수를 알고 그분을 믿습니다. 성령께서 계심을 알고 그분을 의지합니다. 성령 안에 거할 때 우리가 공동체를 이루고, 아버지의 영광을 위해 살 것입니다. 아멘.

Lord our God, keep us in the grace that is ours through Jesus Christ. Uphold others also in this grace. Reveal yourself everywhere to those who trust in you and who await your kingdom. May your blessing be on our household. We thank you for helping us, and with your help we want to be faithful to you. Then when hardships come, we can be certain of your presence. We know and trust you. We know and trust the Savior, and we know and trust the Holy Spirit, in whom we can have community and be strengthened to serve your glory. Amen.

02월 15일

지극히 존귀하며 영원히 거하시며 거룩하다 이름하는 이가 이와 같이 말씀하시되 내가 높고 거룩한 곳에 있으며 또한 통회하고 마음이 겸손한 자와 함께 있나니 이는 겸손한 자의 영을 소생시키며 통회하는 자의 마음을 소생시키려 함이라.
이사야 57:15

하늘에 계신 우리 아버지, 우리가 비참하고 곤궁할 때에도 부족한 우리와 함께하시니 감사합니다. 주님은 전능하신 손으로 그 자녀를 붙드십니다. 연약한 자들에게 용기를 주셔서 그들이 비록 실수하고 넘어지더라도 여전히 주를 섬기게 하십니다. 주께서 우리에게 경험하도록 허락하신 모든 일들을 생각하며 우리의 마음은 흥겨워 춤을 춥니다. 그 모든 경험이 결국 주님과 주님의 영광, 주님의 나라를 위한 것이기 때문입니다. 그날이 오면 다른 모든 이들도 우리와 함께 기쁨으로 춤을 출 것입니다. 아멘.

Dear Father in heaven, we thank you that even in need and misery we may feel and know that you are with the weak, for you are mighty in helping your children. You give the weak strength to serve you in spite of all their faults and weaknesses. Make us glad at heart for everything we are allowed to do and experience, because it serves you, your glory, and your kingdom until the day when others also are given eyes to see. Amen.

02월 16일

우리가 세상의 영을 받지 아니하고 오직 하나님으로부터 온 영을 받았으니
이는 우리로 하여금 하나님께서 우리에게 은혜로 주신 것들을 알게 하려 하심이라.
고린도전서 2:12

하늘에 계신 우리 아버지, 우리에게 하늘 문을 열어주소서. 우리가 영으로 주 앞에 나아가게 하소서. 우리의 달려갈 길을 위해 주께서 주시는 용기와 평안을 얻게 하소서. 우리를 성령으로 이끄셔서 이 땅에서 주의 뜻을 찾게 하시고, 하늘 아버지의 능력을 힘입게 하소서. 우리의 힘으로는 아무것도 할 수 없습니다. 우리의 믿음을 굳게 하셔서 항상 주님을 섬기게 하소서. 주의 말씀이 우리 안에 살아 숨 쉬게 하소서. 오 주 하나님, 우리는 예수 그리스도를 믿고 주님의 자녀가 되었습니다. 우리의 마음을 열어주소서. 아멘.

Dear Father in heaven, open the door for us, we pray. Grant that we may come to you in spirit. Grant that in you we may find peace and courage for our whole lives. Lead us always by your Spirit. Help us to find your will on earth and grant us access to your heavenly powers, for alone we can do nothing. Strengthen our faith so that we can always serve you. Bless your Word in us. May our hearts be opened, for we are your children, O Lord our God, through Jesus Christ our Savior. Amen.

02월 17일

새 노래로 여호와께 찬송하라. 그는 기이한 일을 행하사
그의 오른손과 거룩한 팔로 자기를 위하여 구원을 베푸셨음이로다.
여호와께서 그의 구원을 알게 하시며
그의 공의를 뭇 나라의 목전에서 명백히 나타내셨도다.
그가 이스라엘의 집에 베푸신 인자와 성실을 기억하셨으므로
땅 끝까지 이르는 모든 것이 우리 하나님의 구원을 보았도다. 시편 98:1-3

주 우리 하나님, 세상에 구원을 베푸시는 주님의 일에 우리도 동참하게 하시니 감사합니다. 이미 수많은 사람들이 새 생명을 얻고 기뻐하고 있습니다. 마지막 날이 다가오는 것을 보며 그들이 마음에 위안을 얻고 희망을 품습니다. 그날에 주의 영광이 온 세상에 비치면, 열방이 위대하신 하나님, 하늘에 계신 아버지를 경배할 것입니다. 주 하나님, 이 시대를 구원하소서. 우리를 도우소서. 우리가 주님의 영광을 보게 될 날을 밤낮으로 기다리며 기도합니다. 모든 이해를 뛰어넘는 평안이 우리에게 찾아오는 그날, 모든 사람을 다스리시는 하늘 아버지께서 이 땅에 놀라운 구원을 베푸실 그날을 우리가 바라봅니다. 아멘.

Lord our God, we thank you from our hearts, from the bottom of our hearts, that you consider us worthy to work with you so that redemption may come to the world in Jesus Christ. Already today many are rejoicing in their Redeemer. They are full of hope and comfort because the end is approaching – that evening when your glory shall be revealed, when the whole world and all nations shall glorify you, O great God and Father in heaven. Come into our time, we pray. Help us, Lord our God. Day and night we look to you in the hope of beholding the time of your glory, in the hope of receiving the peace that is beyond all understanding and of finding redemption, the great redemption from heaven, through you, the God over all flesh. Amen.

피곤한 자에게는 능력을 주시며 무능한 자에게는 힘을 더하시나니
소년이라도 피곤하며 곤비하며 장정이라도 넘어지며 쓰러지되
오직 여호와를 앙망하는 자는 새 힘을 얻으리니
독수리가 날개 치며 올라감 같을 것이요
달음박질하여도 곤비하지 아니하겠고
걸어가도 피곤하지 아니하리로다. 이사야 40:29-31

주 우리 하나님, 사랑이 많으신 아버지, 감사합니다. 우리 마음과 영혼의 방에 주님이 주신 선물들이 가득합니다. 우리에게 공동체를 허락하셔서 삶이 지치고 힘겨울 때 의지하게 하시니 감사합니다. 주의 능력을 부어주셔서 우리가 새 힘과 용기를 얻게 하소서. 주께서 하시는 일을 그 어느 때보다 더욱 분명히 보게 하소서. 어떤 고통을 당해도 우리가 피곤하여 지치지 않게 하소서. 우리는 더욱 깊이 성령을 체험하길 원합니다. 마음과 영혼의 깊은 곳을 다 아시는 성령께서 우리에게 평화를 주시고, 온 세상 사람들에게 은혜를 베풀어주시길 기도합니다. 아멘.

Lord our God, our loving Father, we thank you for all that our hearts and spirits are allowed to receive from you. We thank you for the community you give us, strengthening us to face life even through toil, struggle, and privation. Grant that your powers flow out to give us strength and courage. May we see and recognize you in your deeds ever more clearly. Do not let us faint or grow weary, no matter what we have to suffer. Grant that your Spirit may penetrate us ever more deeply to bring peace to us and those around us, and finally to bring blessing for all peoples of the earth. Amen.

02월 19일

하나님이 우리를 사랑하시는 사랑을 우리가 알고 믿었노니
하나님은 사랑이시라. 사랑 안에 거하는 자는 하나님 안에 거하고
하나님도 그의 안에 거하시느니라. 요한일서 4:16

주 우리 하나님, 연약한 우리가 주 앞에 나아갑니다. 종종 마음에 무거운 짐을 지고, 갈 곳을 몰라 헤매도 우리는 여전히 주님을 신뢰합니다. 주님은 사랑이시기 때문입니다. 그릇된 것을 바로잡고 어리석은 실수를 고치는 그 사랑이 우리 삶에 미치지 않는 곳은 없습니다. 이로 인해 우리가 즐거워하며, 언제나 주님의 은혜와 도우심을 기다립니다. 우리에게 복을 주시고 늘 바른 길로 인도하소서. 주님을 찬양하며 경배합니다. 아멘.

Lord our God, we come to you as poor, heavily burdened people who often do not know where to turn. But we have trust in you, for you are love. Your love penetrates deep into our lives, righting what is wrong and making amends for our blundering. And so we are joyful and await your grace and your help on all our ways. Bless us, and help us find what is right in every situation, to your praise and your honor. Amen.

02월
20일

내 아들아 여호와의 징계를 경히 여기지 말라.
그 꾸지람을 싫어하지 말라.
대저 여호와께서 그 사랑하시는 자를 징계하시기를
마치 아비가 그 기뻐하는 아들을 징계함같이 하시느니라. 잠언 3:11-12

주 우리 하나님, 세상의 온갖 악을 보면서도 우리가 선한 것을 바라며 더 나은 세상을 꿈꾸게 하시니 감사합니다. 주님의 자비와 사랑이 우리와 함께하십니다. 아무리 잘못된 길을 가더라도 우리는 다시 돌이킬 수 있습니다. 참된 믿음을 가질 때 우리가 주님 보시기에 합당한 사람이 될 것입니다. 마침내 모든 것이 선을 이룰 것입니다. 주께서 열국 가운데 일하시며 그들을 변화시키시니, 모두가 새 생명을 기뻐하며 즐거워할 것입니다. 아멘.

Lord our God, we thank you that in spite of all the evil, we may look toward the good and toward a change for the better. For your love, your Spirit of love, can be with us. In spite of all that has gone wrong, we can change. Through genuine faith we can become worthy in your sight. Everything can turn to the good. The nations can become glad, rejoicing in life because you are working among them to help them change. Amen.

02월 21일

남편들아 아내 사랑하기를 그리스도께서 교회를 사랑하시고
그 교회를 위하여 자신을 주심같이 하라.
이는 곧 물로 씻어 말씀으로 깨끗하게 하사 거룩하게 하시고
자기 앞에 영광스러운 교회로 세우사
티나 주름 잡힌 것이나 이런 것들이 없이
거룩하고 흠이 없게 하려 하심이라. 에베소서 5:25-27

주 우리 하나님, 비록 적은 무리에 지나지 않지만 우리를 기억하여주소서. 악에서 구하시고, 날마다 우리의 내면을 위협하는 영적 싸움에서 지켜주소서. 주의 교회로부터 큰 권능이 흘러나와 마침내 온 세상을 채우고, 주님이 약속하신 것들이 성취되게 하소서. 주께서 베푸시는 모든 은혜를 감사드립니다. 주님, 우리를 돌보소서. 우리가 정직한 마음과 목적을 가지고 살아가게 하시고, 악하고 해로운 온갖 유혹을 물리치게 하소서. 우리는 세상이 아닌 주님을 섬기길 원합니다. 이 시간 우리와 함께하시고 날마다 우리를 지켜주소서. 아멘.

Lord our God, remember us even though we are only a few. Protect us from all evil, from all inner harm, which threatens us every day. Let your hand be over us so that at last a great power may stream out from your church into all the world, bringing the fulfillment of your promises. We thank you for all your goodness. Watch over us, we pray. Keep us in the right spirit and purpose, and help us resist all that is wrong and harmful. Grant that we serve you and not the world. Protect us this day and every day. Amen.

02월 22일

여호와께서 그의 앞으로 지나시며 선포하시되 여호와라 여호와라
자비롭고 은혜롭고 노하기를 더디하고 인자와 진실이 많은 하나님이라.
인자를 천대까지 베풀며 악과 과실과 죄를 용서하리라.
그러나 벌을 면제하지는 아니하고 아버지의 악행을
자손 삼사 대까지 보응하리라. 출애굽기 34:6-7

하늘에 계신 우리 아버지, 이 땅의 인간들을 향한 주님의 사랑과 인자하심이 어찌 그리 크신지요! 그들은 모두 고통과 죽음에 매여 있습니다. 우리가 주님의 선하심과 구원의 능력을 경험하여 마음에 새 힘을 얻게 하소서. 주님은 구원자 예수 그리스도를 보내셔서 우리에게 그 사랑과 자비를 보이셨습니다. 이 밤에 우리를 지켜주시고 복을 주소서. 주님의 변치 않는 은혜와 자비를 맛볼 수 있도록 성령이여 우리를 도우소서. 주의 이름이 영원히 높임 받으소서! 아멘.

Dear Father in heaven, how great are your goodness and mercy to us men on earth, who are subject to misery and death! May our hearts be strengthened through your goodness and through the saving power of your nature, revealed to us in Jesus Christ, our Redeemer. Protect and bless us this night. May your Spirit help us find your ever-present kindness and mercy. Praised be your name forever! Amen.

02월 23일

이 일 후에 내가 보니 각 나라와 족속과 백성과 방언에서
아무도 능히 셀 수 없는 큰 무리가 나와 흰옷을 입고 손에 종려 가지를 들고
보좌 앞과 어린 양 앞에 서서 큰소리로 외쳐 이르되
구원하심이 보좌에 앉으신 우리 하나님과 어린 양에게 있도다 하니.

요한계시록 7:9-10

주 하나님, 우리가 주께 나아가 기도합니다. 하나님나라가 곧 오게 하소서. 죄의 용서와 부활을 경험한 축복받은 자들이 그리스도가 계신 곳에 함께 모여, 이 땅에 새 예루살렘이 시작되게 하소서. 이 시대에 빛으로 오셔서 사람들의 죄를 용서하시고 그들을 구원하소서. 큰 고통 가운데 있는 자들을 기억하시고, 사망과 죄 가운데 헤매는 자들을 도우소서. 주님만이 그들의 도움 되십니다. 예수 그리스도 안에 있는 아버지의 사랑이 아니면 그 무엇이 우리를 구원하겠습니까. 주의 이름을 찬양합니다! 아멘.

Lord God, we turn to you, praying that your kingdom may come. May your Jerusalem really come on earth, with all those blessed ones who are allowed to gather around Jesus Christ through forgiveness of sins and the resurrection. Come with your light into our time so that sins may be forgiven and men may find salvation. Remember those in great distress. Come with your help to those struggling with sin or death, for help can come from you alone. Nothing can help us except your fatherly love in Jesus Christ. Praised be your name! Amen.

나는 네 하나님 여호와라.
바다를 휘저어서 그 물결을 뒤흔들게 하는 자이니
그의 이름은 만군의 여호와니라.
내가 내 말을 네 입에 두고 내 손 그늘로 너를 덮었나니
이는 내가 하늘을 펴며 땅의 기초를 정하며 시온에게 이르기를
너는 내 백성이라 말하기 위함이니라. 이사야 51:15-16

전능하신 주 하나님, 온 세상을 살피시는 주님, 여전히 죄로 얼룩진 우리가 주 앞에 나아갑니다. 주님의 손으로 우리의 인생을 보살피소서. 어려움과 고통의 시간을 이겨낼 수 있도록 용기를 주소서. 오 주 하나님, 우리는 주의 것입니다. 주께서 주님의 백성을 택하셔서 죄에서 건지시고 능력으로 강하게 하셨습니다. 간절히 기도하오니 우리를 도우소서. 주께서 우리와 함께하신다는 것을 느끼게 하소서. 주의 이름이 영원히 영광 받으시도록, 진리의 말씀이 우리 삶에서 열매 맺게 하소서. 아멘.

Lord God Almighty, your eyes watch over the whole world. We come before you with the evils that surround us still clinging to us. Shelter our lives in your hands. Give us your strength to win through, even in suffering and need. For we are yours, O Lord our God. You have chosen your people to strengthen them and to free them from all evil. We beseech you to help us. May we feel your presence among us. May your Word bear fruit in us to the everlasting honor of your name. Amen.

02월 25일

> 내가 붙드는 나의 종, 내 마음에 기뻐하는 자, 곧 내가 택한 사람을 보라. 내가 나의 영을 그에게 주었은즉 그가 이방에 공의를 베풀리라. 이사야 42:1

하늘에 계신 우리 아버지, 우리가 주의 은혜의 보좌로 나아가게 하소서. 주님의 말씀을 들을 때 우리에게 은총의 빛을 비추소서. 이 땅의 모든 민족을 구원하실 약속의 그날까지 우리의 믿음을 굳게 지켜주소서. 가끔 우리는 걱정스런 마음으로 스스로에게 묻습니다. 그날까지 사람들이 잘 견뎌낼 수 있을까? 저들이 주의 말씀에 순종하기를 배울까? 고난이 찾아올 때 과연 믿음을 지킬 수 있을까? 사람들이 구원의 날을 정하시고 약속하신 하나님만 찾을 것인가? 주님, 주님의 전능한 손으로 온 세상을 다스리소서. 이 큰 고통 가운데서 우리를 건져내실 수 있는 분은 주님밖에 없습니다. 주님만이 우리의 유일한 주이십니다. 아멘.

Dear Father in heaven, grant that we may stand in your grace. Grant that the light of your grace may come to us through your Word. Keep us firm in faith until the promised time when your redemption shall come to all the nations on earth. We are often anxious and ask ourselves if people can bear it. Will they learn to listen to your Word? Will they remain steadfast when hard times come? Will they turn to you alone, to you who know the hour and appoint the time when we may see the promised day? Let the might of your hand prevail over the whole world. You are the only power that can help us out of our great affliction, you our only Lord. Amen.

> 내가 산을 향하여 눈을 들리라.
> 나의 도움이 어디서 올까.
> 나의 도움은 천지를 지으신 여호와에게서로다.
> 시편 121:1-2

주 우리 하나님, 우리의 영원한 피난처가 되신 분, 주님 앞에 나아가 기도하오니 우리에게 복을 주소서. 우리가 온전히 아버지를 신뢰하고, 흔들림 없이 소명을 따라 살아가는 주의 자녀가 되게 하소서. 우리에게 은혜를 베푸시고 언제나 우리를 도우시는 주님. 주님의 은혜 안에서 우리가 기쁨으로 주님을 찬양하며 경배합니다. 주는 우리의 아버지, 우리를 결코 저버리지 않으십니다. 모든 입이 주를 송축하게 하소서. 하늘에서 그리고 이 땅에서도 주의 이름이 높임 받게 하소서. 그때에 온 세상 사람들이 비로소 하나님을 인정하고, 그들의 모든 문제가 주 안에서 해결될 것입니다. 아멘.

Lord our God, our refuge for ever and ever, bless us as we gather in your presence and turn to you. May we be your children, who can simply believe and stand firm in our lives and in our calling. We thank you for giving us your grace and constant help. In your grace we can be joyful, praising and honouring you. You are our Father. You never forsake us. May your name be praised by us all. May your name be praised above and in the whole world so that all people may acknowledge you and receive what they need from you. Amen.

02월 27일

> 너는 장차 받을 고난을 두려워하지 말라.
> 볼지어다 마귀가 장차 너희 가운데에서 몇 사람을 옥에 던져
> 시험을 받게 하리니 너희가 십 일 동안 환난을 받으리라.
> 네가 죽도록 충성하라. 그리하면 내가 생명의 관을 네게 주리라.
> 요한계시록 2:10

주 우리 하나님, 주님 계신 곳에 우리가 나아갑니다. 간절히 구하오니 우리의 기도를 들으소서. 우리 가운데 주의 뜻을 이루소서. 우리 한 사람 한 사람을 향한 주님의 뜻을 이루시고 이 시대를 향한 아버지의 뜻을 이루소서. 주님의 뜻을 따르는 길이 때로 시험과 두려움, 고난을 의미할지라도, 우리는 모든 것이 주의 뜻대로 이루어지길 기도합니다. 주님께서 주님의 계획을 이루시고 아버지의 나라가 이 땅에 올 것을 믿기 때문입니다. 그날에 주의 이름이 높임을 받고, 여전히 고통받는 이 땅의 사람들이 구원을 얻을 것입니다. 주님의 말씀을 듣고 은혜를 누리게 하소서. 세상이 변하고 새날이 동터올 그 순간까지, 마침내 주님의 영광과 평화를 보게 될 그날까지, 우리가 예수 그리스도의 인내하심을 기억하며 기쁨으로 전진하게 하소서. 아멘.

Lord our God, we come into your presence. Hear our prayers, we entreat you. Let your will be done among us; let your will be done for each one of us individually, and for our time. Let everything go according to your will, even if the way leads through tribulation, fear, and need. For in the end your goal will be reached. In the end you will fulfill your purpose, and your kingdom will come. Your kingdom will come to the honor of your name and for the redemption of all people still suffering on earth. Let your Word bring us blessing. May we go forward joyfully in the patience of Jesus Christ until times change, until a new day dawns and we are allowed to see your glory and your peace. Amen.

02월 28일

> 무릇 주의 인자는 커서 하늘에 미치고 주의 진리는 궁창에 이르나이다.
> 하나님이여 주는 하늘 위에 높이 들리시며
> 주의 영광이 온 세계 위에 높아지기를 원하나이다.
> 시편 57:10–11

하늘에 계신 우리 아버지, 한결같이 우리에게 자비를 베푸시고, 이전 세대처럼 지금 세대에도 주님의 크신 사랑과 권능을 드러내시니 감사합니다. 오 주 우리 하나님, 그 사랑과 권능 안에서 우리가 숨을 쉽니다. 주님은 전능하신 분, 하늘을 다스리시고 이 땅에서 놀라운 일을 행하십니다. 우리가 걷는 이 길에 복을 주시고 우리를 도우십니다. 주님의 선하심과 공평하심을 온 세상에 널리 알리소서. 일어나소서, 주 우리 하나님. 주를 믿는 우리에게 거룩한 빛을 비추시고, 온 누리를 주님의 빛으로 밝히소서. 주의 이름이 영광 받으소서. 하늘에서도 땅에서도 주님은 우리의 아버지이십니다. 지금부터 영원까지 우리의 산성이 되십니다. 아멘.

Dear Father in heaven, we thank you that you have always been gracious to us, revealing your great goodness and power in ages past and in the present. In this revelation we live, O Lord our God. You are the almighty One, who works wonders on earth and who rules the heavens so that we can be blest and helped on our earthly paths. Let your goodness and your justice be revealed throughout all the world. Arise, O Lord our God. Let your light shine in us who believe in you. Let your light shine into the whole world. Let your name be glorified. You are indeed our Father, both in heaven and on earth. You give our lives security now and in eternity. Amen.

02월 29일

> 하나님의 말씀은 살아 있고 활력이 있어
> 좌우에 날선 어떤 검보다도 예리하여
> 혼과 영과 및 관절과 골수를 찔러 쪼개기까지 하며
> 또 마음의 생각과 뜻을 판단하나니. 히브리서 4:12

주 우리 하나님, 우리를 긍휼히 여기시고 우리의 안전한 피난처가 되어주소서. 우리가 걷는 모든 길을 살피소서. 살면서 반드시 겪게 되는 힘겹고 막막한 순간에 우리를 붙들어주소서. 우리 곁에 계신 주님, 우리가 주님의 빛을 보게 하소서. 예수 그리스도께서 이 땅에 계실 때 보여주신 그 능력을, 지금 우리가 경험하게 하소서. 주를 사랑하는 자, 주께 간절히 기도하는 자들이 모두 아버지의 이름을 높일 것입니다. 주의 말씀을 깨닫고 바르게 살 수 있도록 우리 마음을 밝혀주소서. 주께서 부르신 이 싸움을 잘 치를 수 있도록 우리의 용기를 북돋우소서. 우리에게 복을 주시고 깨우쳐주셔서, 주님이 약속하신 모든 말씀을 실천하게 하소서. 아멘.

Lord our God, be merciful to us. Be our strong refuge. Help us on all our ways. Help us on the dark and difficult paths we must often travel on earth. Grant that we may see your light, for you are with us. You help us, and you let the power of the life of Jesus Christ be with us so that your name is honored on earth through many who love you and come to you, pleading with you in prayer. Give us the light of your Word, that we may hear and live rightly. Give us increasing strength for the fight to which you have called us. Bless us all. Shine into our hearts so that we can carry out all you have promised through your Word. Amen.

3월
March

03월 01일

> 너희는 여호와의 선하심을 맛보아 알지어다.
> 그에게 피하는 자는 복이 있도다.
> 시편 34:8

하늘에 계신 우리 아버지, 우리가 주께 나아갑니다. 언제나 우리를 살피시는 그 은혜에 감사하며 나아갑니다. 주님은 어김없이 우리 삶에 빛으로 찾아오셔서 우리에게 기쁨을 주셨습니다. 그리고 우리를 인도하시는 분은 바로 주님임을 알게 하셨습니다. 주님 없이 우리는 이 땅에 설 수 없습니다. 우리를 보호하소서. 참 생명의 빛이 더욱 찬란히 빛나게 하소서. 우리가 전심으로 주를 찬양하겠습니다. 오 하나님, 이 밤 우리를 지켜주시고, 성령으로 우리의 속사람을 변화시켜주소서. 아멘.

Dear Father in heaven, we come to you. With thanks we come to you, for again and again you have helped us. Again and again you have let your light shine out on us so that we could be glad and know that our lives are in your hands. Protect us on this earth, where it is so necessary. Protect us, that the light of true life may shine more and more brightly and we may praise your name with our whole heart. Be with us this night, O God, and touch our hearts with your Spirit. Amen.

사랑하는 자들아 너희를 연단하려고 오는 불 시험을
이상한 일 당하는 것같이 이상히 여기지 말고
오히려 너희가 그리스도의 고난에 참여하는 것으로 즐거워하라.
이는 그의 영광을 나타내실 때에
너희로 즐거워하고 기뻐하게 하려 함이라. 베드로전서 4:12-13

하늘에 계신 우리 아버지, 우리가 온 마음으로 주의 평화를 구합니다. 모든 악한 것으로부터 우리를 지키시고 그 어떤 것도 주님이 주신 평화를 빼앗아가지 못하게 하소서. 우리가 자기를 부인하고 주님을 섬겨야 함을 항상 기억하게 하소서. 주께서 주신 놀라운 약속을 바라보며 모든 일에 성실하게 하소서. 지금까지 우리를 지키셨던 것처럼 앞으로도 보살펴주소서. 우리 마음에 주를 향한 한결같은 신뢰와 주께서 우리를 도우실 것이라는 확신을 주시니, 우리가 주께 감사하며 찬양합니다. 아멘.

Dear Father in heaven, we ask you from our hearts to give us your peace. Grant that nothing may take your peace from us, and protect us from all that is evil. May we always be mindful that we should serve you in self-denial. May we be faithful on all our ways, looking to the great promise you have given each one of us. Keep us under your protection, as you have always done. We praise and thank you for all that comes to our hearts from you, making us full of trust and certain of your further help. Amen.

03월 03일

> 또 무리에게 이르시되 아무든지 나를 따라오려거든
> 자기를 부인하고 날마다 제 십자가를 지고 나를 따를 것이니라.
> 누구든지 제 목숨을 구원하고자 하면 잃을 것이요
> 누구든지 나를 위하여 제 목숨을 잃으면 구원하리라.
> 누가복음 9:23-24

하늘에 계신 우리 아버지, 주님은 우리에게 예수 그리스도를 보내셔서 우리의 죄와 고통을 짊어지게 하셨습니다. 그분의 오심을 우리가 기뻐합니다. 그분은 모든 악에서 우리를 건지십니다. 그리스도께서 걸으셨던 십자가의 길을 이해할 수 있도록 우리를 깨우치소서. 십자가를 지고 고난을 받을지라도 우리는 언제나 주를 따르겠습니다. 오, 하늘에 계신 아버지, 주님의 영광을 위해 기꺼이 십자가의 길을 가겠습니다. 우리는 주님의 자녀입니다. 우리가 깨닫지 못해도 그것은 여전히 변치 않는 사실입니다. 아버지께서 구주 예수 그리스도를 통해 시작하신 모든 일을 이루실 그날, 주님이 영광 받으실 그날까지, 우리를 지키시고 살피소서. 말씀으로 우리에게 복을 주소서. 우리가 주님의 진정한 제자가 되게 하소서. 아멘.

Dear Father in heaven, you have sent us the Lord Jesus to bear our guilt and our misery. To this day we rejoice that he came, he who can free us from all evil. Teach us to understand the way of the Cross, the way Jesus went. Grant that we may always follow him, even if we also suffer and have a cross to bear. Then we can joyfully go the way he went to the glory of your name, O Father in heaven. We are your children whether we understand it or not. You protect and care for us, until your glory comes and everything is completed that was begun through Jesus Christ, the Savior of the world. Bless us in his Word, and help us to become his true followers. Amen.

03월
04일

이러므로 우리에게 구름같이 둘러싼 허다한 증인들이 있으니
모든 무거운 것과 얽매이기 쉬운 죄를 벗어버리고
인내로써 우리 앞에 당한 경주를 하며
믿음의 주요 또 온전하게 하시는 이인 예수를 바라보자.
그는 그 앞에 있는 기쁨을 위하여 십자가를 참으사 부끄러움을 개의치
아니하시더니 하나님 보좌 우편에 앉으셨느니라. 히브리서 12:1-2

주 우리 하나님 아버지, 우리가 예수 그리스도를 따라 십자가의 길을 가게 하시니 감사합니다. 어떤 일을 당해도 우리는 여전히 주님의 자녀, 그리스도께 속한 자들입니다. 주께서 변함없는 사랑으로 우리를 인도하시니, 우리가 기뻐 찬양합니다. 믿음과 소망, 인내로 우리 마음을 채우소서. 모든 일에 우리와 함께하시는 주께 고백합니다. "하나님, 감사합니다. 세상은 악으로 가득하지만, 주님은 지금까지 우리를 도우시고 인도하신 것처럼 앞으로도 늘 우리를 이끄실 것입니다. 감사와 찬양과 영광이 영원히 주님께!" 아멘.

Lord, our God and Father, we thank you for letting us walk in the way of Jesus Christ, for helping us on the way to the Cross. Come what may, we belong to the Savior, and we are your children. We want to be joyful and full of faith, full of hope, full of patience, for your mercy leads us on. In all we experience how often we can say, "Thanks be to God. He has helped us here, he has helped there, he helps every day in spite of all the evil in the world. Praise and thanks and honor be to him forever!" Amen.

03월 05일

> 적은 무리여 무서워 말라.
> 너희 아버지께서 그 나라를 너희에게 주시기를
> 기뻐하시느니라. 누가복음 12:32

주 우리 하나님, 작은 양떼와 같은 우리들이 주께 나아갑니다. 우리의 목자가 되어 돌보아주소서. 주님이 정하신 때에 우리를 구하실 것을 믿습니다. 우리 믿음이 흔들리지 않도록 늘 지켜주소서. 주께서 함께하셔서 우리를 도우신다는 믿음이 우리 안에 확고하게 하소서. 주의 백성이 빛 가운데 나아가 아버지의 이름을 높이게 하소서. 이 밤 우리의 모든 것을 주님 손에 맡깁니다. 주 우리 하나님, 주님의 영으로 우리와 함께하소서. 아멘.

Lord our God, we come to you as a little flock, asking you to accept us and keep us as your own, whom you will redeem in your time. Protect us always so that we remain strong in faith. Strengthen us in the faith that you are with us, helping us. Grant that your people may come to the light, to the honor of your name. So we entrust ourselves to your hands this night. Be with us, Lord our God, through your Spirit. Amen.

03월 06일

만국의 족속들아 영광과 권능을 여호와께 돌릴지어다.
여호와께 돌릴지어다. 여호와의 이름에 합당한 영광을 그에게 돌릴지어다.
예물을 들고 그의 궁정에 들어갈지어다.
아름답고 거룩한 것으로 여호와께 예배할지어다.
온 땅이여 그 앞에서 떨지어다. 시편 96:7-9

주 우리 하나님, 우리의 도움과 위로가 되신 분, 우리가 주님을 바라보며 주님의 약속을 떠올립니다. 우리가 용기를 잃지 않게 하소서. 마음속의 고민이 있을 때에도 보채는 아이들처럼 불평하지 않고, 주님의 위대한 승리를 즐거이 기다리게 하소서. 우리를 주의 백성으로 삼으소서. 주님의 백성에게 거룩한 영을 부어주소서. 단지 한두 사람이 아닌 이 땅의 수많은 사람들이 성령을 경험하게 하소서. 주 우리 하나님, 뭇 나라 가운데 주님의 뜻이 이루어지고, 하늘에서와 같이 땅에서도 아버지의 뜻이 이루어지길 기도합니다. 아멘.

Lord our God, you are our help and our comfort. We look to you and to your promises. Grant that we may remain full of courage, also in our personal concerns, so that we do not complain like fretful children, but cheerfully wait for your great victory on earth. May we become your people. Grant your Spirit to your people, not only to a few but eventually to many. Lord our God, we pray that your will may be done on earth among the nations; may your will be done on earth as it is done in heaven. Amen.

03월 07일

> 여호와는 나의 능력과 찬송이시요 또 나의 구원이 되셨도다.
> 의인들의 장막에는 기쁜 소리, 구원의 소리가 있음이여
> 여호와의 오른손이 권능을 베푸시며 여호와의 오른손이 높이 들렸으며
> 여호와의 오른손이 권능을 베푸시는도다. 시편 118:14-16

하늘에 계신 우리 아버지, 자녀 된 우리가 인생의 갈림길에 설 때마다 주께 도움을 구합니다. 주님 섬기길 간절히 바라는 우리를 기억하소서. 성령으로 우리와 함께하셔서 모든 일이 하나님나라가 확장되는 데 보탬이 되게 하시고, 예수 그리스도의 승리가 이 땅에 널리 선포되게 하소서. 그리스도의 승리로 모든 사람들이 구원을 얻고 하늘에 계신 우리 아버지를 바라볼 것입니다. 오 아버지, 이 세상에 주의 사랑을 보이소서. 세상에 만연한 악에 시달리며 고통당하는 허다한 무리를 기억하시고, 그들을 불쌍히 여기소서. 강하고 전능하신 주 예수 그리스도의 사랑을 우리가 맛보게 하소서. 아멘.

Dear Father in heaven, we are your children, and we look to you and to your help at every turn of our lives. Remember us, especially when we want to serve you. Stay with us with your Spirit so that everything may work out to further your kingdom and the victory of Jesus Christ, which is to be proclaimed on earth. Through his victory all men shall find in him their Savior and look to you, our Father in heaven. Yes, Father in heaven, have mercy on the world, on the many who are unfortunate and who suffer from the widespread evil around them. Remember them. Have mercy on us through the strong and mighty Lord, Jesus Christ. Amen.

03월 08일

이러므로 하나님이 그를 지극히 높여 모든 이름 위에 뛰어난 이름을 주사
하늘에 있는 자들과 땅에 있는 자들과 땅 아래에 있는 자들로
모든 무릎을 예수의 이름에 꿇게 하시고 모든 입으로 예수 그리스도를 주라 시인하여
하나님 아버지께 영광을 돌리게 하셨느니라. 빌립보서 2:9-11

모든 권세를 가지신 주 예수님, 우리가 주님께 고개 숙여 절합니다. 오 주님, 우리가 주님을 사랑하고 보석처럼 귀하게 여기겠습니다. 주께서 품고 계신 생각을 묵상하게 하소서. 하늘과 땅과, 땅 아래에 있는 모든 것들이 어떻게 예수를 주로 고백하는지 보게 하소서. 주께서 오셔서, 모든 사람들 앞에 주님의 얼굴을 드러내시고 이 땅에 하나님나라를 세우실 그날까지, 우리를 떠나지 마시고 지켜주소서. 그날에 온 세상이 기뻐하고 만국의 백성들이 주 앞에 무릎 꿇을 것입니다. 아멘.

Lord Jesus, we bow before you, before you to whom all power is given. We will love you, O Lord. We will treasure you. Your thoughts shall be our thoughts, that we may learn how you are named in heaven, on earth, and below the earth. Watch over us and be with us until you can come, until the time is fulfilled when you will appear among men and establish God's kingdom. Then the whole world will rejoice and all men will bend their knees before you, the one Lord and Savior. Amen.

03월 09일

> 그가 빛 가운데 계신 것같이 우리도 빛 가운데 행하면
> 우리가 서로 사귐이 있고 그 아들 예수의 피가
> 우리를 모든 죄에서 깨끗하게 하실 것이요. 요한일서 1:7

하늘에 계신 우리 아버지, 자녀 된 우리가 주께 감사드립니다. 주님의 자녀를 어떻게 모으실지 알고 계신 주님. 죄와 고통, 불안으로 가득 찬 이 세상에서 주님은 기적처럼 우리를 불러 모아 주님과 하나 되게 하셨습니다. 주님은 그의 자녀를 아시고 그들을 주님의 나라로 인도하십니다. 그들에게 위로와 용기를 주시고, 아버지의 나라와 그분의 통치에 대한 믿음을 주십니다. 죄와 죽음이 아직까지 인류를 지배하는 듯이 보여도 결국에는 주께 굴복할 것입니다. 하나님의 다스리심은 끝이 없습니다. 주께서 우리를 지키실 것을 믿습니다. 주님을 향한 우리의 믿음을 저버리지 않으시고, 주님은 마침내 온 세상을 구원하실 것입니다. 아멘.

Dear Father in heaven, we thank you as your children, whom you know how to gather. You have brought us into community with you in a wonderful way, in the midst of a world full of unrest, full of misery, and full of sin. For you know your children and lead them into community with you. You comfort them. You give them strength of faith, and confidence in your rulership and your kingdom, which will prevail over everything evil and deathly that still seems to control mankind. But your dominion reaches far, far beyond. You will keep us in your hands. For the sake of those who trust in you, you will send your grace and your help into the whole world. Amen.

이는 비와 눈이 하늘로부터 내려서 그리로 되돌아가지 아니하고
땅을 적셔서 소출이 나게 하며 싹이 나게 하여 파종하는 자에게는
종자를 주며 먹는 자에게 양식을 줌과 같이
내 입에서 나가는 말도 이와 같이 헛되이 내게로 되돌아오지 아니하고
나의 기뻐하는 뜻을 이루며 내가 보낸 일에 형통함이니라. 이사야 55:10-11

주 우리 하나님, 세상의 빛이시며 사람의 빛이 되신 주님, 우리의 마음에 주의 말씀을 새기시니 감사합니다. 주의 말씀은 우리의 힘이요 기쁨입니다. 이 땅에서의 시련은 결코 우리의 기쁨을 빼앗지 못할 것입니다. 아버지의 뜻이 성취되고 그분의 언약이 이루어지는 날, 온 세상이 크게 기뻐할 것을 우리가 믿기 때문입니다. 우리를 보호하소서. 순전하고 자유로운 영혼으로 주를 섬기게 하소서. 우리 입술의 작은 말들이 만방에 선포된 주님의 위대한 말씀과 일치하게 하소서. 아멘.

Lord our God, light of the world and light of our human life, we thank you for sending your Word into our hearts. Your Word works within us and allows us to rejoice. Even if we often experience hard and bitter times here on earth, we can rejoice already, as the world shall rejoice when your will and your Word are fulfilled. Protect us, and keep us pure and free in spirit, that we may be your servants, that we may sometimes be allowed to say a little word in harmony with the great, powerful Word which you have sent into the world. Amen.

03월 11일

> 그러므로 우리가 믿음으로 의롭다 하심을 받았으니
> 우리 주 예수 그리스도로 말미암아 하나님과 화평을 누리자.
> 또한 그로 말미암아 우리가 믿음으로 서 있는 이 은혜에 들어감을 얻었으며
> 하나님의 영광을 바라고 즐거워하느니라. 로마서 5:1-2

하늘에 계신 우리 아버지, 우리가 성령으로 하나 되게 하소서. 주님과 함께할 때 우리의 모든 문제는 사라집니다. 부족하고 어리석은 잘못을 저지를 때에도 우리는 여전히 주님 주시는 평안 가운데 머무릅니다. 고된 삶을 이어가야 하지만 마음의 평화를 잃지 않습니다. 우리를 지켜주소서. 우리의 마음이 흔들리지 않고 변함없이 순결하게 하소서. 주님 나라가 온다는 것을 잊지 않게 하소서. 이미 시작된 그 나라를 세상에 분명히 드러내셔서 사람들이 그들을 위해 예비된 하나님의 은혜를 경험하게 하소서. 오늘 밤 우리를 지켜주소서. 아멘.

Dear Father in heaven, grant that we may share in the community of your Holy Spirit. In community with you our earthly troubles fall away and we remain in your peace in spite of all our failures and shortcomings, in spite of all the toil we must gladly take upon ourselves. Watch over us. Keep our hearts unshaken, clear, and steady. Keep us in the certainty that your kingdom is coming, is already beginning and can be plainly seen, so that all men can receive the good you have planned for them. Be with us this night. Amen.

03월 12일

> 야곱아 너를 창조하신 여호와께서 지금 말씀하시느니라.
> 이스라엘아 너를 지으신 이가 말씀하시느니라. 너는 두려워하지 말라.
> 내가 너를 구속하였고 내가 너를 지명하여 불렀나니 너는 내 것이라.
> 네가 물 가운데로 지날 때에 내가 너와 함께할 것이라. 강을 건널 때에
> 물이 너를 침몰하지 못할 것이며 네가 불 가운데로 지날 때에
> 타지도 아니할 것이요 불꽃이 너를 사르지도 못하리니. 이사야 43:1-2

하늘에 계신 우리 아버지, 우리 마음에 주의 빛을 비추시고 주님을 향한 믿음을 주시니 참 감사합니다. 그 빛을 통해 우리는 고난과 어둠, 죽음 가운데서 주님이 어떻게 우리를 건지셨는지 보았습니다. 주님이 다시 오실 그날까지 우리가 믿음을 잃지 않도록, 주님은 이 어둠 속에서 우리의 마음을 지키십니다. 주께서 세상에 자신을 드러내실 그날에 모든 입술이 하나같이 외칠 것입니다. "하늘에 계신 아버지, 주께서 우리 모두를 구하셨습니다. 우리가 주님께 감사를 드립니다." 아멘.

Dear Father in heaven, we thank you for the gift of your light in our hearts, allowing us to have faith in you. We thank you for your light, which shows us the many ways you save us from need, darkness, and death. In the midst of this darkness you keep our hearts safe so that we can be faithful until your time comes, the time when you will reveal yourself to the world, and when all voices will cry out as one, "Yes, Father in heaven, we thank you. You have redeemed us all." Amen.

03월 13일

의에 주리고 목마른 자는 복이 있나니
그들이 배부를 것임이요. 마태복음 5:6

하늘에 계신 우리 아버지, 우리가 함께 모여 진심으로 주를 찬양하며, 주님과 함께 거할 수 있기를 기도합니다. 그동안 우리에게 베푸신 모든 은혜와, 우리가 경험한 모든 일들을 돌아보며 주 앞에 온 맘 다해 나아갑니다. 주님은 지금까지 의와 불의, 온전함과 불완전함이 복잡하게 얽혀 있는 세상에서 우리를 인도하셨습니다. 그리고 우리가 주께 속하였다는 것을 깨닫게 하셨습니다. 우리는 주님의 소유입니다. 우리 한 사람 한 사람을 향한 주님의 생각이 실현되도록 주님은 우리 가운데서 일하십니다. 진리와 정의에 굶주린 수많은 사람들을 위해 아버지의 뜻을 이루십니다. 성령으로 우리와 함께하소서. 그 손으로 우리를 변화시켜주소서. 예수는 우리의 구세주, 우리가 그분을 의지하며 주님의 이름을 높입니다. 아멘.

Dear Father in heaven, may our hearts find words to praise you together, to ask you with one accord that we may be brought into community with you. We come to you with our whole selves, with all that we have experienced, with all that has been given to us through your leading. For to this day you have shown us the way, guiding us through right and wrong, through the perfect and the imperfect. You have led us all to know that we belong to you. We are yours. You are working in us to bring about what you have in mind for each one of us and for the many, many who hunger and thirst for justice and truth. Be with us through your Spirit. Touch us through the hand of Jesus Christ. He is our Savior, and we hold fast to him so that we can praise you in his name. Amen.

여호와께서 거하시는 온 시온 산과 모든 집회 위에
낮이면 구름과 연기, 밤이면 화염의 빛을 만드시고
그 모든 영광 위에 덮개를 두시며
또 초막이 있어서 낮에는 더위를 피하는 그늘을 지으며
또 풍우를 피하여 숨는 곳이 되리라. 이사야 4:5-6

하늘에 계신 우리 아버지, 오늘도 그리고 내일도 우리의 피난처가 되시는 주님, 그 권능의 손으로 우리를 만져주소서. 온갖 어둠의 공격으로부터 우리를 지켜주소서. 어둠 속에서 주를 기다리는 자들이 주님의 빛을 보고 기뻐하게 하소서. 우리의 마음에 그리고 우리 주변에 하늘나라의 빛을 비추소서. 그 빛이 아버지의 뜻을 밝혀 마침내 예수 그리스도의 승리가 이 땅에 임하게 하소서. 아멘.

Dear Father in heaven, our refuge for this day and for each day to come, touch us with the finger of your power. Be our protection and strong defense against all attacks of darkness. Where people look to you out of the darkness, let their eyes grow shining bright with the light from your eyes. Let your light shine within us and around us. Let your light bring your cause to victory, to the final great day of Jesus Christ. Amen.

03월 15일

> 양들의 큰 목자이신 우리 주 예수를
> 영원한 언약의 피로 죽은 자 가운데서 이끌어내신 평강의 하나님이
> 모든 선한 일에 너희를 온전하게 하사 자기 뜻을 행하게 하시고
> 그 앞에 즐거운 것을 예수 그리스도로 말미암아
> 우리 가운데서 이루시기를 원하노라.
> 영광이 그에게 세세무궁토록 있을지어다. 아멘. 히브리서 13:20-21

주 우리 하나님, 성령을 보내주셔서 우리가 주님과 함께하게 하소서. 우리의 앞날을 지켜주시고, 선하고 참된 것을 좇아 살도록 우리의 내면을 성숙하게 하소서. 삶의 실제적인 부분에서 우리가 주의 사랑과 은혜를 경험하게 하소서. 예수 그리스도의 삶과 고통 가운데 함께했던 능력, 그분을 죽음에서 다시 살아나게 하신 그 능력을 우리도 체험하게 하소서. 예수가 구원자이신 것과 그분께 모든 것이 속하였음을 온 세상이 알게 하소서. 주의 이름에 영광을 드립니다. 아멘.

Lord our God, through the Spirit grant us community with you, we pray. Help us onward again and again, and help us grow in strength to follow what is true and good. May your goodness and your grace be in our hearts to help us in all practical things. Grant that wherever we live we may have something of the power in which Jesus Christ lived and suffered, in which he died and yet lives again. May the world still learn that it has a redeemer and that it belongs to him, to the glory of your name. Amen.

03월 16일

> 그러므로 내가 그에게 존귀한 자와 함께 몫을 받게 하며
> 강한 자와 함께 탈취한 것을 나누게 하리니
> 이는 그가 자기 영혼을 버려 사망에 이르게 하며
> 범죄자 중 하나로 헤아림을 받았음이니라.
> 그러나 그가 많은 사람의 죄를 담당하며 범죄자를 위하여 기도하였느니라.
> 이사야 53:12

하늘에 계신 우리 아버지, 우리가 자신을 극복하고 세상을 이길 수 있도록 성령을 보내주소서. 인간적인 노력, 폭력이나 소요가 아닌 오직 성령으로, 예수 그리스도의 이름으로 승리하게 하소서. 우리 각자가 처한 상황에서 주님의 도움을 입게 하소서. 우리 주변이 얼마나 악으로 가득한지, 얼마나 많은 전투가 우리를 기다리고 있는지 잘 알고 있습니다. 하지만 우리는 피하지 않을 것입니다. 예수님의 이름을 의지하여 세상 속으로, 아직도 악이 다스리고 있는 세상 한가운데로 고통을 무릅쓰고 나아가겠습니다. 오, 하늘에 계신 아버지, 우리가 예수님의 이름으로 승리를 향해 전진합니다. 그 위대한 승리의 날에 모든 사람들이 기뻐하며 온 맘으로 주를 찬양할 것입니다. 아멘.

Dear Father in heaven, may we receive your Spirit so that we win the victory over ourselves and over the world around us, not with our human crudeness, force, and clamor, but only through your Spirit in the name of Jesus Christ. Help each of us in our own particular situation. We all know there is much evil around us; there is much we must fight. But in Jesus' name we want to plunge right in, right into the world, right into whatever suffering is meant for us in the midst of the evil that is not yet overcome. In Jesus' name we go toward the great victory that will come when all who are granted your joy will praise you with all their hearts, O Father in heaven. Amen.

03월 17일

> 그러므로 예수께서 자기를 믿은 유대인들에게 이르시되
> 너희가 내 말에 거하면 참으로 내 제자가 되고 진리를 알지니
> 진리가 너희를 자유롭게 하리라. 요한복음 8:31-32

하늘에 계신 우리 아버지, 우리가 영으로 주님을 경배하게 하소서. 성령이시여, 위대한 구세주 예수 그리스도 곁으로, 우리와 이 땅의 다른 많은 사람들을 불러 모으소서. 우리 마음에 참 자유를 주소서. 주님은 인간의 악한 본성과 세상의 죄로부터 우리를 건지십니다. 주께서 살리신 백성이 고통과 두려움, 결핍과 고난과 죽음을 무사히 넘길 수 있도록 인도하여주소서. 우리가 그리스도께 생명을 얻고 늘 기뻐하는 주의 자녀가 되게 하소서. 아버지의 나라가 온 세상에 임할 때까지 낙심하지 않고, 그 나라를 위해 기꺼이 싸우는 하나님의 자녀가 되게 하소서. 아멘.

Dear Father in heaven, grant that we may come to you in the Spirit. Through your Spirit gather us and many others on earth around our Lord Jesus Christ, the great Savior of mankind. May our hearts become truly free because you deliver us from all bondage to our own natures and to the world around us. As free people may we be led safely through distress, fear, and want, through need and death. May we become happy children whom Jesus Christ has called to life, children who are not discouraged by the struggle but who fight joyfully for your kingdom until it can be revealed to all the world. Amen.

03월
18일

그의 영광의 힘을 따라 모든 능력으로 능하게 하시며
기쁨으로 모든 견딤과 오래 참음에 이르게 하시고
우리로 하여금 빛 가운데서 성도의 기업의 부분을 얻기에
합당하게 하신 아버지께 감사하게 하시기를 원하노라.
그가 우리를 흑암의 권세에서 건져내사 그의 사랑의 아들의 나라로 옮기셨으니
그 아들 안에서 우리가 속량 곧 죄 사함을 얻었도다. **골로새서 1:11-14**

하늘에 계신 우리 아버지, 감사합니다. 우리가 이 감사를 잃지 않게 하소서. 우리는 기쁨으로 주님의 나라를 기다리며, 그 구원의 날을 기다립니다. 주께서 우리 존재의 깊은 바닥까지 자유롭게 하실 그날, 우리가 주님의 이름을 찬양하며 경배할 것입니다. 주님을 찾는 굶주리고 목마른 수많은 영혼들과 함께하소서. 마음이 진실한 자들에게 구원을 베푸소서. 우리 주 그리스도 예수 안에 있는 하나님나라의 능력이 지금 여기에 있음을 그들이 깨닫게 하소서. 아멘.

Dear Father in heaven, we thank you. We want to be ready to thank you at all times. We look forward with joy to your kingdom and await the redemption that will free us to the very depth of our being, to the praise and thanks and honor of your name. Be with the many people who come hungering and thirsting to you. Bring deliverance to those whose hearts are true, and let them know that the power of your kingdom is truly present here on earth in Jesus Christ, our Lord. Amen.

03월 19일

> 너희는 내 백성이 아니라 한 그곳에서
> 그들이 살아 계신 하나님의 아들이라 일컬음을 받으리라 함과 같으니라.
> 로마서 9:26

주 우리 하나님, 우리를 주님의 자녀로 부르시니 감사합니다. 주님의 자녀는 고통과 시험 중에서도 그분을 섬깁니다. 예수 그리스도의 은혜를 우리에게 베푸소서. 우리가 인생의 모든 역경을 이겨내고, 세상에 만연한 고통을 견뎌낼 것입니다. 오, 주 우리 하나님, 우리의 유일한 피난처 되신 분, 오직 주께만 기도합니다. 이 땅의 죄악이 사라지고 예수 그리스도의 승리의 찬가가 울려 퍼지게 하소서. 그때에 주님의 백성이 크게 기뻐하고 즐거워할 것입니다. 아멘.

Lord our God, we thank you that you have called us your children, a people who may serve you even in suffering and temptation. Grant that the grace of Jesus Christ may be in us so that we can be victorious over everything that life puts in our way and can withstand the distress that surrounds so many people. O Lord our God, our only refuge, to you alone can we appeal for evil to end and for the victory of Jesus Christ to break through. In that hour we shall rejoice and be glad as your people. Amen.

03월
20일

내가 또 들으니 하늘에 큰 음성이 있어 이르되
이제 우리 하나님의 구원과 능력과 나라와 또 그의 그리스도의 권세가 나타났으니
우리 형제들을 참소하던 자 곧 우리 하나님 앞에서 밤낮 참소하던 자가 쫓겨났고
또 우리 형제들이 어린양의 피와 자기들이 증언하는 말씀으로써 그를 이겼으니
그들은 죽기까지 자기들의 생명을 아끼지 아니하였도다. 요한계시록 12:10-11

주 우리 하나님, 찬양과 감사를 드리며 아버지의 나라를 기다립니다. 눈을 들어 예수께서 다스리시는 그 나라를 바라봅니다. 아버지께서 그 아들로 하늘과 땅을 다스리게 하시니 우리가 기뻐합니다. 이 땅의 모든 민족이 예수 앞에 무릎 꿇을 것입니다. 그때에 사람들이 선을 행하고, 서로 사랑하며, 주의 뜻이 이루어지기만을 바랄 것입니다. 아버지의 뜻이 하늘에서와 같이 땅에서도 이루어질 그날이 반드시 올 것입니다. 기쁨의 그날이 오기까지, 자녀 된 우리가 요동치 않고 믿음을 지키도록 성령으로 함께하소서. 그날에 우리의 모든 아픔이 사라지고 모든 눈물이 씻겨질 것입니다! 어둠과 죽음으로부터 해방될 것입니다! 그리고 하늘에 계신 아버지께로 우리가 가게 될 것입니다! 주님을 찬양합니다. 우리를 구하시러 이 땅에 오신 예수 그리스도께 영광을 돌립니다. 아멘.

Lord our God, in praise and thanksgiving we look toward your kingdom and the reign of Jesus Christ in your kingdom. We rejoice that you make him Lord not only in heaven but also on earth, where he will gain the victory in all humankind. We will become good and will love one another, and will find peace when everything is done according to your will. For the time must come when, on earth as in heaven, your will is done everywhere and in everything. Be with us with your Spirit so that we may stand firm as your children until the moment comes for us to exult: Up out of all grief and trouble! Up from evil and death! Up to you, our Father in heaven! Praise to your name. Glory to Jesus Christ our Savior, whom you have given us. Amen.

03월 21일

> 마침내 위에서부터 영을 우리에게 부어주시리니
> 광야가 아름다운 밭이 되며 아름다운 밭을 숲으로 여기게 되리라.
> 그때에 정의가 광야에 거하며 공의가 아름다운 밭에 거하리니
> 공의의 열매는 화평이요 공의의 결과는 영원한 평안과 안전이라.
> 이사야 32:15-17

주 우리 하나님, 우리가 주님의 거룩한 영을 기다립니다. 성령으로 우리를 하나 되게 하소서. 평생 주님의 영을 좇아 사는 성령의 자녀가 되게 하소서. 너무 많은 거짓들이 마치 진리인 양 우리를 가르치려 합니다. 성령님의 도움이 없다면 우리는 금세 두려움에 사로잡힐 것입니다. 성령님은 우리를 도우시고 위로하십니다. 그리고 우리가 가야 할 길을 보이십니다. 우리를 구원하시고 이끄시길 원하시는 주님, 주님의 자녀의 기도에 귀 기울여주소서. 아멘.

Lord our God, we look to your Holy Spirit. Unite us with your Spirit, we pray. May we be children of your Spirit, ruled throughout our lives by your Spirit. There is so much else around us wanting to teach us and claiming to represent the truth, and we are full of fear unless help comes from your Spirit alone. Your Spirit comes to us as helper and comforter, who helps us find the way to go. Hear us, your children, whom you want to lead and whose Savior you want to be through Jesus Christ, our Lord. Amen.

03월 22일

> 그 기쁘신 뜻대로 우리를 예정하사
> 예수 그리스도로 말미암아 자기의 아들들이 되게 하셨으니
> 이는 그가 사랑하시는 자 안에서 우리에게 거저 주시는 바
> 그의 은혜의 영광을 찬송하게 하려는 것이라. 에베소서 1:5-6

하늘에 계신 우리 아버지, 자녀 된 우리가 주께 나아갑니다. 우리가 주님의 거룩한 영을 체험하여 이 땅에서 믿음으로 인내하며 살아가게 하소서. 우리에게 주를 향한 소망과 신실한 마음을 주셔서, 눈에 보이는 현실뿐 아니라 하나님나라와 의를 위해서도 최선을 다하게 하소서. 인류에게 끊임없이 새 빛을 비추어주소서. 주께서 말씀하실 때 그들이 깨닫고 용기를 얻게 되기를 기도합니다. 우리는 복음을 듣고 하나님의 자녀가 되었습니다. 이 위대한 복음이 온 세상 사람들에게 전해지도록, 주여 말씀하소서. 아멘.

Dear Father in heaven, grant that we may come to you as your children. Grant that we may come to your Spirit, that something of trust and perseverance may be born in us for our life on earth. May we always be loyal and full of hope, working and striving not only for what is earthly, but for the tasks that have been laid on us for your kingdom and its righteousness. Let new light shine out among men again and again. Let many understand when your voice is speaking to them, so that they may gain courage. Let your voice be heard so that the great gospel that makes us your children may be proclaimed to people of all circles. Amen.

03월 23일

여호와께서 이같이 이르시되 은혜의 때에 내가 네게 응답하였고
구원의 날에 내가 너를 도왔도다.
내가 장차 너를 보호하여 너를 백성의 언약으로 삼으며
나라를 일으켜 그들에게 그 황무하였던 땅을
기업으로 상속하게 하리라. 이사야 49:8

주 우리 하나님, 성령으로 우리를 보호하소서. 고통을 감내해야 할 때 우리의 마음이 담대하여 희망을 잃지 않게 하시고, 주님의 구원의 손길을 늘 새롭게 경험하게 하소서. 우리의 모든 발걸음을 지켜주소서. 우리의 감사와 찬양을 받으시고, 우리를 위해 주께서 행하신 모든 일을 우리가 기뻐하게 하소서. 우리가 주님의 뜻을 더욱 잘 분별하여, 주님을 기쁘시게 하는 종이 되게 하소서. 아멘.

Lord our God, protect us in your Spirit. Strengthen our hearts especially when we often have to bear suffering, that we may be steadfast in hope and may again and again experience a day of salvation. Protect us in every way. Accept our praise and thanks, and let our hearts rejoice in what you have already done for us. We want to discern your ways more and more so that we may please you as your servants. Amen.

03월 24일

이 묵시는 정한 때가 있나니
그 종말이 속히 이르겠고 결코 거짓되지 아니하리라.
비록 더딜지라도 기다리라.
지체되지 않고 반드시 응하리라. 하박국 2:3

하늘에 계신 우리 아버지, 우리가 조용히 주 앞에 나아가 기도합니다. 성령을 보내주소서. 이 기다림의 시간 동안, 사람들의 마음 속에 그리고 죽음이 지배하는 모든 곳에 생명의 빛이 비치길 소망하며 분투하는 우리에게 주님의 거룩한 영을 부어주소서. 온 세상이 소용돌이처럼 격변하여 우리 삶을 끝도 없는 바닥으로 빨아들일 것 같은 때에도, 우리가 절망하지 않게 하소서. 주께서 우리를 지키실 것을 믿습니다. 시험을 당할 때에도 함께하셔서 우리가 주의 품 안에 거하게 하소서. 주님을 기쁨으로 기다리도록 우리의 영혼을 돌보소서. 주께서 우리 모두에게 부활의 생명, 하늘나라의 참 생명을 주실 것을 믿고 평안하게 하소서. 아멘.

Dear Father in heaven, in quietness we come to you and ask you for your Spirit. We ask this especially for the time of waiting still required of us as we hope and strive for light to come into men's hearts, for light to shine where there is so much death. We must not despair of our inner life even when life around us rages as if it would suck us down into its whirlpool with no way out. But you will guard us. Watch over us, we pray, also in hours of temptation, so that we may remain under your care. Watch over us so that we have hope and joy in you, assured that your goal for us all is true life from above, a life of resurrection. Amen.

03월 25일

> 아버지가 자식을 긍휼히 여김같이
> 여호와께서는 자기를 경외하는 자를 긍휼히 여기시나니
> 이는 그가 우리의 체질을 아시며
> 우리가 단지 먼지뿐임을 기억하심이로다. 시편 103:13-14

주 우리 하나님, 사랑의 하나님, 전능하신 하늘 아버지께 간절히 기도합니다. 자녀 된 우리를 돌보아주소서. 주님은 한낱 티끌에 불과한 우리를 주님의 자녀로 삼으시고, 아버지의 은혜를 찬양하게 하셨습니다. 마음속 근심을 주 앞에 내려놓고, 주의 뜻이 우리 삶 가운데 이루어지기를 기도하오니 우리의 기도를 들으소서. 세상의 모든 일이 주께서 정하신 선한 계획대로 성취되게 하소서. 고난과 시련을 만나도 우리가 기뻐하며, 주의 약속을 굳건히 붙잡겠습니다. 아멘.

Lord our God, merciful God and almighty Father in heaven, we beseech you, look upon us as your children. For in spite of everything, all of us are allowed to be your children and to praise you for all the good you are doing and for all you still want to do for us. Hear our prayer as we come to you with particular concerns, asking for your will to be done in us, for everything to be carried out according to your good purpose, that we may be joyful even in hard and serious times and may hold fast to what you have promised. Amen.

03월 26일

주의 약속은 어떤 이들이 더디다고 생각하는 것같이 더딘 것이 아니라
오직 주께서는 너희를 대하여 오래 참으사
아무도 멸망하지 아니하고 다 회개하기에 이르기를 원하시느니라.
베드로후서 3:9

하늘에 계신 우리 아버지, 살아 있는 약속을 주신 주님께 우리가 온 맘 다해 감사드립니다. 이 약속을 믿을 때 우리는 더욱 분명한 비전을 갖게 됩니다. 그 영광의 날이 마침내 찾아오면, 온 세상이 주 앞에 굴복하고 모든 사람들이 구원을 얻어 아버지의 이름을 높일 것이라고 주님은 약속하셨습니다. 우리에게 늘 용기를 주시고, 특별히 어려움에 처해 괴로워할 때 붙들어주소서. 시험 당하고 병든 자들을 위로하소서. 주의 약속이 이루어질 그날을 기다리며 그들이 주님의 도움을 경험하게 하소서. 주 하나님, 아버지의 이름이 우리 가운데 높임을 받으시길 기도합니다. 하나님의 나라가 오게 하시고, 하늘에서와 같이 땅에서도 주의 뜻을 이루소서. 아멘.

Dear Father in heaven, we thank you with all our hearts that you have given us your living promise. We thank you that again and again our faith can receive a clearer vision through this promise. For you have promised that at last the greatest day of all will come, will conquer the whole world, and bring salvation to all people to the glory of your name as Father throughout all nations. Strengthen us in every way, especially when we are in need and distress. Strengthen the sick and those who are tempted. May they wait in expectation for fulfillment of the promise, and may they see help come. May your name, Lord God, be honored among us. May your kingdom come and your will be done on earth as in heaven. Amen.

03월 27일

> 하나님의 약속은 얼마든지 그리스도 안에서 예가 되니
> 그런즉 그로 말미암아 우리가 아멘 하여 하나님께 영광을 돌리게 되느니라.
> 우리를 너희와 함께 그리스도 안에서 굳건하게 하시고
> 우리에게 기름을 부으신 이는 하나님이시니
> 그가 또한 우리에게 인 치시고 보증으로 우리 마음에 성령을 주셨느니라.
> 고린도후서 1:20-22

주 우리 하나님, 우리가 주의 보좌 앞에 모였습니다. 주님은 세상 모든 사람, 특별히 주의 백성에게 놀라운 약속을 주셨습니다. 우리가 주 앞에서 기쁨의 노래를 부릅니다. 주님은 약속하신 것을 반드시 이루시는 분. 주님의 일을 세상 모든 이가 보고 아버지께 영광 돌릴 것입니다. 예수 그리스도의 은혜를 믿는 우리의 믿음이 흔들리지 않게 하소서. 세상에 악이 가득해도 주께서 여전히 다스리시며 모든 것을 심판하심을 의심하지 않게 하소서. 주 하나님, 우리 아버지, 우리가 소리 높여 기도합니다. 목마른 사슴이 시냇물을 찾듯 오늘 우리 영혼이 주께 부르짖습니다. "하늘에 계신 우리 아버지, 주님 이름이 높여지고, 아버지의 나라가 오게 하시며, 하늘에서와 같이 땅에서도 주의 뜻이 이루어지게 하소서." 아멘.

Lord our God, from whom great promises are given for all mankind and especially for your people, we gather in your presence. We rejoice before you, for your promise is sure and your works will be revealed to the glory of your name. Grant us steadfast faith in the grace of Jesus Christ. Grant us faith to hold firm, and in spite of all evil to trust that you are ruling and will set everything right. Lord our God, our Father, we cry to you. As the deer pants for refreshing water, so in our time our souls cry out to you, "Our Father in heaven, may your name be honored. May your kingdom come. May your will be done on earth as in heaven." Amen.

*나의 자녀들아 내가 이것을 너희에게 씀은
너희로 죄를 범하지 않게 하려 함이라.
만일 누가 죄를 범하여도 아버지 앞에서 우리에게 대언자가 있으니
곧 의로우신 예수 그리스도시라.
그는 우리 죄를 위한 화목제물이니 우리만 위할 뿐 아니요
온 세상의 죄를 위하심이라.* 요한일서 2:1-2

주 하나님, 예수 그리스도를 보내셔서 우리 죄를 위한 화목제물이 되게 하시니 감사합니다. 그분은 온갖 악에서 우리를 건지시고, 잠시 있다 사라지는 세상에서 구하십니다. 그리고 이제 우리가 영원한 것을 위해 살게 하십니다. 우리에게 베풀어주신 주님의 은혜가 얼마나 큰지 수많은 사람들이 알게 하소서. 우리를 자유롭게 하는 그 능력을 사람들이 깨닫게 하소서. 그들이 새 생명을 얻고 예수 그리스도의 오심을 기다리며, 깨끗한 양심으로 주를 섬기게 하소서. 우리와 함께하소서. 우리를 담대하게 하시며 세상의 모든 거짓으로부터 지켜주소서. 우리의 소원은 오직 주의 자녀가 되는 것, 언제나 주님의 얼굴만 바라겠습니다. 아멘.

Lord God, we thank you that you have given us atonement, an atonement that delivers us from all evil, from all that is temporal and perishable, and that allows us even now to live in eternity. Grant that many people become aware of the greatness and freeing power of the redemption you have offered us. May a people be born to you, serving you with light in their hearts as they look to the future coming of Jesus Christ. Be with us, strengthen us, and protect us from all the deception on earth. For we want to be your children and nothing else; with our whole hearts we want to look always to you. Amen.

03월 29일

하나님이 이르시되 그가 나를 사랑한즉 내가 그를 건지리라.
그가 내 이름을 안즉 내가 그를 높이리라.
그가 내게 간구하리니 내가 그에게 응답하리라.
그들이 환난 당할 때에 내가 그와 함께하여 그를 건지고 영화롭게 하리라.
내가 그를 장수하게 함으로 그를 만족하게 하며
나의 구원을 그에게 보이리라 하시도다. 시편 91:14-16

주 우리 하나님, 하늘에 계신 아버지, 우리의 모든 필요를 아시는 주님께 마음 모아 기도합니다. 우리가 어찌할 바를 모를 때 기꺼이 우리를 도우시는 주께 나아갑니다. 우리를 인도하시고 다스리시는 주님은 우리가 행복하길 바라십니다. 주님이 인도하시는 길을 우리가 즐거이 가겠습니다. 우리 입술에 주를 높이는 노래가 그치지 않게 하소서. 이 땅에서 하나님께 영광 돌리는, 주님의 참 자녀가 되도록 우리를 언제나 이끌어주소서. 아멘.

Lord our God, dear Father in heaven, we turn our hearts to you, for you know all our need. We turn to you, for you are ready with your help when we are at our wit's end. You have paths we can follow joyfully because we have a Lord who rules and who reigns over us to make us glad. May we praise your name at all times. May your help be always before our eyes so that we can be your true children, to the glory of your name on earth. Amen.

03월 30일

우리 영혼이 여호와를 바람이여 그는 우리의 도움과 방패시로다.
우리 마음이 그를 즐거워함이여 우리가 그의 성호를 의지하였기 때문이로다.
여호와여 우리가 주께 바라는 대로 주의 인자하심을 우리에게 베푸소서.
시편 33:20-22

주 하나님, 죄와 고통, 억압으로 얼룩진 이 땅에 몸소 찾아오시니 감사합니다. 예수 그리스도 이전의 역사와 이후의 역사 속에서, 하나님께서 우리에게 베푸신 모든 은혜를 헤아리며 우리가 기뻐합니다. 주께 찬양과 감사를 드립니다. 우리의 마음이 주를 즐거워하며 주님의 행사를 기뻐합니다. 마지막 날까지 우리가 믿음을 잃지 않게 하소서. 인생에 복을 주시는 성령님으로 인해 우리가 늘 승리하게 하소서. 주를 간절히 바라며 그 이름을 부르는 자들에게 도움의 손길로 응답하소서. 아멘.

Lord God, we thank you for having revealed yourself on this earth in the midst of sin, need, and oppression. We thank you that we can have joy in all you have done both before and since the coming of Jesus Christ, our Savior in everything. To you be praise and thanks. Our hearts leap up with joy in you and in your deeds. Grant that we may be faithful to the end, victorious in all things through your Spirit, who helps and blesses us on our way. Grant your help to all who call to you and who long to rejoice in you. Amen.

03월 31일

> 또 아는 것은 하나님의 아들이 이르러 우리에게 지각을 주사
> 우리로 참된 자를 알게 하신 것과
> 또한 우리가 참된 자 곧 그의 아들 예수 그리스도 안에 있는 것이니
> 그는 참 하나님이시요 영생이시라. 요한일서 5:20

주 우리 하나님, 우리의 눈을 들어 주께 간절히 기도합니다. 세상일에 마음을 뺏겨 때로 괴로운 인생을 사는 우리에게 찾아와 주소서. 예수 그리스도는 우리의 힘, 우리 모두에게 구원을 약속하셨습니다. 비록 지금 우리 눈에 보이진 않지만, 하나님나라가 이 땅에 임하여 모든 것이 선하게 바뀔 것을 믿습니다. 그 어떤 이름보다 주의 이름을 사랑하게 하소서. 주는 우리의 아버지, 우리를 자녀로 부르신 그 은혜를 잊지 않게 하소서. 세상의 파도를 견뎌낼 수 있는 믿음을 주소서. 신음하는 이 대지에 주께서 아름다운 꽃들을 피우실 그날이 곧 올 것입니다. 부서지고 상처 입은 모든 사람들이 주님의 도우심과 은혜를 입고 구원을 경험하게 하소서. 우리가 눈을 열어 주를 보기만 한다면, 우리를 구하시는 그분의 손이 항상 가까이 있음을 깨닫게 될 것입니다. 우리 입술에 주님을 향한 감사와 찬송이 그치지 않을 것입니다. 아멘.

☾

Lord our God, we turn our faces to you and plead with you to come to us earthly and often tormented people. May we find strength in the Lord Jesus Christ, through whom redemption is promised to us all. May your kingdom at last be revealed and everything change for the better even though we do not see it yet. May we always honor your name above all others, for you are our Father and we hold fast to your grace that lets us call you Father. In our troubled times grant us enduring faith that you can bring a new time when good shall at last emerge from all the distress. Grant that every broken and needy person may experience your help, your grace, and your salvation, and may know that these always surround us, if only our eyes are open to see and recognize them. We thank and praise you at all times. Amen.

*Evening
Prayers*

4월
April

04월 01일

> 여호와는 선하시니 그의 인자하심이 영원하고
> 그의 성실하심이 대대에 이르리로다.
> 시편 100:5

주 하나님, 우리 아버지, 우리에게 빛을 비추시니 감사합니다. 사랑으로 우리를 도우시고 물질적인 필요도 돌보시니 참 감사합니다. 우리가 주 앞에 나아가 기도합니다. 주님의 빛으로 우리가 가야 할 길을 밝히소서. 하늘나라의 영광이 이 땅에 드러나게 하소서. 모든 사람들에게 베푸시는 주님의 선하고 아름다운 일들을 우리가 기뻐하게 하소서. 하나님 아버지, 죄와 어둠에서 인류를 해방시켜주셔서 그들이 마침내 주님의 영광을 보게 하소서. 우리 가슴에 그날을 염원하는 불길이 높이 타오르게 하소서. 허다한 사람들의 마음이 변화되어 주님의 영광을 온 천하에 선포하게 되기를 기도합니다. 아멘.

Lord God, our Father, we thank you for all the light you give us and for all your loving help in outward things as well. We come into your presence and ask you to give us your light and your constant guidance for the path we must follow. Grant that what is of heaven may be revealed on earth, that we may rejoice in the good and beautiful things you give to all people. Our Father, reveal what is of heaven, and free men from their sin and darkness so that at last they recognize your glory. Strengthen our hope for this goal. Rule and work in the hearts of many people, that through them your glory may be proclaimed to all. Amen.

04월 02일

너희는 하늘로 눈을 들며 그 아래의 땅을 살피라.
하늘이 연기같이 사라지고 땅이 옷같이 해어지며
거기에 사는 자들이 하루살이같이 죽으려니와
나의 구원은 영원히 있고 나의 공의는 폐하여지지 아니하리라.
이사야 51:6

주 우리 하나님, 우리가 어려운 이 시대를 견뎌내도록 도와주소서. 주께서 예비하신 마지막 때가 가까움을 알고 우리는 기뻐합니다. 그날에 주께서 약속하신 대로 이 세상에 정의가 실현되고 구원이 임할 것입니다. 예수 그리스도의 이름으로 모인, 우리 믿는 자들과 함께하소서. 인생이 아무리 힘겨울지라도 거듭해서 용기를 내고, 영적으로 깨어 있게 하소서. 우리가 예수 그리스도의 은혜 안에 머물러, 불평하지 않고 기쁨으로 살아가게 하소서. 주 하나님, 주의 이름이 영광 받으시고, 아버지의 나라가 오게 하시며, 예정하신 대로 우리 가운데 하나님의 뜻을 이루소서. 아멘.

Lord our God, in you we want to find our strength, in you we want to hold out even in these times. We rejoice that the end is coming, the end you are preparing, when your salvation and justice will come on earth according to your promises. Be with us and with the believing circle given to us through Jesus Christ. Make us alert and give us fresh courage again and again, however difficult life may be. We want to continue to live and find strength in the grace of Jesus Christ, holding on in joy without grumbling and complaining. Lord God, may your name be honored, your kingdom come, and your will be done in us according to your plan. Amen.

04월 03일

> 말일에 여호와의 전의 산이 모든 산 꼭대기에 굳게 설 것이요
> 모든 작은 산 위에 뛰어나리니 만방이 그리로 모여들 것이라.
> 많은 백성이 가며 이르기를 오라 우리가 여호와의 산에 오르며
> 야곱의 하나님의 전에 이르자.
> 그가 그의 길을 우리에게 가르치실 것이라.
> 우리가 그 길로 행하리라 하리니. 이사야 2:2-3상

하늘에 계신 우리 아버지, 우리 안에 빛으로 찾아오신 주님, 참 감사합니다. 주님의 빛을 보며 우리는 언제나 하나님께서 우리에게 맡기신 사명에 최선을 다할 것을 새롭게 다짐합니다. 우리가 맞이하게 될 미래, 온 인류의 미래를 기쁨으로 바라보며, 단지 지금만이 아닌 영원을 사는 인생이 되게 하소서. 성령으로 우리와 함께 하시고 진리로 우리를 가르치소서. 가슴에 빛을 지닌 사람이 되어 온갖 시험과 유혹 속에서도 길을 잃지 않게 하소서. 성령께서 우리를 돌보시고, 온 세상 사람들을 더 나은 삶으로 인도하신다는 것을 우리 모두가 날마다 깨닫게 하소서. 아멘.

Dear Father in heaven, we thank you that we have you and the light of your Spirit, which always gives us new determination for the tasks you ask of us. We thank you that we may live not just in the passing moment but also in eternity, looking with joyful hope to the future meant for us and for all mankind. Keep us in your Spirit, and open to us truth after truth. May we be part of that people who carry a light within them, a light which will show them the way through all the struggles and temptations of life; then each one of us will know day by day that you can help us and all men on earth to a better life through your Holy Spirit. Amen.

04월 04일

요한이 또 증언하여 이르되
내가 보매 성령이 비둘기같이 하늘로부터 내려와서 그의 위에 머물렀더라.
… 내가 보고 그가 하나님의 아들이심을 증언하였노라 하니라.
요한복음 1:32, 34

하늘에 계신 우리 아버지, 자녀 된 우리가 성령을 받아 주님과 살아 있는 참된 관계를 누리게 하소서. 모든 악과 위험 속에서 우리를 건져주소서. 주의 나라를 앞당기고, 아버지의 뜻을 이곳에 이루는 일에 우리를 사용하여 주소서. 주님의 아들 예수 그리스도께서 세상의 빛이 되어 모든 이들을 악에서 구하신다는 것을, 우리가 선포하게 하소서. 성령으로 우리와 함께하시고 우리를 지켜주소서. 아멘.

Our Father in heaven, as your children may we truly receive something from you to bring our lives into a living bond with you. Grant that we may overcome everything harmful and evil. May it be given to us to help that your kingdom may come closer and closer, that your will may be done, and Jesus Christ, your Son, may be recognized as the light of the world for the salvation of men and their deliverance from all evil. Protect us and grant that your Spirit may remain with us. Amen.

04월 05일

> 나의 영혼아 잠잠히 하나님만 바라라. 무릇 나의 소망이 그로부터 나오는도다.
> 오직 그만이 나의 반석이시요 나의 구원이시요 나의 요새이시니
> 내가 흔들리지 아니하리로다. 나의 구원과 영광이 하나님께 있음이여
> 내 힘의 반석과 피난처도 하나님께 있도다.
> 백성들아 시시로 그를 의지하고 그의 앞에 마음을 토하라.
> 하나님은 우리의 피난처시로다(셀라). 시편 62:5-8

하늘에 계신 우리 아버지, 오늘도 우리에게 새 하루를 주시고, 사랑과 자비를 베푸시니 감사합니다. 주의 도우심과 보호하심을 우리가 늘 경험하게 하소서. 주님을 섬길 때에 세상 모든 사람들을 사랑하는 마음으로 섬기게 하소서. 이 밤 우리와 함께하시고 우리를 지켜주소서. 온 세상에 주의 뜻을 이루시어 마침내 모든 혼란이 사라지고, 사단의 악한 공모가 헛되이 무너지게 하소서. 그때에 주님의 자녀들이 하늘에서와 같이 이 땅에서도 아버지의 뜻이 성취되는 것을 보고 크게 기뻐할 것입니다. 아멘.

Dear Father in heaven, we thank you for this day and for all the loving kindness you pour out on us. May we continue to receive your help and your protection. Bless us in whatever we are allowed to do in your service, that it may always be done in love to all people. Watch over us this night and be with us. May your will be done throughout the world, so that at last all confusion may come to an end, Satan's work may be destroyed, and your children may shout for joy that your will is being done on earth as in heaven. Amen.

> 내가 너희 중에서 예수 그리스도와 그가 십자가에 못 박히신 것 외에는
> 아무것도 알지 아니하기로 작정하였음이라. 고린도전서 2:2

주 우리 하나님, 온 세상의 아버지, 우리를 구원하신 예수 그리스도의 이름으로 이 공동체에 복을 내려주소서. 성령을 보내셔서 인간이 연약하여 할 수 없는 일들을 이루소서. 우리가 용기와 기쁨을 얻고 영원을 경험하여, 인생의 온갖 고통과 아픔을 이겨낼 것입니다. 주께서 우리를 주님 곁으로 부르셨으니 우리의 몸과 마음과 영혼이 머무를 곳은 덧없는 이 땅이 아닌 하나님나라입니다. 우리가 그 나라의 백성답게 살아가게 하시고, 한 마음과 한 목소리로 주를 찬양하게 하소서. 예수 그리스도를 마음에 품을 때, 우리가 영원한 진리의 길을 발견할 것입니다. 아멘.

Lord our God, Father of us all, bless our community in the name of our Savior Jesus Christ. May your Spirit carry out what we men are powerless to do, so that we experience strength and joy, something from eternity, and can face life with all its evil, pain, and suffering. For you have drawn us to yourself, and in spirit, soul, and body we belong to another world, higher than this earthly and passing one. We want to remain true to this higher world, that your praise may come from one heart and from one voice, that the name of Jesus Christ may shine in us and show us the way to all that is true and eternal. Amen.

04월 07일

> 내가 아버지께 구하겠으니 그가 또 다른 보혜사를 너희에게 주사
> 영원토록 너희와 함께 있게 하리니 그는 진리의 영이라
> 세상은 능히 그를 받지 못하나니 이는 그를 보지도 못하고 알지도 못함이라.
> 그러나 너희는 그를 아나니 그는 너희와 함께 거하심이요
> 또 너희 속에 계시겠음이라. 요한복음 14:16-17

주 우리 하나님, 우리 아버지, 성령을 보내셔서 우리가 주님과 하나 되게 하시니 감사합니다. 우리가 날마다 새롭게 성령을 경험하게 하소서. 주의 영이 우리의 길을 밝히시니 우리는 멈추지 않고 그 길을 가겠습니다. 우리에게 성령을 부어주시고, 우리 삶의 구석구석을 주의 빛으로 밝혀주소서. 주께서 행하시는 수많은 일들을 보며 기뻐하게 하소서. 다가오는 하나님나라를 위해 살 수 있도록 성령의 능력으로 우리와 함께하소서. 하루를 살아도 영원을 위해 살게 하소서. 아멘.

Lord our God and our Father, we thank you for giving us the Holy Spirit, who binds us to you. Give us continually afresh something of this Spirit so that we can go forward with light shining on the paths we must follow on earth. Grant us your Spirit, grant that light may break into our whole life and we can rejoice because we experience so much of what you are doing. For through the power of your Spirit you can help us toward your future and all that is to come, that we may live not only in time but in eternity. Amen.

04월 08일

이르시되 너희 믿음이 작은 까닭이니라.
진실로 너희에게 이르노니 만일 너희에게 믿음이 겨자씨 한 알만큼만 있어도
이 산을 명하여 여기서 저기로 옮겨지라 하면 옮겨질 것이요
또 너희가 못할 것이 없으리라. 마태복음 17:20

주 우리 하나님, 주님의 다스리심을 온 세상에 드러내시니 감사합니다. 주님의 통치는 우리 모두를 이롭게 하십니다. 주님의 권능을 온전히 신뢰할 때, 우리는 비로소 주님이 원하시는 삶을 살 수 있습니다. 우리가 이 땅에서 온갖 시험과 어려움을 겪을 때, 우리의 믿음을 지키소서. 우리의 기도는 오직 한 가지. 우리가 죄에서 해방되어 하나님나라가 우리 가운데 임하는 것입니다. 그 나라가 오면 우리가 기쁨으로 그리스도 예수 안에 있는 영원한 진리를 노래할 것입니다. 아멘.

Lord our God, we thank you for revealing your rulership, which is for the good of each of us. Each one of us will become what we ought to be when our faith is united with your divine power. Protect this faith in us through every temptation and through all we have yet to endure in this earthly life. Free us again and again for one thing alone, that your kingdom may come into being within us and around us, to the praise and glory of the everlasting truth you have given us in Jesus Christ. Amen.

04월 09일

내가 너희를 고아와 같이 버려두지 아니하고 너희에게로 오리라. 조금 있으면 세상은 다시 나를 보지 못할 것이로되 너희는 나를 보리니 이는 내가 살아 있고 너희도 살아 있겠음이라. 그날에는 내가 아버지 안에, 너희가 내 안에, 내가 너희 안에 있는 것을 너희가 알리라. 나의 계명을 지키는 자라야 나를 사랑하는 자니 나를 사랑하는 자는 내 아버지께 사랑을 받을 것이요 나도 그를 사랑하여 그에게 나를 나타내리라. 요한복음 14:18-21

주 우리 하나님, 하늘에 계신 아버지, 우리가 예수 그리스도를 의지하여 주 앞에 나아갑니다. 우리에게 구주 예수 그리스도를 보내소서. 그리스도 없이 우리는 인생의 험한 고비를 넘어갈 수 없습니다. 마지막 때에 그리스도의 참모습을 보게 하소서. 그리스도와 그의 나라를 생각하며 이 시대의 고통을 잊게 하소서. 날마다 우리에게 용기와 기쁨을 주소서. 주님은 하늘에서와 같이 땅에서도 모든 것을 다스리십니다. 마지막 날에 우리는 하늘나라의 승리를 경험할 것입니다. 이 세상 그 어떤 나라보다 더 위대하고 영광스런 하나님나라를 기억하며, 우리가 영원히 위로받게 하소서. 아멘.

Lord our God, dear Father in heaven, we are gathered in your presence through Jesus Christ, our Lord. Reveal to us our Savior Jesus Christ. May the Savior be revealed to us; otherwise in our need we will never come through. Grant that at this late hour for the world we may see him as he is, and through him and through the kingdom that he brings we may be lifted above the troubles of our time. Strengthen our hearts every day, and fill us with joy because you guide everything on earth as in heaven; in the end you will give us the victory that belongs to the kingdom you have founded. May we be comforted through all eternity in this kingdom, a kingdom far greater and more glorious than all the kingdoms of the world. Amen.

04월 10일

우리 중에 누구든지 자기를 위하여 사는 자가 없고 자기를 위하여 죽는 자도 없도다.
우리가 살아도 주를 위하여 살고 죽어도 주를 위하여 죽나니
그러므로 사나 죽으나 우리가 주의 것이로다.
이를 위하여 그리스도께서 죽었다가 다시 살아나셨으니
곧 죽은 자와 산 자의 주가 되려 하심이라. 로마서 14:7-9

주 하나님, 우리가 죽음에서 부활하셔서 지금도 살아 계신 예수 그리스도와 하나 되게 하소서. 우리의 삶을 온전히 주 뜻대로 빚으시고, 우리 안에 남아 있는 세상 것에 대한 미련을 거두어가소서. 구원의 날이 가까워오는 것을 깨달아 눈을 들어 주를 바라보는 자유로운 영혼이 되게 하소서. 전능하신 하나님, 아무리 어려운 시절일지라도 우리는 주를 신뢰합니다. 세상 모든 민족을 주님의 나라에 모으길 원하시는 주님, 그들을 기억하소서. 오 하나님, 주님은 우리의 피난처, 우리의 도움 되십니다. 주를 향한 우리의 믿음은 끝까지 변치 않을 것입니다. 아멘.

Lord God, unite us with Jesus Christ, the risen and living One. Unite us so that our lives are completely submerged in your will through Jesus Christ. Tear us loose from all that tries to bind us to earth. Make us free people who always lift their heads and look up because their redemption is approaching. Almighty God, we trust in you, however difficult the times may be. Remember all peoples, for it is your will to gather them into your kingdom. You, O God, are our refuge and our help. In you we trust until the end. Amen.

04월 11일

사람이 나를 섬기려면 나를 따르라.
나 있는 곳에 나를 섬기는 자도 거기 있으리니
사람이 나를 섬기면 내 아버지께서 그를 귀히 여기시리라.
요한복음 12:26

하늘에 계신 아버지, 오늘 하루 우리를 지켜주시니 감사합니다. 우리의 영혼이 주의 은혜와 자비를 즐거워하게 하소서. 사랑으로 이 땅에 보내신 주님의 아들 예수를 우리가 더욱 진실히 따르길 원합니다. 우리에게 자비를 베푸시고 주께 속한 모든 이들을 도우소서. 주님은 그들 모두를 아시고, 그들의 생각을 아십니다. 이 땅에서 그들이 겪는 갈등과 유혹을 아십니다. 한 사람 한 사람을 이끌어주소서. 주께 멀리 떨어져 있는 자들까지도 지켜주소서. 그들이 열린 마음으로 주의 말씀을 듣고 주의 약속을 새겨듣게 하소서. 이 밤 우리를 주의 손에 맡깁니다. 우리를 인도하소서. 모든 일이 주의 뜻대로 이뤄지기를 기도합니다. 세상의 고통과 죄악 가운데서도 주님의 뜻을 이루소서. 하늘에서와 같이 이 땅에서도 아버지의 뜻을 이루시고 그 나라가 오게 하소서. 아멘.

Dear Father in heaven, we thank you for this day and for the protection you have given us. Grant that we may find our joy in your grace and in your love. Help us to become truer followers of Jesus, who came in your love. Be merciful to us and help all those who belong to you. You know them all and the thoughts of their hearts. You know their struggle on earth and the temptations that surround them. Help each one, also those who are still far away from you. Give them hearts open to your Word and to all you have promised. We entrust ourselves to your care this night. Help us and bless us. May your will be done in all things, also in the midst of all the sin and misery in the world. May your will be done on earth as in heaven, and may your kingdom come. Amen.

04월 12일

그러나 우리의 시민권은 하늘에 있는지라.
거기로부터 구원하는 자 곧 주 예수 그리스도를 기다리노니
그는 만물을 자기에게 복종하게 하실 수 있는 자의 역사로
우리의 낮은 몸을 자기 영광의 몸의 형체와 같이 변하게 하시리라.
빌립보서 3:20-21

주 우리 하나님, 주께로 우리를 이끄소서. 주님이 주시는 고요함 속에서 우리의 마음과 인생이 변화되게 하소서. 하나님나라가 우리 가운데 있음을 깨달아 새로운 마음으로 그 나라를 살아가게 하소서. 그때에 우리의 삶이 천상의 삶과 같아져 더 이상 아무 걱정도, 고통도 없을 것입니다. 우리를 쇠잔케 하는 이 땅의 삶이 주님의 능력으로 새옷을 입을 것입니다. 우리가 넘어질 때 주님의 큰 권능으로 붙드셔서 길을 잃지 않게 하시고, 우리에게 힘과 용기를 주시니 참 감사합니다. 주께서 베푸시는 모든 은혜가 비록 세상에 드러나지 않을지라도, 우리의 감사에는 변함이 없습니다. 그 은혜가 가난한 우리 마음을 두려움 없는 희망으로 채우기 때문입니다. 아멘.

Lord our God, draw us to yourself. Draw us into the quiet that you give, where something can happen to us and to our hearts. Help us to discern your kingdom surrounding us and in our spirits to live in this kingdom. Then our life will be as if in heaven, where we need not worry or torment ourselves, where your power is everything to us, penetrating our earthly life, which so often weighs us down. We thank you that you have made a way of strength, full of power to hold us firmly, so that even when we stumble, we cannot be turned from the goal. We thank you for all the good that comes from you, which we cannot see in earthly things but which can invade our hearts with such mighty and uplifting power. Amen.

04월 13일

주는 나의 하나님이시니
나를 가르쳐 주의 뜻을 행하게 하소서.
주의 영은 선하시니
나를 공평한 땅에 인도하소서. 시편 143:10

주 우리 하나님, 위대하고 전능하신 분, 온 땅과 하늘에 주님 숨결이 가득합니다! 주는 우리의 아버지, 이 땅에서 주님을 섬길 때 안식처가 되어주십니다. 사랑 많으신 하나님, 하늘의 생명을 드러내시고, 그 생명이 우리에게서 흘러나가 온 세계가 복을 얻게 하시니 감사합니다. 슬프고 괴로운 순간에 우리를 지키시고 위로하소서. 알 수 없는 우리 인생길을 성령으로 인도하시고, 선한 결실로 아버지께 영광 돌리게 하소서. 성령으로 우리를 하나 되게 하소서. 하늘에서와 같이 땅에서도 주의 뜻이 이루어지리라는, 든든한 소망으로 우리를 묶으소서. 사랑과 신실하심으로 우리의 길을 언제나 평탄하고 안전하게 하시는 주님, 우리가 주님을 기뻐합니다. 아멘.

Lord our God, O great and almighty One, whose Spirit fills heaven and earth! We thank you that you are our Father and that in you we have a refuge wherever we must go as we serve you on earth. We thank you that your life can be revealed in us and can flow through us so that the world may be blest by you, our loving and caring Father. Protect us and strengthen us in times of trouble and sorrow. When we travel on new paths, give us your Spirit to show us the way, that everything may lead to the good and to your honor. Father, through your Spirit unite us in the unshakable hope that your will shall at last be done on earth as in heaven. Grant that we may rejoice in the certainty that whatever happens, our paths are made level and firm by your love and your faithfulness. Amen.

04월 14일

> 예수께서 이르시되 나는 부활이요 생명이니
> 나를 믿는 자는 죽어도 살겠고
> 무릇 살아서 나를 믿는 자는 영원히 죽지 아니하리니
> 이것을 네가 믿느냐. 요한복음 11:25-26

하늘에 계신 우리 아버지, 우리에게 생명을 주신 주께서 마지막 날에 우리를 다시 살리실 것을 믿으며 모든 것을 주께 드립니다. 주님은 그의 자녀를 돌보시고, 주님의 백성이 소명을 따라 살게 하십니다. 이 땅에 세워진 교회가 하나님의 영광을 보게 하시고, 주 안에 안전히 거하게 하소서. 모든 인생을 주관하시고 그 운명을 다스리시는 예수를 보게 하소서. 온 세상 사람들이 마침내 두렵고 떨리는 마음으로 하늘에 계신 아버지를 경배하고, 예수만을 사랑하게 될 것입니다. 우리에게 주의 말씀을 주시니 감사합니다. 우리가 그 말씀을 듣고 주님의 자녀가 되어 이 땅에서 어떻게 살아야 할지 알게 되었습니다. 우리에게 성령을 주소서. 오늘 밤 우리를 지켜주셔서 어떤 악도 우리를 해하지 못하게 하소서. 아멘.

Dear Father in heaven, to you we entrust everything, for you have given us life and will call us to resurrection. You will help your children, your mankind, to reach what you have called them to. Protect your Church on earth. Let her soon see your glory. Let her see Jesus Christ intervening in the lives and destinies of men until, shaken and trembling, they have to recognize that they should love and honor Jesus alone, to your honor, O Father in heaven. We thank you for all you have given us in your Word, which enables us to become your children and to find your way for us on earth. Bless us and give us the Holy Spirit. Protect us this night. Protect us so that nothing evil can harm us. Amen.

04월 15일

여호와여 그러하여도 나는 주께 의지하고 말하기를
주는 내 하나님이시라 하였나이다.
나의 앞날이 주의 손에 있사오니
내 원수들과 나를 핍박하는 자들의 손에서 나를 건져주소서.
주의 얼굴을 주의 종에게 비추시고
주의 사랑하심으로 나를 구원하소서. 시편 31:14-16

하늘에 계신 우리 아버지, 주께 기도합니다. 우리의 소원과 바람을 들으시고 우리의 믿음을 보소서! 우리 앞날이 주님 손에 있습니다. 세상을 뒤덮은 악을 보고 슬퍼하며 낙심하는 모든 자들을 위로하소서. 오 하나님, 우리 영혼이 세상적인 것을 버리고 주와 하나 되게 하소서. 영원을 향해 순례를 떠나는 우리를 인도하소서. 주와 동행할 때, 온 세상이 마침내 그 빛을 보게 되리라는 희망이 우리 마음에 차오르게 하소서. 그 빛만이 우리 삶을 충만케 합니다. 성령으로 우리를 지키시고 복을 주소서. 아멘.

Dear Father in heaven, we turn to you. Hear our longing, hear our hopes, hear our faith! Our future lies in your hands. Free each heart from discouragement and sadness over the many evils of the world. Make us free from earthly things, free yet bound in spirit with you, O God. Help us on our pilgrimage toward eternity. As we walk with you, fill us with hope that the whole world will see the light, for in your light alone can we find fullness of life. Protect us and bless us through your Spirit. Amen.

04월 16일

> 예수께서 이르시되 내가 곧 길이요 진리요 생명이니
> 나로 말미암지 않고는 아버지께로 올 자가 없느니라.
> 너희가 나를 알았더라면 내 아버지도 알았으리로다.
> 이제부터는 너희가 그를 알았고 또 보았느니라.
> 요한복음 14:6-7

주 우리 하나님, 주님 계신 곳에 우리도 함께 있기를 원합니다. 일상에서 마주치는 수많은 일들 속에서 진리를 잃지 않게 하소서. 성령께서 우리 마음에 가르쳐주신 그 진리가 희석되지 않게 하소서. 우리의 발걸음을 무겁게 하는 어려움 속에서도 길을 잃지 않도록, 진리로 지켜주소서. 주께서 우리에게 주신 푯대를 향해, 포기하지 않고 흐트러짐 없이 나아갈 수 있도록 우리를 도우소서. 아멘.

Lord our God, we come seeking to find community with you and ask you to keep us in your truth throughout all that occupies us in our daily lives. Keep us from growing confused about truths we have already found through the witness of your Spirit in our hearts. Keep us in your truth so that we can hold firmly to our course on earth under the many hardships and burdens that try to drag us down. Help us to remain steady and to find the path that goes straight ahead, leading us on and on to your final goal. Amen.

04월 17일

> 그런즉 안식할 때가 하나님의 백성에게 남아 있도다.
> 이미 그의 안식에 들어간 자는 하나님이 자기의 일을 쉬심과 같이
> 그도 자기의 일을 쉬느니라.
> 그러므로 우리가 저 안식에 들어가기를 힘쓸지니
> 이는 누구든지 저 순종하지 아니하는 본에 빠지지 않게 하려 함이라.
> 히브리서 4:9–11

하늘에 계신 우리 아버지, 이제까지 우리에게 베푸신 모든 은혜를 감사드립니다. 차분히 지난날을 돌아보며 주께서 하신 일들을 생각해봅니다. 주의 모든 행사를 마음에 간직하고, 깨끗하고 열린 눈으로 미래를 바라보게 하소서. 주께서 우리의 인생을 다스리시고, 언제나 새롭고 영광스런 길로 인도하심을 깨닫게 하소서. 이 땅에서 하나님을 인정하고 그의 나라를 위해 힘쓰는 모든 이들에게, 주님은 언제나 안식을 베푸실 것입니다. 그 나라가 임하여 영광스런 마지막 안식이 시작될 때까지, 주님은 변함없이 주님의 백성들에게 쉼을 주실 것입니다. 아멘.

Dear Father in heaven, we thank you for everything you have done for us, everything we think of when we are quiet for a moment and look back. May all that you have done remain alive in us, so that we can look forward with open, clear-seeing eyes, aware that our lives are in your hands and that you always lead us to something new, great, and glorious. Again and again you will give your Sabbath rest to your people, to all who acknowledge you and whose task is to work for you among men. Again and again you will bring them your rest, until the coming of the last and glorious Sabbath on which your kingdom can be established. Amen.

04월 18일

볼지어다. 내가 네 앞에 열린 문을 두었으되 능히 닫을 사람이 없으리라.
내가 네 행위를 아노니 네가 작은 능력을 가지고서도 내 말을 지키며
내 이름을 배반하지 아니하였도다. 요한계시록 3:8

하늘에 계신 우리 아버지, 우리 모두를 아시며 우리 마음속 깊은 곳까지 살피시는 주님, 일상의 크고 작은 모든 일 가운데 우리를 지키시니 참 감사합니다. 우리를 홀로 버려두지 않으시고, 우리의 작은 한숨에도 귀 기울이시니 감사합니다. 어둠은 빛을, 고통은 기쁨을 그리고 두려움은 용기를 결코 이길 수 없습니다. 모든 일 가운데 우리를 인도하시는 주님, 우리에게 힘과 용기를 주는 것은 눈에 보이는 것이 아니라, 보이지 않는 하나님나라입니다. 그 나라를 생각하며 우리는 어떤 일도 견뎌낼 수 있습니다. 우리에게 베푸시는 한없는 그 은혜를 마음 깊이 감사드립니다. 우리가 받은 그 모든 은혜를 생각하면 그저 놀라울 뿐입니다. 예수 그리스도께서 선물로 주신 주님과의 사귐을 언제나 간직하도록, 우리의 영혼을 순수하게 지켜주소서. 주님을 찬양하며 아버지의 이름에 영광을 돌립니다. 아멘.

Dear Father in heaven, we thank you that you know us all and that you look deep into our hearts, watching over us in everything we go through, whether easy or difficult. We thank you that we do not stand alone but that you hear the smallest sigh of each of your children. We thank you that darkness must give way to light, distress to joy, and fear to strength and courage. For you lead us through everything; it is what you bring about from your future world, not anything within our sight, that gives us strength and courage and that endures through everything. We thank you from our hearts for your unending gifts, and we are amazed that it was possible for us to receive all this from you. Protect us and keep us childlike, so that we remain in the fellowship that the Lord Jesus has given us, singing praise to him and to the glory and honor of your name. Amen.

04월 19일

> 범사에 우리 주 예수 그리스도의 이름으로
> 항상 아버지 하나님께 감사하며.
> 에베소서 5:20

하늘에 계신 우리 아버지, 주께서 허락하신 모든 은혜와 진리를 생각하며 우리가 감사의 제사를 드립니다. 주의 자녀 된 우리가 구주 예수를 따를 때, 정의를 구하고 거짓을 멀리하게 하소서. 모든 악에서 우리를 구하시고 사단의 공모에서 지켜주소서. 이 세대가 하나님의 다스리심과 기적을 보게 하소서. 예수 그리스도의 이름으로 구하오니, 주님의 권능의 손을 보이소서. 하늘에서와 같이 땅에서도 주의 뜻을 이루셔서, 사람들이 그들의 인생을 주관하시는 분이 주님임을 알게 하시고, 그들이 이 땅에 공의를 이루시는 주님을 보게 하소서. 오늘 밤 우리와 함께하소서. 주께서 맡기신 일을 잘 감당할 수 있도록, 우리에게 복을 주셔서 담대하게 하소서. 아멘.

Dear Father in heaven, accept our thanks today for all you allow us to learn and to receive from you. Help us, your children, to follow the Savior with a right spirit and with true understanding. Protect us from evil, from all the works of Satan. In our generation may we experience your rulership and your wonders. In the name of Jesus we pray, reveal yourself with power. May your will be done on earth as in heaven, that men may realize they are in your hands and that it is your will to set everything right. Be with us this night. Bless and strengthen us for all the work entrusted to us. Amen.

04월 20일

> 그들이 부르기 전에 내가 응답하겠고
> 그들이 말을 마치기 전에 내가 들을 것이며.
> 이사야 65:24

오 크신 하나님, 보이지 않으나 여전히 우리 가까이 계신 분, 우리의 입술이 무엇을 구하기 전에 이미 우리에게 응답하시는 주께 감사드립니다. 우리가 깨닫기 전에 주님은 벌써 우리의 손을 붙잡고 인도하십니다. 우리와 언제나 함께하시고 필요한 순간에 우리의 마음을 깨우치소서. 우리가 고통을 당할 때에 놀라지 않고, 주께서 힘겹게 살아가는 우리를 잊지 않으신다는 믿음으로, 항상 기도하며 깨어 있게 하소서. 오 하나님, 우리가 그날을 희망찬 눈으로 바라보게 하소서. 그날에 세상 모든 사람들이 주님의 선포를 듣게 될 것입니다. "보아라. 새 하늘과 새 땅이 왔다. 이제 너희들이 온 세계에 가득한 내 영광을 알게 되었다." 아멘.

Our great God, still hidden and yet so evident and near, we thank you that you are at work in us before we think of asking. We thank you that you hold us by the hand and lead us before we are aware of it. Stay with us in this way and awaken our hearts at the right moment, that we are not surprised by the painful things we experience but can be prepared at all times to watch and pray, trusting that we are not forsaken in the constant strife on this earth. Grant us hope, O God, that the time is coming when all men will hear the proclamation, "See, a new heaven and a new earth, because you have learned to see God's honor in everything." Amen.

04월 21일

> 나를 대적하는 자 많더니
> 나를 치는 전쟁에서 그가 내 생명을 구원하사
> 평안하게 하셨도다. 시편 55:18

하늘에 계신 우리 아버지, 자녀 된 우리가 주 앞에 나아갑니다. 날마다 우리의 필요를 돌보셔서 우리가 더 이상 삶의 혼란 속에 갇히지 않고 평화를 누리게 하소서. 아버지가 자녀를 돌보듯 주께서 우리를 돌보시니, 어떤 괴로움 속에서도 우리는 흔들리지 않고 앞으로 나아갑니다. 우리가 가는 이 길 끝에 영원하신 하늘 아버지가 계심을 믿기 때문입니다. 우리가 방황하지 않게 하시고, 더 이상 덧없고 부질없는 것들에 인생을 허비하지 않게 하소서. 주의 빛을 보고 힘을 얻어 영원한 진리와 하나님나라를 위해 살게 하소서. 아멘.

Dear Father in heaven, grant that we may come into your presence as your children. Give to us all that we need each day, so that we are no longer caught in the turmoil of life but can receive your peace. For you care for us as your children, and we are allowed to go confidently through all the troubles of these times because our way leads to you, the eternal Father in heaven. Keep us from going astray and from spending our efforts on what is temporal and cannot last. Let your light strengthen us in what is of heaven, in what is eternally true for our lives. Amen.

04월 22일

> 허리에 띠를 띠고 등불을 켜고 서 있으라.
> 너희는 마치 그 주인이 혼인집에서 돌아와 문을 두드리면
> 곧 열어주려고 기다리는 사람과 같이 되라. **누가복음 12:35-36**

주 우리 하나님, 우리가 주님 오실 날을 기다립니다. 극심한 고통 가운데서도 그날을 간절히 바라며 기다립니다. 죽음의 고통이 사라지는 그날에, 주님의 나라가 일어서고 예수 그리스도의 손에 쥐어진 왕의 홀이 온 세계 위에 찬란히 빛날 것입니다. 주님의 약속을 이루시고 아버지의 뜻을 이 땅에 성취하소서. 믿음으로 구하는 자들의 기도가 그치지 않게 하소서. "주 하나님, 오소서! 어떻게 살아야 할지 모르는 인간들에게 구주 예수 그리스도를 보내주소서. 산 자와 죽은 자를 심판하시고, 죄와 죽음이 사라지게 하소서!" 우리에게 이런 믿음을 주셔서 감사합니다. 우리의 기도는 한결같습니다. "오소서, 주 예수님. 곧 오소서!" 이 믿음을 우리가 끝까지 지키게 하소서. 주님의 이름의 영광을 위해 우리의 믿음이 곧 현실이 되게 하소서! 아멘.

Lord our God, we wait in expectation. Even in the great distress on earth, we wait in longing for your day to come, for the pangs of death to pass, so that your kingdom may arise and the reign of Jesus Christ may spread over the whole world in power and glory. May your promise be fulfilled and your will be done on earth. May there always be people who believe and who pray in faith, Lord God, come! Come, "Lord God. Men do not understand how to live. Send us Jesus Christ, the Savior, Lord, and Judge of the dead and the living. Put an end to sin and death!" We thank you for giving us this faith and for letting us pray at all times, "Come, Lord Jesus. Yes, come soon, Lord Jesus!" We ask you to protect us in this faith. Bring this faith to fulfillment for the glory of your name. Amen.

**04월
23일**

여호와여 나는 주의 구원을 기다리나이다.
창세기 49:18

주 우리 하나님, 힘겨운 나날을 보내고 있는 우리를 살펴주소서. 하늘과 땅을 다스리시는 분, 예수 그리스도께서 다시 오실 날을 언제나 기다리게 하소서. 우리에게 용기를 주소서. 온 세계의 고난 받는 사람들, 특별히 가난하고 죽어가는 사람들이 희망을 잃지 않게 하소서. 비참한 처지에 있는 많은 이들에게 하늘의 천사들을 보내셔서, 그들의 삶과 죽음 속에서 주님의 이름이 영광 받게 하소서. 우리가 무슨 일을 만나든지, 주님을 찬양하기를 그치지 않겠습니다. 주의 영광이 늘 우리의 마음을 비추어, 오 하나님, 주께서 모든 사람들의 아버지가 되심을 우리가 기뻐하게 하소서. 아멘.

Lord our God, help us in these days that are so difficult for us. Help us never to lose our expectation of the time that is to come, the time of Jesus Christ, Lord of heaven and earth. Strengthen us, we pray, and strengthen those all over the world who have to endure great suffering, especially the destitute and the dying. May your heavenly hosts come down to the many who are in misery, so that your name is praised in life and in death, in whatever we have to go through. For we shall praise you, no matter what happens now or in the days ahead. May your glory remain in our hearts, with the joy that you, O God, are the Father of all men. Amen.

04월 24일

> 또 우리에게는 더 확실한 예언이 있어
> 어두운 데를 비추는 등불과 같으니
> 날이 새어 샛별이 너희 마음에 떠오르기까지
> 너희가 이것을 주의하는 것이 옳으니라.
>
> 베드로후서 1:19

주 하나님, 칠흑같이 어두운 이 땅에 샛별이 떠오르게 하시니 감사합니다. 어둠 속에서도 예수 그리스도의 이름은, "안심하여라. 어둠이 그치고 빛이 온다. 밤이 지나고 낮이 시작될 것이다!"라는 선지자의 예언처럼 시대를 밝힙니다. 이 빛을 우리에게 주시니 감사합니다. 살아 계신 예수께서 우리 한 사람 한 사람을 만나주시고 악한 세력들을 모두 몰아내시니 우리가 기쁨에 넘쳐 감사를 드립니다. 예수 그리스도의 이름으로, 오직 그분의 이름으로 기도합니다. 이 시대의 아픔을 기억하소서. 우리가 바라는 것은 인간적인 해결책, 인위적인 평화가 아닙니다. 우리는 주님의 평화를 원합니다. 모든 것이 새로워지며 고통 속에서 부활의 꽃이 피어나는 평화를 원합니다. 주의 이름이 영원히 영광 받으소서. 아멘.

Lord God, we thank you for giving us light here on earth, where it is so often completely dark. But in the darkness the name of Jesus Christ shines out as the prophetic Word: "Be comforted. After darkness comes light, after night comes day!" We thank you for this light. In joy we thank you, for we have experienced that Jesus lives and comes to meet each one, bringing victory over enemy powers. In the name of Jesus Christ and in his name alone we ask you to remember the needs of our time. We do not want anything that comes from ourselves. We do not want any earthly peace. We want your peace, Lord God, the peace in which everything becomes new, born anew even in suffering, to the eternal glory of your name. Amen.

04월 25일

내가 볼 때에 그의 발 앞에 엎드러져 죽은 자같이 되매
그가 오른손을 내게 얹고 이르시되 두려워하지 말라
나는 처음이요 마지막이니 곧 살아 있는 자라.
내가 전에 죽었었노라. 볼지어다 이제 세세토록 살아 있어
사망과 음부의 열쇠를 가졌노니. 요한계시록 1:17-18

주 우리 하나님, 지금도 살아 계신 예수를 우리가 믿고 구주로 의지하게 하시니 참 감사합니다. 그분은 우리 인간들의 깊은 고통을 아시고 말씀하십니다. "두려워하지 마라. 내가 너희와 함께 있다. 나는 살아 있어 너희를 돕는 자다. 너희가 아무리 작고 하찮은 존재일지라도 무서워 마라. 나 예수 그리스도가 어둠을 밝힐 것이다. 죄와 죽음의 그늘에, 모든 인간들이 처한 암울한 운명 가운데 내가 참 빛을 비추겠다." 주 우리 하나님, 주님의 이름을 찬양합니다! 하나님께서 얼마나 위대하시고 전능하신지 우리가 어찌 헤아릴 수 있을까요. 하지만 주님이 우리에게 보내신 구주 예수 그리스도는 우리가 이해할 수 있습니다. 그분과 동행할 때 아버지께서 함께하시니 우리에게 언제나 기쁨이 넘칩니다. 아멘.

Lord our God, we thank you with all our hearts that Jesus Christ still lives today and that we may believe in him and call upon him as our Savior. We thank you for him who sees to the depths of our human misery and calls right into the midst of it, "Do not be afraid. I am with you. I live. I am your helper. No matter how insignificant you are, fear not, for I, Jesus Christ, shine into all the darkness, even into the darkness of sin and death, into all the judgment that has fallen or is still to come upon men." Praise to your name, Lord our God! You are great and almighty and beyond our understanding. But you have sent us the Savior whom we can understand, and we rejoice that we may have community with him in your presence. Amen.

04월 26일

> 지존자여 십현금과 비파와 수금으로 여호와께 감사하며
> 주의 이름을 찬양하고 아침마다 주의 인자하심을 알리며
> 밤마다 주의 성실하심을 베풂이 좋으니이다.
> 시편 92:1-3

주 우리 하나님, 감사합니다. 우리 생애에 베풀어주신 주님의 은혜가 어찌 그리 큰지요! 날마다 주께 감사의 제사를 드려도 부족할 것입니다! 우리를 언제나 도우시고, 메마른 우리의 일상을 하늘의 것으로 채우시는 주님께 감사드립니다. 온 세상에 하나님 나라가 임하기를 기도합니다. 믿음과 사랑에 목마른 세상 모든 사람들이 선한 목자 되신 예수 그리스도의 인도하심을 받아 아버지의 집에 들어가게 되기를, 우리는 소망합니다. 이 밤 우리를 지켜주소서. 주님의 구원이 더 넓고 먼 세상에 미치기를 기도합니다. 주의 이름을 부르는 자들에게 다가가시고, 그들이 어떻게 기도해야 할지 모를 때에도 함께하여주소서. 아버지의 이름이 영광 받으시도록 구주 예수를 이 땅에 다시 보내주소서. 아멘.

We thank you, Lord our God. How much good you have poured out on us throughout our lives! And how much we should thank you every day! We thank you that again and again we feel your help and know that you can fill our earthly life with what is of heaven. May your kingdom come over the whole world, for all men are longing for faith and for mercy and are to be gathered into your house under the staff of the Good Shepherd, Jesus Christ. Watch over us during the night. May your help go far and wide into the whole world. Stand by those who call upon you, even when they do not understand how they should pray. Help us and grant that the Savior may come, to the glory of your name. Amen.

04월 27일

내가 간구하는 날에 주께서 응답하시고
내 영혼에 힘을 주어 나를 강하게 하셨나이다.
시편 138:3

하늘에 계신 우리 아버지, 우리를 주님의 자녀로 삼으시고 언제나 지켜주시니 감사합니다. 우리 마음속의 모든 것을 살피시는 주께서 우리의 기도를 들으시는 줄 믿습니다. 주님의 시간에 우리의 기도가 응답될 것입니다. 연약한 우리는 종종 어떻게 주를 찾아야 할지 모른 채 무거운 마음으로 살아갑니다. 그 강한 손으로 우리를 도우소서. 흠이 많고 실수투성이인 우리가 어려운 고비를 맞을 때마다, 주님은 언제나 우리 곁을 지키십니다. 임마누엘의 하나님, 주님은 우리의 인생이 결승점에 다다를 때까지 모든 과정을 이끌어가실 것입니다. 그 마지막 날, 우리 모두 주님이 베푸신 은혜를 기뻐하며 아버지의 이름을 찬양하겠습니다. 아멘.

Dear Father in heaven, we thank you that we are your children and that your eyes watch over us and see all that is in our hearts. You hear the request of each heart, and you will answer at the right time. Stretch out your strong hand to us, for we are weak and often heavy-hearted, not knowing what to do nor how to find you. But you are with us in every need in spite of all our faults and shortcomings. You are with us; you lead us through everything to our life's true goal, until each of us can rejoice over all you have done, to the praise of your name, our Father. Amen.

**04월
28일**

주께서 생명의 길을 내게 보이시리니
주의 앞에는 충만한 기쁨이 있고
주의 오른쪽에는 영원한 즐거움이 있나이다.
시편 16:11

하늘에 계신 아버지, 우리에게 생명의 길을 보이시는 분. 그 앞에는 기쁨이 가득하고, 주님의 오른편에는 영원한 즐거움이 있습니다. 주님의 보호하시는 날개 아래서 자녀 된 우리가 함께 기뻐하게 하소서. 삶의 모든 부분에서 우리의 믿음이 흔들리지 않게 하소서. 하늘나라의 복을 우리에게 내리셔서 기쁨과 즐거움으로 생의 시련을 거듭 이겨내게 하소서. 신실하고 사랑이 많으신 하나님, 우리의 전부를 주께 맡기며 감사를 드립니다. 아멘.

Dear Father in heaven, you show us the way of life; in your presence is fullness of joy, and at your right hand is delight forever. In your presence we want to rejoice together as your children, under your protection. May we become firm in every part of our life on earth. Grant that soon something of your kingdom, of your heaven, may encircle us like a blessing, enabling us to fight on in joy and exultation. We entrust ourselves to you, our faithful and loving God, and we thank you. Amen.

04월 29일

> 여호와는 압제를 당하는 자의 요새이시요 환난 때의 요새이시로다.
> 여호와여 주의 이름을 아는 자는 주를 의지하오리니
> 이는 주를 찾는 자들을 버리지 아니하심이니이다.
> 시편 9:9-10

주 우리 하나님, 인생의 많은 문제로 괴로울 때, 우리가 주를 바라봅니다. 온 세상이 고통으로 신음하는 이때에 주께 간절히 기도합니다. 이 땅의 주의 백성에게 빛을 비추셔서 그들이 승리하게 하소서. 피폐하고 병든 자들, 가난한 자들을 기억하소서. 저들이 고통을 이겨내고 끝까지 기쁨을 잃지 않도록 살아 계신 주의 손으로 붙잡으소서. 오 주 우리 하나님, 우리 모두를 기억하소서. 세상 모든 이들에게 주님이 필요합니다. 연약하고 부족한 우리는 홀로 이 길을 갈 수 없습니다. 성령을 보내셔서 우리를 도우소서. 구주께서 오셔서 그 은혜와 능력을 우리 마음에 일깨워주소서. 아멘.

Lord our God, we look to you in our many needs, in the distress of our hearts, in the anguish of the whole world. We beseech you, let light come to your people everywhere on earth to bring them your help and your victory. Remember the wretched, the sick, the poor. Let your living strength come to them so that they can bear their sufferings and hold out joyfully to the end. Remember us all, O Lord our God, for we all need you. We are weak and poor and cannot go forward alone. Your Spirit must help us. May the Savior come to us, and may his grace and his power be born in our hearts. Amen.

04월 30일

> 그들을 떠나 돌 던질 만큼 가서 무릎을 꿇고 기도하여 이르시되
> 아버지여 만일 아버지의 뜻이거든 이 잔을 내게서 옮기시옵소서.
> 그러나 내 원대로 마시옵고 아버지의 원대로 되기를 원하나이다 하시니.
> 누가복음 22:41-42

하늘에 계신 우리 아버지, 우리가 눈을 들어 주를 바라봅니다. 세상 모든 일이 그 이치대로 흘러가도록 하시는 주님, 주님의 아들도, 다른 모든 인간들처럼, 고통 가운데 죽게 하셨습니다. 하지만 주님은 이 시대를 향한 다른 계획이 있으셨습니다. 주님, 우리가 기도합니다. "주님의 뜻을 이루소서!" 고통으로 신음하는 수많은 사람들이 주의 사랑을 보고 깨달을 수 있도록 그 사랑을 보이소서. 지금까지 우리를 지켜주신 것처럼 앞으로도 우리를 보호하소서. 우리에게 베푸신 무수한 은혜를 떠올리며 주님의 이름을 찬양합니다. 우리가 범사에 주를 인정하고 경배하게 하소서. 주님은 주님께 소망을 두는 자들을 결코 잊지 않으십니다. 오늘 밤 우리와 함께하시고 우리를 살피소서. 삶의 현장에서 날마다 주를 섬길 수 있도록 우리에게 힘을 주소서. 아멘.

Dear Father in heaven, we lift our eyes to you. You allow earthly events to follow their own course, and even your own Son had to suffer and die. But your plan is already prepared and you will act in our time according to your will. We pray, "Your will be done, your will!" In the midst of all the suffering let your love be revealed in many places, wherever it is possible for people to understand it. You have always protected us; protect us still. You have done much for us and we want to praise your name. We want to be people who always acknowledge you and praise you, for you will never let any be lost who hope in you. Be with us this night, help us, and send us the strength we need to serve you, also in our everyday life. Amen.

5월
May

05월 01일

> 여호와의 말씀이니라.
> 너희를 향한 나의 생각을 내가 아나니
> 평안이요 재앙이 아니니라.
> 너희에게 미래와 희망을 주는 것이니라. 예레미야 29:11

주 예수여, 우리가 하늘 아버지 오른편에 앉아 계신 주님께 눈을 들어 기도합니다. 우리 마음에 평안을 주소서. 끊임없이 자기 자신을 극복하고 평안을 잃지 않게 하소서. 아버지의 뜻이 주님을 따르는 자들의 삶에 이루어질 것입니다. 우리를 감싼 평화가 온 세상에 전해져 주의 이름이 이 땅에서 영화롭게 될 것입니다. 평화의 주님, 우리가 주님을 기다립니다. 우리가 환란을 당할수록, 주님을 향한 믿음과 소망이 더욱 굳게 우리의 마음을 지킬 것입니다. 주 예수여, 그때에도 우리는 주님께 영광 돌릴 것입니다. 주께서 약속하신 대로 속히 오셔서 세상 모든 사람들을 향한 하나님의 뜻을 이루어주소서. 아멘.

Lord Jesus, we look to you on the throne beside your Father in heaven and ask that you be Lord of peace in our hearts. Help us to overcome ourselves again and again and to remain at peace. Then your will may be done in your disciples, a power of peace may be around us that goes out into the whole world, and your name may be glorified on earth. For you are Lord of peace, and we await you. In difficult times faith and hope will take hold in our hearts all the more firmly, to your glory, Lord Jesus. For you will suddenly come according to your promise as the One who does God's will on earth among all men. Amen.

05월 02일

여호와여 내가 주께 부르짖어 말하기를 주는 나의 피난처시요
살아 있는 사람들의 땅에서 나의 분깃이시라 하였나이다. 시편 142:5

주 우리 하나님, 우리가 주의 빛을 구합니다. 그 빛을 우리에게 비추소서. 우리가 이 세상에 살면서도 영원하시고 살아 계신 주 안에 머무르게 하소서. 오 아버지, 우리의 삶이 영원을 추구하여 주님께 영광 돌리게 하소서. 주의 말씀을 마음에 새겨 참된 사람이 되고, 모든 것을 주님의 이름으로 견뎌내게 하소서. 주께서 우리에게 베풀기 원하시는 그 사랑 안에 우리가 늘 거하기를 기도합니다. 진실한 사람이 되어 구주 예수 그리스도 편에 설 수 있도록 우리를 깨우소서. 주님은 모든 일에 오래 참으시고, 모든 사람들에게 인내하십니다. 주 우리 하나님, 우리와 항상 함께하소서. 주는 우리의 도움, 우리의 피난처 되십니다. 아멘.

Lord our God, we seek your light and pray that you shed your light upon us so that we live not only on earth but in you, the eternal and living One. May our lives be drawn into eternity, to the praise of your name, O Father. May we take your Word to heart so that we can become true men, able to bear everything in your name and to remain in the love you want to give us. Rouse us to become true men at the side of Jesus Christ our Savior, who has been patient in all things with all men. Be with us at all times, Lord our God. You are our help and our refuge. Amen.

05월 03일

> 죄가 있어 매를 맞고 참으면 무슨 칭찬이 있으리요.
> 그러나 선을 행함으로 고난을 받고 참으면 이는 하나님 앞에 아름다우니라.
> 이를 위하여 너희가 부르심을 받았으니 그리스도도 너희를 위하여 고난을 받으사
> 너희에게 본을 끼쳐 그 자취를 따라오게 하려 하셨느니라. 베드로전서 2:20-21

하늘에 계신 아버지, 지금까지 우리와 함께하셔서, 이 세대에도 여전히 주를 따를 수 있게 하시니 감사합니다. 우리는 주의 뜻이 이루어지고 하나님의 통치가 시작되기를 기다립니다. 주님은 전능하신 하나님, 주님의 나라가 이 땅에 올 것을 굳게 믿습니다. 주의 뜻이 이뤄지고 주님의 모든 언약이 실현될 것입니다. 우리가 간절한 마음으로 기도합니다. 하나님의 뜻을 행하소서. 비록 지금은 몇몇 나라에만 가능한 것처럼 보일지라도, 장차 모든 민족 가운데 하나님의 나라가 세워지게 하소서. 주께서 일하시면 사람들의 마음이 변화되어 주의 이름을 찬양하고, 주님의 약속들이 성취될 것입니다. 우리가 이 같은 소망을 품고 살아가게 하시니 감사합니다. 주께서 함께하시면, 우리가 이 땅에서 하는 모든 일들이 주를 섬기는 일이 될 것입니다. 구주께서 오셔서 하나님나라를 세우시길 바라는 우리의 염원이 갈수록 깊어가게 하소서. 주의 크신 자비와 신실하심으로 우리에게 복을 주시고, 이 밤 우리를 지켜주소서. 아멘.

Dear Father in heaven, we thank you that the Savior has been with us on the earth and that in our day we can still follow him and wait for your will and your rulership. For you are Almighty God, and your kingdom must come, your will be done, and all promises be fulfilled. Carry out your will, we beseech you. Establish your kingdom among all nations, even if today this is possible with only a few. For through your working, hearts can change so that your name may be praised and all promises be fulfilled. Thank you for allowing us to live in such great hope. Stay by us in our work on earth so that it may be done in your service. In every situation deepen our longing for the Savior to come and establish your kingdom. Be with us during the night and bless us in your great goodness and faithfulness. Amen.

05월 04일

> 여호와께서 이르시되 내가 친히 가리라.
> 내가 너를 쉬게 하리라. 출애굽기 33:14

하늘에 계신 우리 아버지, 하늘의 능력으로 우리의 인생 여정을 인도하시니 감사합니다. 우리가 어둠을 지날 때마다 주님은 어김없이 우리를 빛 가운데로 인도하셨습니다. 지나온 시간을 돌아보면 어떻게 하나님께 감사를 드려야 할지 모르겠습니다. 우리가 주를 온전히 바라며, 주께서 우리의 기도에 응답하실 것을 믿고 기다리게 하소서. 우리를 잊지 마시고, 무거운 짐에 눌려 사는 수많은 이들을 기억하소서. 주께서 어둠 가운데 있는 자들을 구원하실 날이 속히 오게 하소서. 그때에 우리가 일상에 숨겨진 하나님의 뜻을 발견하고, 주께서 언제나 신실하셨음을 깨닫게 될 것입니다. 주님은 헤아릴 수 없는 사랑으로, 우리가 구한 것보다 훨씬 많은 것을 우리 삶에 베푸셨습니다. 아멘.

Dear Father in heaven, we thank you for guiding us on all our ways with power from on high. We thank you that again and again you have led us through the darkness on a path of light. Looking back, we cannot be thankful enough. May our hearts turn to you and be filled with quiet certainty in all we are still awaiting. Remember us and remember the many who lie under heavy bondage. Let the time come when you will bring a great deliverance to those who are in darkness. Then we can find meaning for our lives in all that happens, knowing that you have been faithful in everything. You have done more than we asked, more than we can understand. Amen.

나는 주께서 주의 종에게 베푸신 모든 은총과
모든 진실하심을 조금도 감당할 수 없사오나
내가 내 지팡이만 가지고 이 요단을 건넜더니
지금은 두 떼나 이루었나이다. 창세기 32:10

주 우리 하나님, 주께서 베푸시는 이 모든 자비와 신의를, 우리는 받을 자격이 없습니다. 그저 주의 사랑에 감사할 뿐입니다. 우리의 마음이 하나 되어 모든 일을 함께 소망하게 하소서. 우리를 하나로 묶으시고, 전능하신 그 손으로 날마다 새롭게 하소서. 주께서 우리에게 주신 소명에 언제나 충실하게 하소서. 빛이 이 세상에, 어두운 모든 곳에 비추어지길 기도합니다. 세계 곳곳에서 주께 기도하며 탄식하는 사람들을 기억하소서. 주께서 크고 위대하신 사랑으로 모든 인류에게 빛을 비추시길 기도하는 저들의 기도를 들어주소서. 아멘.

Lord our God, we are not worthy of all the mercy and faithfulness you show to us. We thank you for your love and ask you to keep our hearts united in the hope we have together for all things. Keep our hearts united, that again and again we can receive something new from your mighty hand. Keep us true to the calling you have given us. Let light shine out into the world, right into the dark places. Remember those all over the world who are sighing to you, longing that in your great and wonderful goodness light may come to the peoples and to the nations through some deed from your hand. Amen.

05월 06일

내가 들으니 보좌에서 큰 음성이 나서 이르되
보라 하나님의 장막이 사람들과 함께 있으매 하나님이 그들과 함께 계시리니
그들은 하나님의 백성이 되고 하나님은 친히 그들과 함께 계셔서
모든 눈물을 그 눈에서 닦아주시니 다시는 사망이 없고
애통하는 것이나 곡하는 것이나 아픈 것이 다시 있지 아니하리니
처음 것들이 다 지나갔음이러라. 요한계시록 21:3-4

주 우리 하나님, 우리가 구주 예수 그리스도를 바라봅니다. 새로운 은혜와 능력으로 끊임없이 우리를 찾아오소서. 아버지의 나라를 묵묵히 기다릴 때, 그 은혜와 능력이 우리 마음에 불을 밝혀, 침울하고 험난한 시간에 등불이 될 것입니다. 우리의 몸과 영혼, 우리가 가진 모든 것으로 주를 섬길 수 있도록 우리를 준비시켜주소서. 주의 나라를 기다리며 주를 뵙기 원하는 모든 사람과 하나 되게 하소서. 주님의 나라는 고통 받고 슬퍼하는 이 땅의 모든 이들에게 위로가 될 것입니다. 오 주 우리 하나님, 우리가 사는 이 세상을, 이 시대를 긍휼히 여기소서. 주의 언약이 이루어지는 것을 보고 주님께 감사와 찬양을 올리게 하소서. 아멘.

Lord our God, we look to you and to Jesus Christ our Savior. Continually renew your grace and your power in our lives, we pray. Renew your grace and power, that we may have light even in dark and distressing times and through the Savior may overcome as we wait faithfully for your kingdom. Help us to be ready to take anything upon ourselves, to serve you with body and soul, with all we have and are. may we belong to the hosts of those who go to meet you, who wait for your coming kingdom, which will bring comfort to the world and to all people who now suffer and grieve. O Lord our God, have mercy on our times and on our world. Grant that with thanks and praise we may soon see the signs of the fulfillment of your promises. Amen.

05월 07일

그의 성령을 우리에게 주시므로
우리가 그 안에 거하고 그가 우리 안에 거하시는 줄을 아느니라. 요한일서 4:13

하늘에 계신 우리 아버지, 우리가 마음을 다해 주께 감사드립니다. 우리의 내면이 모순과 갈등, 괴로움과 혼란을 겪을 때에도 주님은 그 손으로 우리를 붙드시고 인도하십니다. 우리를 지나치지 않으시고 언제나 보호하시며 끝내 선한 길로 인도하시는 그 사랑을 어디에 비할 수 있을까요? 우리 마음의 짐을 거두어 가소서. 우리가 온 마음과 영혼과 힘을 다해 주를 찬양하며 감사할 수 있을 때까지, 우리의 얼과 넋이 참으로 자유롭게 하소서. 아멘.

Dear Father in heaven, we thank you with all our hearts because we know you are holding us by your hand and leading us on all our ways, in spite of all contradiction, strife, distress, and confusion within ourselves. What are all these compared to your love, which does not let us go but watches over us and finally brings us to what is good? Release us from our many burdens. Free our spirits and our souls more and more until we can do nothing but give praise and thanks with heart, soul, and strength for all you are to us. Amen.

05월 08일

> 하나님은 우리의 피난처시요 힘이시니 환난 중에 만날 큰 도움이시라.
> … 만군의 여호와께서 우리와 함께하시니
> 야곱의 하나님은 우리의 피난처시로다(셀라).
> 시편 46:1, 7

하늘과 땅의 주, 전능하신 하나님, 자녀 된 우리가 주님 앞에 나아갑니다. 주님은 말씀으로 우리를 선택하셨습니다. 우리를 불쌍히 여기시는 예수 그리스도께서 악하고 혼란스런 때에 우리의 피난처가 되어주셨습니다. 온 세상의 그리스도인들이 주의 말씀으로 돌아가는 것을 보고 즐거워하며, 우리도 그 말씀을 향해 나아갑니다. 주님을 바라보며 예수 그리스도의 은혜를 구하는, 주님의 종들을 격려하소서. 평범한 일상에서 우리와 함께하시는 주님을 신뢰하고, 어떤 상황에서도 우리를 도우시는 그분을 기뻐하게 하소서. 주께서 우리에게 베푸시는 구원을 보고 온 세상이 주의 이름을 높이며 찬양하게 하소서. 아버지의 나라가 임하고, 주님의 뜻이 하늘에서와 같이 땅에서도 이루어지길 기도합니다. 아멘.

Lord, Almighty God of heaven and earth, grant that we may come to you as your children. For you have chosen us through the gospel, and Jesus Christ has obtained mercy for us so that in you we have a refuge in disturbed and evil times. We turn to your Word, Lord God, rejoicing that again and again the whole of Christendom is led back to your Word. Strengthen all those who serve your Word, who look to you and to the grace of Jesus Christ. Grant that everywhere we may have hope and joy in the redemption you will bring in every situation, also in our ordinary practical life. Grant that through this redemption the earth may proclaim your praise and honor your name, your kingdom may come, and your will be done on earth as in heaven. Amen.

05월
09일

> 다시는 낮에 해가 네 빛이 되지 아니하며
> 달도 네게 빛을 비추지 않을 것이요
> 오직 여호와가 네게 영원한 빛이 되며
> 네 하나님이 네 영광이 되리니. 이사야 60:19

주 우리 하나님, 우리의 아버지가 되신 분, 이 땅의 고통과 어둠 속에 희망의 빛을 비추시니 감사합니다. 주의 이름을 경외하는 모든 사람과, 그리스도 안에서 죄를 용서받고 새 삶을 사는 모든 이들 위에 희망이 해처럼 떠오릅니다. 주의 이름을 찬양하며 그리스도 예수의 이름을 높입니다. 우리를 위로하시고 가르치시며 인도하시는 성령님을 찬미합니다. 오 하늘에 계신 아버지, 우리 삶에 넘치는 은혜와 소망을 우리가 어찌 다 감사할 수 있을까요. 아버지의 나라가 마침내 임하여 온 세상이 구원과 평화를 누릴 것을 우리가 굳게 믿습니다. 아멘.

Lord, our God and Father, we thank you that in all the misery and night on earth you have let your hope dawn as a light shining for all your people – all who honor your name, all who dwell in Jesus Christ through forgiveness of sins and through resurrection to a new life. Praise to your name. Praise to Jesus Christ. Praise to the Holy Spirit, who can comfort, teach, and guide our hearts. O Father in heaven, we can never thank you enough that we are allowed to be a people full of grace, full of hope, and full of confidence that your kingdom is coming at last to bring salvation and peace for the whole world. Amen.

05월 10일

이스라엘의 구원이 시온에서 나오기를 원하도다.
여호와께서 그의 백성을 포로 된 곳에서 돌이키실 때에
야곱이 즐거워하고 이스라엘이 기뻐하리로다. 시편 14:7

주 우리 하나님, 하늘에 계신 우리 아버지, 우리에게 은혜를 베푸소서. 어리석은 인간들이 사는 이 땅에서 우리가 한 마음 되어, 주를 바라며 주님의 도움을 기다립니다. 우리에게 전해진 주님의 말씀이 결실을 맺게 하소서. 슬프고 고통스런 시간에 용기와 기쁨을 주시는 성령님을 보내주소서. 온 세상의 절망하는 영혼들에게 같은 은혜를 베푸시고, 우리가 이 땅에 있는 동안 그 은혜를 날마다 경험하게 하소서. 주께서 우리를 도우시며 굳세게 하신다는 것을 만방에 알리소서. 어떠한 어려움에서도 우리를 건지시는 주님, 주님의 구원의 손길은 날마다 해마다 새롭습니다. 주께 감사드리며 그 이름을 높입니다. 아멘.

Lord our God, our Father in heaven, bless us who have become united in our hope in you and in your expectation of your help on this earth, where people live in all kinds of foolish ways. Bless your Word within us. Grant us your Holy Spirit to restore life and gladness to our hearts, even in grief and suffering. Grant this not only in the distress of the whole world, but also in our own lives as long as we remain on this earth. Let signs be seen on every hand that you help us and give us a strength we can rely on. You help us in all circumstances every day, every year, ever anew. For this we thank you and praise your name. Amen.

05월 11일

이는 너희가 죽었고 너희 생명이 그리스도와 함께 하나님 안에 감추어졌음이라.
우리 생명이신 그리스도께서 나타나실 그때에
너희도 그와 함께 영광 중에 나타나리라. 골로새서 3:3-4

주 우리 하나님, 우리를 공동체로 부르시니 감사합니다. 공동체에서 예수 그리스도는 우리의 피난처가 되시고, 꺼지지 않는 희망이 되십니다. 주님은 우리에게 자신을 숨기지 않으시고, 머지않아 주님의 생애를 이 시대에 드러내실 것입니다. 주 하나님, 주님의 자녀들이 얼마나 오랜 세월을 기다렸는지요! 이제 이 세대의 마지막 장이 끝나고 새로운 시대가 열릴 것입니다. 비록 그것이 주의 심판과 정죄를 뜻한다 할지라도 우리는 그날을 기쁨으로 반기겠습니다. 어떤 상황에서도 우리는 평화를 잃지 않습니다. 우리가 사는 것은 예수 그리스도의 미래요 주님의 미래입니다. 그 위대한 날에 모든 이들이 성령을 받고 예전의 삶을 벗어버릴 것입니다. 우리와 함께하소서. 이 밤 우리를 도우셔서 마음의 무거운 짐들을 벗고 평안하게 하소서. 모든 것을 아시는 주께서 우리의 필요를 돌보실 것을 믿습니다. 주 하나님, 주님의 은혜 앞에서 세상의 모든 문제들이 눈 녹듯 사라질 것입니다. 주의 도움을 진정으로 기다리는 교회가 있기만 하다면, 온 세상에 주님의 이름을 높이는 찬양이 울려 퍼질 것입니다. 주님을 찬양합니다! 아멘.

Lord our God, we thank you for making us into a community whose refuge and certainty is Jesus Christ. We thank you that he will not remain hidden from us forever; his life will be revealed, perhaps soon, in our times. Lord God, how long, how long have your children waited! Now a new time is coming, the end of this age, and we rejoice in this even if you must also judge and punish. No matter what happens, we are at peace. We live in your future, in the future of Jesus Christ, in the great day when mankind will receive the Spirit and their old works will come to an end. Be with us. Bless us this night and help us in what we have most on our hearts. We have so much on our hearts, but you see everything and you know our needs. Lord God, your grace will overcome all earthly troubles, and your name will be glorified on earth if only there is a church that believes and truly awaits your help. Praise to your name! Amen.

05월 12일

예수께서 대답하여 이르시되
사람이 나를 사랑하면 내 말을 지키리니
내 아버지께서 그를 사랑하실 것이요
우리가 그에게 가서 거처를 그와 함께하리라.
요한복음 14:23

주 우리 하나님, 우리를 성령의 자녀로 삼으시니 감사합니다. 우리를 부르시고 영원한 은혜를 안겨주시니 참 감사합니다. 주가 주신 은혜를 힘입어, 슬픔과 걱정이 마음을 짓누르는 순간에도 우리는 흔들리지 않습니다. 우리의 생명 되신 주님, 칠흑같이 깜깜하고 죽음같이 암울한 순간에도 주님은 우리에게 빛을 주시고, 용기와 희망을 주십니다. 주께서 주신 이 선물들을 우리가 잘 간직하게 하소서. 우리를 주께로 이끄는 것들, 주께서 우리 마음에 이미 심으신 모든 것들 위에 더없이 밝은 빛을 비추소서. 아멘.

Lord our God, we thank you that we can be children of your Spirit. We thank you that because you have called us, we receive eternal gifts that enable us to stand firm even when many sorrows and burdens weigh us down. For you are our life, and in all the darkness, even that of death, you give us light and strength and joyful hope. Keep these alive in us. May an ever brighter light shine on all that you have already put into our hearts, on all that draws us daily to you. Amen.

05월 13일

> 어두운 데에 빛이 비치라 말씀하셨던 그 하나님께서
> 예수 그리스도의 얼굴에 있는 하나님의 영광을 아는 빛을
> 우리 마음에 비추셨느니라. 고린도후서 4:6

주 우리 하나님, 주님의 빛은 어둠을 밝히며 우리 마음을 환히 비춥니다. 우리에게 주의 선하심을 보이시니 참 감사합니다. 우리가 처한 환경이 아무리 불안하고 어둡더라도 주의 인자하심을 바라보는 우리의 눈이 흐려지지 않고, 우리의 마음이 믿음을 잃지 않게 하소서. 주님을 끝까지 신뢰하고 결코 요동치 않게 하소서. 주님이 우리 마음에 두신 것들을 새기며 주님을 더욱 알아가길 원합니다. 성령으로 우리와 함께하소서. 우리가 주의 영광을 위해 빚어진 인생임을 더욱 분명히 깨닫게 하소서. 아멘.

Lord our God, whose light shines out of the darkness and gleams brightly into our hearts, we thank you for all the goodness you allow us to see. We want to see your goodness clearly and have confidence in it, no matter how much around us is dark and disquieting. We want to remain firm and full of trust, looking to what you have put into our hearts so that we may come to know you. Be with us with your Spirit. Lead us to realize ever more clearly that we are made for your honor. Amen.

> 그러므로 우리가 믿음으로 의롭다 하심을 받았으니
> 우리 주 예수 그리스도로 말미암아 하나님과 화평을 누리자.
> 또한 그로 말미암아 우리가 믿음으로 서 있는 이 은혜에 들어감을 얻었으며
> 하나님의 영광을 바라고 즐거워하느니라. 로마서 5:1-2

주 우리 하나님, 거룩하시고 전능하신 주님, 온 세상을 비추는 주님 영광을 보며 우리가 기뻐합니다. 주의 자비와 사랑 안에 우리가 즐거이 거하게 하소서. 주님의 손을 펼치셔서 모든 사람에게, 슬픈 자, 행복한 자, 강한 자, 연약한 자 모두에게 은총을 내리소서. 양떼와 같은 저들을 은혜와 사랑으로 인도하소서. 예수 그리스도를 통해 우리에게 전해진 그 은혜를, 성령님은 다시 한 번 우리 마음에 확증하셨습니다. 세상 그 누구도 타락하고 쓸모없는 인생을 살도록 내버려두지 마소서. 주께서 우리로 영원을 바라보게 하셨으니, 우리가 덧없는 것에 매이지 않게 하소서. 우리 앞에 놓인 하나님의 상을 바라보며 달려가도록 날마다 우리를 이끄소서. 그 상은 우리뿐 아니라 다른 이들, 세상 모든 사람을 위한 것입니다. 아멘.

Lord our God, almighty and holy One, whose glory shines upon the earth so that we may find joy in you and may live rejoicing in all your loving-kindness, spread out your hands in blessing over all men. Spread your blessing over the happy and the sad, over the courageous and the weak. Shepherd them in your love, in the great grace you have given through Jesus Christ, confirmed in us through the Holy Spirit. Do not let us men remain degraded and worthless. Lift our hearts above what is transitory, for you have given us something eternal to live by. Help us every day so that we can reach the goal you have set for us, for many others, and finally for all peoples of the earth. Amen.

05월 15일

여호와가 우리 하나님이신 줄 너희는 알지어다.
그는 우리를 지으신 이요 우리는 그의 것이니
그의 백성이요 그의 기르시는 양이로다. 시편 100:3

하늘에 계신 아버지, 주님이 하나님이심을 우리가 알게 하소서. 우리가 스스로 있는 것이 아니요, 주께서 우리를 지으셨습니다. 우리는 주의 백성이요, 주가 기르시는 양입니다. 진리로 우리에게 세례를 베푸소서. 그 진리가 우리 삶을 인도할 것입니다. 우리가 누구이며 어떤 존재여야 하는지 깨달을 수 있도록 우리에게 은혜를 내리소서. 우리의 눈을 속이는 모든 것들로부터 벗어나, 더 이상 부질없는 세상 것들에 현혹되지 않게 하소서. 우리 눈을 밝히셔서 영원한 것들을 보게 하소서. 우리가 깨어서 순결한 것들을 기뻐하며 아버지와 아들과 성령님께 감사드리는, 주님의 참 자녀가 되게 하소서. 아멘.

Father in heaven, may we recognize and acknowledge that you are God. You have made us, and not we ourselves, to be your people and the sheep of your pasture. Baptize us with the truth we need throughout our lives. Give us the gift to discern who we are and what we should become. Free our eyes from all deception so that we can no longer delude ourselves with short-lived, earthly things. Clear our eyes to see what is eternal in and around us. Make us children, true children, who awake to exult and rejoice in what is childlike and who give thanks to you, O God, the Father, the Son, and the Holy Spirit. Amen.

05월 16일

영생은 곧 유일하신 참 하나님과 그가 보내신 자
예수 그리스도를 아는 것이니이다.
요한복음 17:3

주 하나님, 예수 그리스도 안에 참 생명이 있음을 가르쳐주시니 감사합니다. 우리에게 은혜를 베푸셔서 그 생명을 얻게 하소서. 우리가 그리스도 예수를 주로 알고, 그분을 믿겠습니다. 그의 고난과 부활로 인해 우리가 누리게 될 은혜를 소망하며 기다리겠습니다. 온 세계의 죽은 영혼들에게 살아 계신 주의 영광을 드러내소서. 생명 없는 자들, 믿지 않는 자들이 깨어나 주를 보게 될 것입니다. 주께서 우리에게 맡기신 일들에 우리가 언제나 충실하게 하소서. 시험을 당할 때에 믿음을 잃지 않고 인내하게 하소서. 세상 모든 사람이 주의 이름을 높일 그날이 속히 오기를 기도합니다. 그날에 미움이 그치고, 사람들의 마음과 생각이 새로워져 주님 오실 날을 노래할 것입니다. 이 밤 우리를 지켜주소서. 주님의 약속대로 우리를 항상 돌보시고 복을 주소서. 아멘.

Lord God, we thank you that you have revealed life in Jesus Christ. Grant that we may enter this life through the grace you have given us to recognize Jesus Christ as our Lord, to believe in him, and to hope for all the good still to come as the fruit of his suffering and resurrection. May the glory of the Living One be revealed to the dead throughout the whole world so that even the dead and the unbelieving may be awakened and see his life. Keep us true to what you have given us. Strengthen our faith and endurance in all our trials. Let your name soon be honored among all people so that hatred may cease and the coming of your great day may be foretold in changed hearts and changed thoughts. Protect us this night. Bless us and help us again and again as you have promised. Amen.

05월 17일

> 그러므로 우리에게 큰 대제사장이 계시니 승천하신 이
> 곧 하나님의 아들 예수시라. 우리가 믿는 도리를 굳게 잡을지어다.
> 우리에게 있는 대제사장은 우리의 연약함을 동정하지 못하실 이가 아니요
> 모든 일에 우리와 똑같이 시험을 받으신 이로되 죄는 없으시니라.
> 히브리서 4:14-15

하늘에 계신 아버지, 주님 우편에 계신 예수 그리스도를 우리가 바라봅니다. 주님은 그 아들을 통해 온 세상을 구하시겠다고 약속하셨습니다. 우리가 예수와 한 몸 되어, 주의 뜻을 좇아 사람들을 돕게 하소서. 주님의 이름을 늘 거룩히 여기게 하소서. 주께서 구원자를 보내셨으니 우리가 기뻐하고 또 기뻐할 것입니다. 주를 믿고 의지하는 자에게 베푸신 모든 은혜에 감사드립니다. 주의 영광의 날이 속히 오게 하소서. 주께서 그날에 예수 그리스도를 높이시고, 온 세상을 다스리게 하실 것입니다. 그는 모든 악을 멸하고, 주님이 그토록 세상에 주시길 원하셨던 평화를 이 땅에 가져올 것입니다. 우리가 그날을 기다립니다. 아멘.

Dear Father in heaven, we look to Jesus Christ, who is at your right hand, through whom you have promised help for the whole world. Unite us with him so that we may receive authority to help men according to your will. May your name be kept holy among us, for your children have every reason to rejoice in the Savior you have given them. We thank you for everything you have shown to those who believe in you. We pray to you, hasten the time when your day shall come with glory, the day when you will give the glory to Jesus Christ, when he will reign and triumph over all evil and bring the peace you have always wanted to give the world. We wait and long for this. Amen.

05월 18일

> 우리가 아빠 아버지라고 부르짖느니라.
> 성령이 친히 우리의 영과 더불어 우리가 하나님의 자녀인 것을 증언하시나니
> 자녀이면 또한 상속자 곧 하나님의 상속자요 그리스도와 함께한 상속자니
> 우리가 그와 함께 영광을 받기 위하여 고난도 함께 받아야 할 것이니라.
> 로마서 8:15하–17

주 하나님, 우리의 아버지, 주님이 누구신지 우리가 깨닫게 하소서. 각자의 삶의 모습이 다르고 걱정거리가 다를지라도 우리 모두는 주의 자녀, 성령으로 거듭난 주님의 자녀입니다. 고난과 역경, 유혹과 슬픔 가운데서도 우리는 용기를 잃지 않습니다. 인생의 모든 면에서 우리에게 승리를 주시는 성령님, 그 품 안에 우리가 언제나 머물 것입니다. 우리의 모든 발걸음을 살피시고 지켜주소서. 우리에게 베푸신 은혜와 구원을 생각하며 주님을 찬양합니다. 아멘.

Lord our God, Father of us all, grant that we may know something of you in our hearts. Each one of us is different, with his own particular needs, but we are all your children and should all become children of your Spirit. Then even in the difficulties of life, in the many struggles, temptations, and sorrows, we can keep up our courage and remain in the Spirit, who is victorious in every aspect of life. Protect and strengthen us on all our ways. We praise you for all you have done and for all the help you have given us. Amen.

05월 19일

나의 힘이신 여호와여 내가 주를 사랑하나이다.
여호와는 나의 반석이시요 나의 요새시요 나를 건지시는 이시요
나의 하나님이시요 내가 그 안에 피할 나의 바위시요
나의 방패시요 나의 구원의 뿔이시요
나의 산성이시로다. 시편 18:1-2

주 우리 하나님, 감사합니다. 주께서 가까이 계심을 우리가 때때로 느낍니다. 우리 곁에 계신 주님은 연약한 자를 일으켜 세우시는 분입니다. 우리를 생각하셔서 우리가 주의 부르심에 충실하게 하소서. 세상 모든 사람들을 잊지 않고 기억하소서. 우리는 진리와 영으로 살아가길 원합니다. 여전히 깊은 어둠 가운데 있는 자들에게 새 빛을 비춰주소서. 온 세상이 아버지의 나라와 주님의 통치를 보고 주님의 이름을 경배하게 하소서. 아멘.

Lord our God, we thank you that we have often felt you close to us. We thank you that you are near us and that you strengthen the weak. Remember us and give each one the help he needs to be true to his calling. Remember all mankind and grant that we may go forward in spirit and in truth. Give new light to the peoples who are still in great darkness. Let your kingdom and your reign be revealed and your name at last be honored by all. Amen.

05월 20일

이것이 우리 구주 하나님 앞에 선하고 받으실 만한 것이니
하나님은 모든 사람이 구원을 받으며 진리를 아는 데에 이르기를 원하시느니라.
디모데전서 2:3-4

주 우리 하나님, 우리에게 성령을 부어주셔서, 우리가 누구인지, 주께서 우리에게 주신 사명이 무엇인지 이해하게 하소서. 우리에게 진리의 빛을 비추시니 감사합니다. 우리와, 다른 많은 이들이 그 진리에 더 가까이 다가서게 하시고, 하늘 아버지께 모든 것이 속해 있다는 사실을 평안히 받아들이게 하소서. 주의 전능하신 손길로 우리를 영원히 지키소서. 주님은 선하셔서 우리에게 복을 주시는 분이심을 알게 하소서. 우리가 혹독한 시련을 견뎌내고 치열한 삶의 투쟁을 이겨낼 수 있는 것은 바로 주님의 선하심 때문입니다. 아멘.

Lord our God, give us your Spirit, we pray, that we may learn to understand what we are and what tasks you have set for us. We thank you for all the light you give us. Grant that we and many others may come closer to knowledge of the truth and be at peace about all that belongs in your hands, our Father in heaven. Keep us now and forevermore in your almighty hand. May we know your goodness and the blessing it brings. For through your goodness we can endure even the hardest days and be victorious in the battle of life. Amen.

05월 21일

내가 복음을 부끄러워하지 아니하노니
이 복음은 모든 믿는 자에게 구원을 주시는 하나님의 능력이 됨이라.
먼저는 유대인에게요 그리고 헬라인에게로다.
복음에는 하나님의 의가 나타나서 믿음으로 믿음에 이르게 하나니
기록된바 오직 의인은 믿음으로 말미암아 살리라 함과 같으니라.
로마서 1:16-17

주 우리 하나님, 주님은 복음으로 주님의 의를 나타내셨습니다. 우리는 믿음으로 그 의를 알게 되고 믿음으로 그 의를 간직합니다. 우리가 하나님의 의를 깨닫게 하시고 부패한 세대 가운데서도 그 의를 따라 살게 하소서. 그때에 주의 말씀이 열매 맺는 것을 우리가 흐뭇한 마음으로 바라볼 것입니다. 유혹과 갈등을 겪을 때 우리를 지켜주소서. 거짓 없는 하나님의 의와 그분의 사랑이 갈등과 유혹에서 우리를 새처럼 자유롭게 할 것입니다. 인생이 잠시 있다 사라지는 것이 아닌 영원하고 소중한 것임을 아직까지 깨닫지 못하는 많은 사람들에게, 하나님의 의는 소망이 되십니다. 아멘.

Lord our God, you have revealed your righteousness to us in the gospel, your righteousness that comes to us through faith and continues in faith. Grant that we may understand your righteousness and live by it even in a crooked generation. Then to our joy the gospel will bear fruit. Protect us in the midst of temptation and conflicting opinions so that we are raised above them and remain free, with our thoughts on you and your true and loving righteousness. Your righteousness gives us hope for the many, many people who still need help to realize that their lives are not of passing value but of eternal worth. Amen.

05월 22일

> 내가 주의 이름을 형제에게 선포하고
> 회중 가운데에서 주를 찬송하리이다.
> 시편 22:22

주 우리 하나님, 전능하신 아버지, 자녀 된 우리가 주님 앞에 섭니다. 주님은 이 시대의 아픔 가운데 우리를 돌보시고, 죽음과 죄악 속에서 우리를 건지시는 분이십니다. 어지러운 세상에 사는 우리에게 평화를 주시고, 구원의 확신을 주시니 감사합니다. 고통스런 순간에도 우리는 어둠 속에 주저앉아 있지 않고, 일어나 주를 찬양할 것입니다. 주님의 나라가 곧 올 것을 믿기 때문입니다. 그 나라는 우리의 위로와 도움이요, 온 세상을 위한 진리입니다. 주의 뜻이 하늘에서와 같이 땅에서도 이루어지게 하소서. 아멘.

Lord our God, Almighty Father in heaven, we stand before you as your children, whom you want to protect through the need of our time, through all sin and death. We praise you for giving us so much peace in an age full of trouble, and for granting us the assurance of your help. Even when we suffer, we do not want to remain in the darkness of suffering but want to rise up to praise and glorify you. For your kingdom is coming; it is already at hand. Your kingdom comforts and helps us and points the way for the whole world, that your will may be done on earth as in heaven. Amen.

05월 23일

내가 세상에 속하지 아니함같이
그들도 세상에 속하지 아니하였사옵나이다.
그들을 진리로 거룩하게 하옵소서.
아버지의 말씀은 진리니이다.
요한복음 17:16-17

하나님, 우리 모두의 아버지가 되신 분, 주님의 진리로 우리를 거룩하게 하소서. 주의 말씀은 진리입니다. 우리가 주님 계신 곳에 나아갑니다. 성령으로 우리를 변화시키시고 진리로 우리의 인생을 빚어주소서. 우리가 주님의 이름을 즐거워하게 하소서. 주님의 거룩한 영으로 우리를 감화시키셔서 주께서 맡기신 일을 잘 감당하게 하소서. 우리에게 주님의 얼굴을 비추시고, 주께 도움을 구하는 모든 자들을 외면하지 마소서. 주의 권능으로 세상을 가득 채우셔서, 온 세계가 마침내 주님의 위대하신 뜻을 깨닫고 새 생명을 얻게 하소서. 아멘.

Dear God and Father of us all, sanctify us in your truth. Your Word is truth. We come before your presence and ask you to touch us with your Spirit, to shape our lives in the truth and in the joy of your name. Touch us with your Spirit, that we may carry out our tasks in your service. May your face shine on us and on all needy people who turn to you. May your power be given ever more fully, and may your cause become great in the world until at last it brings new life to all nations. Amen.

05월
24일

> 주의 성령이 내게 임하셨으니
> 이는 가난한 자에게 복음을 전하게 하시려고 내게 기름을 부으시고 나를 보내사
> 포로 된 자에게 자유를, 눈 먼 자에게 다시 보게 함을 전파하며
> 눌린 자를 자유롭게 하고 주의 은혜의 해를 전파하게 하려 하심이라 하였더라.
> **누가복음 4:18-19**

하늘에 계신 아버지, 우리가 어두움과 연약함, 질병 때문에 결코 낙심할 필요가 없다는 것을 거듭 깨닫게 하시니 감사합니다. 주님은 우리 마음의 소원을 들으십니다. 우리가 주를 사랑하고 그 이름을 찬양할 때, 주님은 기뻐하십니다. 우리가 그 진리를 잊지 않게 하소서. 크신 권능으로 우리에게 임하소서. 주의 이름이 높임을 받을 것입니다. 고요한 우리의 마음에 찾아오셔서, 예수 그리스도 안에서 하나님이 우리의 아버지가 되신다는 것을 깨우쳐주소서. 아멘.

We thank you, dear Father in heaven, for the many times you let us experience that we do not need to despair because of darkness, weakness, or sickness. You hear the desires of our hearts. You love us for all that we love when we love the Savior and when we praise his name. Let us remain in this spirit. Come to us with many proofs of your power, to the glory of your name. Come in the inner quiet of heart through which we are able to grasp what it means for us that you are our Father in Jesus Christ. Amen.

05월 25일

너희를 불러 그의 아들 예수 그리스도 우리 주와 더불어
교제하게 하시는 하나님은 미쁘시도다. 고린도전서 1:9

주 우리 하나님, 우리가 주 앞에 서서 기뻐합니다. 예수 그리스도를 통해 주님과 사귐을 가지게 하시니 감사합니다. 주의 성령의 빛을 우리에게 비추시고, 우리의 내면을 견고케 하소서. 생명의 길을 우리에게 열어주소서. 질곡의 세월 속에서도 기쁨과 희망을 잃지 않겠습니다. 세상 모든 사람들을 돌보소서. 그들이 주님의 권능을 알지 못할 때에도, 능력으로 그들을 다스려주소서. 이 땅의 역사를 주관하셔서 모든 인류가 주님의 은혜를 누리게 하소서. 아멘.

Lord our God, we stand before you and rejoice that we may have fellowship with you through the Lord Jesus Christ. Grant us the light of your Spirit. Grant our hearts strength for life. Open for us the paths of life, that we may find joy and hope in spite of all the suffering we must go through on earth. Let all mankind be entrusted to your care. Rule over them with your power, whether they are aware of it or not, and take world history into your hands so that all men may receive your mercy. Amen.

05월 26일

> 심령이 가난한 자는 복이 있나니
> 천국이 그들의 것임이요. 마태복음 5:3

하늘에 계신 우리 아버지, 우리가 언제나 행복하기를 바라시는 주님, 변함없이 우리 삶을 다스리시니 감사합니다. 우리 인생이 주의 손 안에 있음을 알고 우리가 안심하게 하소서. 우리에게 믿음을 주소서. 우리가 믿을 때, 어떻게 일상을 살아야 할지 알게 될 것입니다. 우리가 믿을 때, 주께서 영원의 문을 여실 그날까지 인내하며 기다릴 수 있을 것입니다. 우리 인생에, 우리 모두에게 복을 주소서. 예수 그리스도의 은혜로 우리 마음에 기쁨이 자라고 걱정이 사라지게 하소서. 우리의 일생이 주께서 세우신 기초 위에 지어져, 아버지의 거룩한 역사와 사랑으로 채워지게 하소서. 아멘.

Dear Father in heaven, we thank you for wanting to give us happiness and for holding our earthly life firmly in your hands. May we have the confidence that we are in your hands. Grant us the light of faith. Let this light of faith guide us in material things and help us to wait in patience until the doors open for us to pass through according to your pleasure. So bless us all. Bless our life. May we grow joyful and free of heart through all that Jesus Christ gives. On the foundation he establishes for us may your divine working, your fatherly love, lift and support us throughout our lives. Amen.

05월 27일

주 예수 그리스도의 은혜와 하나님의 사랑과 성령의 교통하심이
너희 무리와 함께 있을지어다. 고린도후서 13:13

주 우리 하나님, 하늘에 계신 아버지, 언제나 어디서나 아낌없이 우리에게 선한 것을 베푸시니 감사합니다. 우리의 부족함과 실수와 염려에도 우리가 삶의 기쁨을 잃지 않게 하시니 감사합니다. 하늘의 선물을 우리에게 내려주소서. 우리가 천국을 거닐듯 이 땅의 삶을 즐거이 살겠습니다. 우리 안에 있는 성령의 은사가 사라지지 않게 하소서. 어제도 오늘도 그리고 내일도 한결같이 세상 모든 영혼을 사랑하시는 예수 그리스도께서, 우리 안에 거하시기를 기도합니다. 아멘.

Lord our God, our Father in heaven, we thank you for letting us receive so much that is good in all circumstances on earth. We thank you that we can have joy in life in spite of our shortcomings, mistakes, and worries. You bless us with heavenly gifts, so that rejoicing, we can walk on earth as if in heaven. Keep the gifts of your Spirit alive in us. Keep alive in us everything that Jesus Christ was, everything he is, and everything he will be on earth for all people. Amen.

05월 28일

> 너희는 다 빛의 아들이요 낮의 아들이라.
> 우리가 밤이나 어둠에 속하지 아니하나니
> 그러므로 우리는 다른 이들과 같이 자지 말고 오직 깨어 정신을 차릴지라.
> 데살로니가전서 5:5-6

하늘에 계신 우리 아버지, 우리를 주의 자녀로 삼아주시니 감사합니다. 우리가 주님의 자녀인 것을 마음으로 깨닫게 하시는 이는 성령이십니다. 사방이 어둠으로 둘러싸여 우리를 힘겹게 할 때에도 우리가 하나님의 자녀라는 사실은 변치 않습니다. 앞길이 막막하고 모든 것을 잃은 듯한 때에도, 죄와 사망이 우리를 에워싸 우리의 잘못을 비난할 때에도 우리는 주님의 자녀입니다. 아버지 되신 주께 우리 생애를 맡깁니다. 삶의 모든 순간 주님이 베푸신 은혜를 잊지 않고, 구주 그리스도를 평생 즐거워하며 살게 하소서. 아멘.

Dear Father in heaven, we thank you that we may be your children. We thank you that through your Spirit our hearts may know that we are your children. Even when everything around us becomes difficult and we are hemmed in by darkness, we remain your children. Even when we often do not see how we are to go on and everything seems to be taken from us, we remain your children. Even when sin and death surround us and accuse us of being in the wrong, we still remain your children. As your children we entrust ourselves to your hands. In our whole life, in all our work and activity, we dwell in what has come from you, and we rejoice in Christ our Savior. Amen.

05월 29일

긍휼이 풍성하신 하나님이 우리를 사랑하신 그 큰 사랑을 인하여
허물로 죽은 우리를 그리스도와 함께 살리셨고 (너희는 은혜로 구원을 받은 것이라)
또 함께 일으키사 그리스도 예수 안에서 함께 하늘에 앉히시니. 에베소서 2:4-6

주 우리 하나님, 우리에게 주의 크신 능력을 보이시니 감사합니다. 물질적인 것이 우리 삶의 전부가 아니라는 것을 알게 하시니 감사합니다. 변함없이 우리를 도우시는 성령님께 감사드립니다. 그 도움의 손길을 거두지 마소서. 덧없고 우매한 인생도 성령 안에서 천국을 살 수 있게 하시는 그 은혜를, 많은 영혼이 알게 하소서. 우리는 믿습니다. 마음을 괴롭히고 무겁게 하는 모든 것들이 결국 다 지나갈 것임을. 주의 나라가 멈추지 않고 가까이 오듯, 그 나라를 향한 우리의 기쁨과 확신의 발걸음도 멈추지 않을 것입니다. 아멘.

Lord our God, we thank you for allowing us to experience your power. We thank you that we need not be occupied with material things only. We thank you that your Spirit comes to our aid again and again. Grant that we may continue to have your help, and let many hearts find what a grace it is that in spirit we may walk in heaven even during this transitory life with all its foolish ways. We may say with complete assurance that everything tormenting and burdening will pass by. It passes by, and we go joyfully and confidently toward your kingdom, which continually gains in power. Amen.

05월 30일

> 내 영혼아 여호와를 송축하라.
> 내 속에 있는 것들아 다 그의 거룩한 이름을 송축하라.
> 내 영혼아 여호와를 송축하며 그의 모든 은택을 잊지 말지어다.
> 그가 네 모든 죄악을 사하시며 네 모든 병을 고치시며. 시편 103:1-3

주 우리 하나님, 오 거룩하신 분, 우리의 본성을 뒤로하고 덧없고 세속적인 것에서 벗어나, 주 안에서 기쁨을 발견하게 하시니 감사합니다. 온갖 죄악이 우리를 둘러싸고, 인류의 고통은 끝이 없으나 우리는 여전히 주님을 기뻐합니다. 오늘도 내일도 언제나 우리를 도우시는 주님을 즐거워합니다. 주님께 넘치는 복을 받은 이들의 환희가 온 세상에 가득할 때까지, 우리가 서로를 기뻐하고 즐거워하게 하소서. 서로에게 짐이 되는 대신 도움이 되게 하소서. 우리의 모든 죄를 용서하시고 우리의 몸과 마음을 치유하여주소서. 우리 영혼을 타락하게 하는 모든 것에서 우리를 구원하여주소서. 아멘.

Lord our God, O Holy One, we thank you that we may lay aside our own nature and be lifted in spirit above all that is temporal and human and have joy in you. In spite of all the evil surrounding us, in spite of the thousand fold misery of men, we may still rejoice in you, in all you do and will yet do for us. Grant that we may go on rejoicing, having joy together, helping instead of burdening each other, until this earth is filled with the jubilation of those you have so richly blest. Forgive us all our sins. Heal us in mind and body. Deliver us from all the corruption that tries to take hold of our souls. Amen.

> 너희는 처음부터 들은 것을 너희 안에 거하게 하라.
> 처음부터 들은 것이 너희 안에 거하면 너희가 아들과 아버지 안에 거하리라.
> 그가 우리에게 약속하신 것은 이것이니 곧 영원한 생명이니라. 요한일서 2:24-25

주 우리 하나님, 우리가 주님을 기뻐하며 세상 모든 사람들을 향한 주님의 약속을 즐거워합니다. 주님은 고통과 슬픔에 잠긴 사람들의 마음에 주님의 기쁨을, 주님의 영광을 주시겠다고 약속하셨습니다. 우리 생이 다하기 전에 주님의 수많은 약속들이 성취되는 것을 보게 하소서. 고난과 역경 속에서도 우리는 다시 일어나 즐거이 앞으로 나아갈 것입니다. 우리를 불쌍히 여기시고 그 강한 손으로 지켜주소서. 아멘.

Lord our God, we want to find our joy in you and in all your promises to men on earth. For you have promised that in the midst of all the pain and sorrow, you are preparing what pleases you and serves your honor in the hearts of men. May we experience in our lives the fulfillment of many of your promises, so that again and again we can go forward joyfully, rising above difficult times and situations. Have mercy on us and protect us in your strength. Amen.

*Evening
Prayers*

6월
June

06월 01일

> 하나님의 떡은 하늘에서 내려
> 세상에 생명을 주는 것이니라. 요한복음 6:33

하늘에 계신 우리 아버지, 우리가 주의 말씀을 신뢰합니다. 주 예수 그리스도께서 우리에게 전해주신 그 말씀은 영원한 생명의 말씀입니다. 모든 것이 가치와 의미를 잃어가는 이때, 그러나 여전히 많은 사람들이 무엇인가를 찾고 갈망하는 이때, 우리는 이 생명의 말씀을 의지합니다. 주님은 우리의 기대를 저버리지 않으시고, 주께서 하신 말씀을 그대로 이루실 것입니다. 예수 그리스도의 약속은 반드시 실현될 것입니다. 그 약속은 단지 몇 사람을 위한 것이 아닌 온 세상을 위한 것입니다. 온 세상을 위해, 그리스도께서 죽으시고 죽음에서 다시 살아나셨습니다. 우리가 깨어서, 주께서 우리에게 베푸신 모든 은혜를 다른 사람들에게 전하게 하소서. 우리를 해하려 하는 악한 세력을 극복하게 하소서. 우리에게 생명을 주시고, 날마다 우리를 새롭게 하시니 감사합니다. 우리가 주의 이름을 영원히 찬양하겠습니다. 아멘.

Dear Father in heaven, in your Word we trust, in your Word of eternal life, given us in Jesus Christ our Savior. We build on this Word of life in these days when it seems that everything is losing strength and value, and yet there is so much longing in men's hearts. You will not let our hope be disappointed. What you have spoken must be fulfilled. What is promised in Jesus Christ must come into being, not only for a few but for the whole world, for which he died and was raised from the dead. Be with us. Keep us so fully alive that our lives reflect all the goodness we are allowed to experience and we overcome all the evil which tries to attack us. We thank you for calling us to life and for renewing us again and again. May your name be praised among us forever. Amen.

06월 02일

> 내 영혼아 여호와를 송축하라.
> 여호와 나의 하나님이여 주는 심히 위대하시며
> 존귀와 권위로 옷 입으셨나이다.
> 주께서 옷을 입음같이 빛을 입으시며
> 하늘을 휘장같이 치시며. 시편 104:1-2

주 하나님, 하늘에 계신 우리 아버지, 이 땅에서 우리에게 기쁨을 주시고, 하늘에서 찬연한 빛을 비추시니 우리가 온 마음 다해 감사드립니다. 우리 마음에 빛을 밝히시는 주를 찬양합니다. 그 빛을 보고 우리 모두 함께 즐거워하는 것은 우리가 주 안에서, 주님의 거룩한 영 안에서, 주의 선한 약속을 기다리며 한마음이 되기 때문입니다. 우리를 주의 자녀로 삼으소서. 우리가 언제나 주님과 동행하게 하소서. 우리에겐 없는, 주님만이 주실 수 있는 것으로 우리 삶을 채우소서. 우리가 살아 숨 쉬는 동안, 늘 주께 영광 돌리게 하소서. 주와 동행하면서 우리의 몸과 마음과 영혼이 그 품 안에 안전히 거하게 하소서. 주께서 이제껏 우리를 위해 하신 일과 앞으로 하실 일들을 생각하며 감사의 제사를 드립니다. 아멘.

Lord our God, our Father in heaven, with all our hearts we want to thank you for giving us joy on earth and for sending us your radiant light from heaven. We praise you for the light you give our hearts, the light that lets us find great joy together because we become one in you, one in your Spirit, one in awaiting your promised good. Grant that we may be your children. May we always find the paths where you can go with us and give us what we cannot give ourselves. May our whole life glorify you and our every breath belong to you. Through communion with you may we remain in your safekeeping in body, soul, and spirit. For all you have done and for all you will do for us, we ask you to accept our thanks. Amen.

> 또 오서서 먼 데 있는 너희에게 평안을 전하시고
> 가까운 데 있는 자들에게 평안을 전하셨으니
> 이는 그로 말미암아 우리 둘이 한 성령 안에서
> 아버지께 나아감을 얻게 하려 하심이라. 에베소서 2:17-18

하늘에 계신 우리 아버지, 우리에게 온갖 은혜를 베푸시고 평화를 주시니 감사합니다. 우리가 주님의 백성으로 하나 되게 하소서. 이제까지 살았던 수많은 주의 자녀들과 하나 되게 하시고, 주를 섬기기 원하는 모든 사람들과 하나 되게 하소서. 우리가 더욱 신실하고 기뻐할수록, 주님은 더 많은 은혜로 우리를 채우십니다. 눈에 보이는 물질의 세계가 주 앞에 엎드려 복종하게 하소서. 이 땅에 있는 주님의 자녀들을 인도하셔서, 그들이 다른 이들을 돕게 하소서. 우리가 고난당할 때 우리에게 힘을 주시고, 하나님의 뜻을 깨닫게 하소서. 오늘도 내일도 언제나 우리를 지켜주소서. 아멘.

Dear Father in heaven, we thank you for all your goodness and for the peace you give us. Unite us as your people, we pray. Unite us as one people with all your children who have ever lived, as one people with all who want to serve you. The more faithfully and joyfully we are your people, the more blessing you can give. Let the material world come under your hand. Guide your children on earth. Lead us in such a way that others may be helped. When we suffer, grant us strength and understanding of your will. Protect us today and every day. Amen.

06월 04일

여호와의 인자와 긍휼이 무궁하시므로 우리가 진멸되지 아니함이니이다.
이것들이 아침마다 새로우니 주의 성실하심이 크시도소이다.
내 심령에 이르기를 여호와는 나의 기업이시니
그러므로 내가 그를 바라리라 하도다. 예레미야애가 3:22-24

하늘에 계신 우리 아버지, 자녀 된 우리를 인도하시니 감사합니다. 무슨 일이 닥쳐도 우리의 기쁨은 마르지 않는 샘물처럼 솟아납니다. 시대가 악하고 우리의 마음이 슬플 때에도, 주님은 언제나 우리에게 선을 베푸시기 때문입니다. 온 세상 그 어디에도 미치지 않는 곳이 없는 주님의 선하심과 신실하심은 마침내 우리 마음을 사로잡았습니다. 우리는 이제 우리 삶을 인도하시는 분이 바로 성령님이라는 것을 알았습니다. 우리는 결코 홀로 버려지지 않을 것입니다. 주님은 질곡의 세월에 우리를 도우시고 일으켜 세우십니다. 주께서 우리를 도우실 때 선과 악, 삶과 죽음, 건강과 질병 모두가 유익한 것으로 바뀔 것입니다. 성령께서 우리 안에 일하실 때 모든 것이 주의 뜻대로 이루어질 것입니다. 아멘.

Dear Father in heaven, we thank you for guiding us, your children, here on earth. We thank you that whatever happens to us, we can again and again find joy because you give us what is good even when times are evil and when we go through sorrow. We thank you that your goodness and your faithfulness penetrate everything, and that at last, at long last, they penetrate our hearts. Then we can know and be glad that your Spirit guides us. We can know we are never alone but can receive strength to help us in the struggle and toil of our life. Through your help everything becomes fruitful - good and evil, life and death, health and suffering. Everything must serve you through the working of your Spirit. Amen.

06월
05일

보라 하나님은 나의 구원이시라.
내가 신뢰하고 두려움이 없으리니
주 여호와는 나의 힘이시며 나의 노래시며
나의 구원이심이라. 이사야 12:2

하늘에 계신 우리 아버지, 주께서 우리를 가까이하시니 참 감사합니다. 우리가 사는 동안 주의 말씀을 귀 기울여 듣게 하소서. 주의 음성을 듣는 백성은 그 인생이 선하고 참될 것입니다. 주께서 주신 능력을 그들이 세상에 널리 전할 것입니다. 언제나 우리를 지켜주시고, 우리의 마음과 각자가 처해 있는 상황을 살펴주소서. 여전히 우리는 흠이 많고 우리의 앞길은 불확실합니다. 악에서 우리를 구하소서. 그 나라가 주의 것이 될 것입니다. 모든 권세는 주께로부터 옵니다. 주님의 영광이 우리의 삶을 통해 찬란히 빛날 때, 모든 사람이 영원토록 주님을 찬양하며 그분께 감사할 것입니다. 아멘.

Dear Father in heaven, we thank you that you are so near us and that we may be near you. We thank you that throughout our days we may be people who listen to you with all our hearts and minds, a listening people who can receive what is good and true for our lives and who can witness to the power you give us through the Savior. Protect us in all things. Look into our hearts and into the situation of each one of us, where many things are still faulty and unclear. Deliver us from evil, for the kingdom shall be yours. From you the power shall come. Your glory shall radiate from our lives, and men shall praise and thank you forevermore. Amen.

06월 06일

> 내가 여호와의 인자하심을 영원히 노래하며
> 주의 성실하심을 내 입으로 대대에 알게 하리이다.
> 내가 말하기를 인자하심을 영원히 세우시며 주의 성실하심을
> 하늘에서 견고히 하시리라 하였나이다. 시편 89:1-2

주 우리 하나님, 우리를 하나 되게 하소서. 우리가 한 마음 한 목소리로 주님을 찬양하겠습니다. 온갖 악이 우리를 대적하는 이 세상에, 우리의 찬양이 울려 퍼지게 하소서. 우리를 지키시는 주님, 우리를 도우시고 구원하시는 주님, 참 감사합니다. 주께서는 우리 마음에 소망을 주셨습니다. 성령께서 우리를 위해, 온 세상을 위해 행하실 놀라운 일들을 우리가 소망합니다. 온 세상이 주의 다스리심을 보기까지, 모든 사람들의 마음에 기쁨이 넘쳐날 그날까지, 주님의 사랑은 멈추지 않을 것입니다. 아멘.

Lord our God, gather us together in one flock to praise you with one heart and one voice. Let this praise ring out on earth in the midst of all the evils that still confront us. We thank you for your protection, for all the help and deliverance you give us. We thank you for the hope you put into our hearts. We thank you for the hope that we may yet see great things done through the working of your Spirit, for us your children and for all peoples and nations. For your love will not rest until life on earth has come into your hands and all may rejoice. Amen.

주여 주는 대대에 우리의 거처가 되셨나이다.
산이 생기기 전, 땅과 세계도 주께서 조성하시기 전
곧 영원부터 영원까지 주는 하나님이시니이다. 시편 90:1-2

주 우리 하나님, 우리의 영원한 피난처 되신 분, 주님 앞에 모인 우리에게 복을 주소서. 우리가 개인적인 문제뿐 아니라 온 세상 사람들의 고통과 민족들의 어려움을 위해서도 기도합니다. 우리를 주의 자녀로 삼아주시고, 인생의 시련 속에서도 좌절하지 않도록 순전한 믿음을 허락하소서. 우리에게 언제나 큰 은혜를 베푸시는 주님, 결코 우리를 저버리지 않으시고 도움의 손길을 펼치시니 참 감사합니다. 우리 마음은 기쁨으로 가득하고, 우리의 입술에는 아버지를 향한 찬양이 그치지 않습니다. 주의 이름이 저 하늘에서도 그리고 우리가 사는 이 낮은 곳에서도 높임 받으시길 기도합니다. 온 세상 사람들이 주를 찬양하고 주님을 인정할 그날이 오게 하소서. 그날에 주께서 그들의 모든 필요를 채우실 것입니다. 아멘.

Lord our God, our refuge forever, bless us who have gathered in your presence and who turn to you in all distress, not only in our personal need but also in the distress of the nations and peoples of the whole world. Grant that we may be your children, with a simple faith that gives us strength to go on working even when life is bitterly hard. We thank you for giving us so much grace, for helping us and never forsaking us, so that again and again we can find joy and can glorify and praise you, our Father. May your name be praised from heaven above and among us here below. May your name be praised by all people throughout the world, and may everyone on earth acknowledge you and receive all that they need from you. Amen.

06월 08일

> 의인의 소망은 즐거움을 이루어도
> 악인의 소망은 끊어지느니라. 잠언 10:28

주 우리 하나님, 우리가 온종일 주님을 기다립니다. 우리가 주를 의지하며, 주님의 정의를 갈망합니다. 우리의 기도를 들으시고 우리에게 복을 주소서. 아버지의 이름이 거룩히 여김을 받게 하시고, 주의 나라가 오게 하소서. 주 우리 하나님, 온 세상 가운데 주님의 뜻이 이루어지길 기도합니다. 아버지의 뜻을 하늘에서와 같이 이 땅의 사람들에게도 밝히 드러내시고, 우리 각자의 삶 속에 이루어주소서. 온 인류를 돌보아주소서. 주 하나님께서 주시는 평화, 사람의 헤아림을 뛰어넘는 평화가 이 땅에 임하도록 새 길을 열어주소서. 아멘.

Lord our God, we wait for you night and day. We believe in you and we long for your righteousness. You will answer our prayer. Bless us, we pray. May your name be kept holy and your kingdom come. O Lord our God, may your will be done among the nations. May your will be done in each of us and be plainly seen in men, as it is in heaven. Look upon the nations. Watch over all mankind. Let a new path be broken so that a peace that passes all understanding may come, a peace from you, the Lord our God. Amen.

06월 09일

> 너의 하나님 여호와가 너의 가운데에 계시니
> 그는 구원을 베푸실 전능자이시라.
> 그가 너로 말미암아 기쁨을 이기지 못하시며
> 너를 잠잠히 사랑하시며
> 너로 말미암아 즐거이 부르며
> 기뻐하시리라 하리라. 스바냐 3:17

우리의 구원자, 우리를 도우시는 주님! 아무리 깊은 수렁에서도 주의 강한 손이 우리를 건져내실 것이라는 믿음을 우리가 잃지 않게 하소서. 주님께 탄식하는 자들을 기억하소서. 전능하신 하나님의 날개 아래로 그들을 인도하소서. 고통과 괴로움에 신음하고 근심 걱정에 잠 못 이루는 때에도, 우리 생의 마지막 순간까지도 주님은 우리를 위로하시고 도우십니다. 우리가 살아 숨 쉬는 모든 순간에, 주님은 우리를 향한 하나님의 뜻을 한결같이 이루시는 분이십니다. 아멘.

Lord our Savior, you are our Lord and our Helper. Show yourself again and again in our hearts as the Savior who is strong to help us even in difficult times. Remember the many people who sigh to you. Guide them into the protection of the almighty God. Even if they suffer pain and distress and have to go through fear and anxiety, even if they die, Lord Jesus, you are comfort and help. In everything life brings us you will show yourself as the One who does the will of God and who carries it out for us on earth. Amen.

06월 10일

하나님은 우리에게 은혜를 베푸사 복을 주시고
그의 얼굴 빛을 우리에게 비추사 (셀라)
주의 도를 땅 위에, 주의 구원을 모든 나라에게 알리소서.
시편 67:1-2

우리 주, 전능하신 하나님, 주는 우리의 아버지, 우리는 주님의 자녀입니다. 우리가 그리스도 예수를 섬기며 주를 위해 살게 하소서. 우리의 마음을 새롭게 하시고 굳세게 하소서. 절망과 두려움으로 길을 잃을 때, 성령으로 우리를 붙드시고 도우소서. 우리가 무슨 일을 당하든지 결국 선하신 주의 뜻대로 될 것을 믿습니다. 아버지의 이름이 영화롭게 되고, 온 세상을 위해 하나님의 나라가 올 것입니다. 오 아버지, 주께서 모든 민족을 다스리실 날이 올 것입니다. 그들 모두 주님께 속하였으니, 그날에 그들이 예수 그리스도를 주로 인정할 것입니다. 아멘.

Lord, Almighty God, you are our Father and we are your children, who want to live for you through Jesus Christ our Lord. Strengthen and renew our hearts. When discouragement and fear try to mislead us, may your Holy Spirit help us again and again to hold fast, for no matter what difficulties arise, your will is being done and your will is good. Your name will be honored. Your kingdom will come for all nations. Your reign will come over all peoples, for they are all yours and must acknowledge that Jesus Christ is the Lord, to your honor, O Father. Amen.

06월 11일

여호와여 주의 인자하심이 하늘에 있고 주의 진실하심이 공중에 사무쳤으며
… 하나님이여 주의 인자하심이 어찌 그리 보배로우신지요.
사람들이 주의 날개 그늘 아래에 피하나이다. 시편 36:5, 7

주 우리 하나님, 이 시간 우리의 마음과 생각을 주께로 돌립니다. 우리와 함께하시고 우리에게 성령을 허락하소서. 주의 말씀은 우리에게 축복입니다. 구주 예수 그리스도를 통해 우리에게 이 말씀을 주시니 참 감사합니다. 전능하신 하나님, 온 세상 위에 주님의 손을 펼치소서. 새로운 시대, 믿음과 정의와 사랑의 시대, 주께서 주시는 평화의 시대가 열리게 하소서. 오 주 하나님, 우리는 주님의 자녀입니다. 자녀 된 우리가 예수 그리스도의 이름으로 기도합니다. 주께서 우리 기도를 들으실 줄 믿습니다. 아버지의 언약이 모두 이루어지는 그날, 선지자들과 주님의 아들 예수 그리스도께서 예언하셨던 그날이 오기를 우리가 기쁨으로 기다립니다. 우리와 함께하시고 성령 안에 우리를 하나로 모으소서. 아멘.

Lord our God, we turn our hearts and minds to you. Be with us and grant us your Spirit. May your Word be a blessing for us. We thank you that this Word is given us in Jesus Christ, our Savior. Almighty God, stretch out your hand over the whole world. Let your Spirit bring a new age, an age of truth, righteousness, and love, an age of peace that comes from you. O Lord God, we are your children, and as your children we pray to you in the name of Jesus Christ. You will hear us, and we look forward with joy to the time when all promises will be fulfilled, the time spoken about by the prophets, and especially by your Son, Jesus Christ. Be with us and gather us in your Spirit. Amen.

06월 12일

> 그가 와서 죄에 대하여, 의에 대하여, 심판에 대하여 세상을 책망하시리라.
> 죄에 대하여라 함은 그들이 나를 믿지 아니함이요
> 의에 대하여라 함은 내가 아버지께로 가니 너희가 다시 나를 보지 못함이요
> 심판에 대하여라 함은 이 세상 임금이 심판을 받았음이라. 요한복음 16:8-11

주 우리 하나님, 우리가 사는 동안 끊임없이 성령을 체험하게 하시니 감사합니다. 우리가 예수 그리스도를 알게 하시고, 그를 평생 따를 수 있게 하시는 분은 바로 성령님이십니다. 우리에게 복을 주소서. 온 세상에 주님의 거룩한 영을 나타내시고, 모든 사람들의 마음에 성령의 물결을 새롭게 일으키소서. 죄에 대해서는 반드시 심판이 있을 것입니다. 하나님의 공의를 이루시기 위해, 세상이 심판을 받고 형벌을 거치게 하실 것입니다. 전능하신 하나님, 주님은 온 세상의 주인이십니다. 세상의 왕자 사탄도 주의 뜻을 거스를 수는 없습니다. 주님은 성령을 통해 주님의 뜻을 실행하실 것입니다. 우리가 할 일은 단지 예수를 따르는 것뿐입니다. 그분을 평생 따르는 것이 우리의 기쁨입니다. 우리에게 주님의 아들을 보내주시고, 언제나 그분의 말씀을 볼 수 있게 하신 주님을 찬양합니다. 우리가 성령을 힘입어, 큰 고통 속에서도 즐거이 예수를 따를 수 있게 하신 주님, 주님의 이름이 높임 받으소서. 아멘.

Lord our God, we thank you that you continually renew your Spirit in us. We thank you that your Spirit enables us to understand Jesus Christ and to follow him all our days on earth. Bless us, and let your Spirit come to the world, to all people, a new outpouring of the Holy Spirit in each heart. But there must still be punishment for sin. For the sake of justice the world has to suffer punishment through judgment. For you, Almighty God, are Lord, and not even Satan, the prince of this world, can act against your will. You will carry out your will through the Holy Spirit. Our task is simply to follow Jesus all our days. This shall be our joy. Praise to your name that every day, even through great distress, we can joyfully follow him in the strength of the Holy Spirit. Amen.

06월 13일

내가 주의 공의를 내 심중에 숨기지 아니하고
주의 성실과 구원을 선포하였으며
내가 주의 인자와 진리를 많은 회중 가운데에서
감추지 아니하였나이다. 시편 40:10

주 우리 하나님, 하늘과 땅 어디에나 계시는 우리 아버지, 우리가 예수 그리스도의 은혜를 의지하며 주께 나아갑니다. 주님은 진리이시며 구원이십니다. 사람들의 마음을 일깨우셔서 그들이 믿음으로 주님을 바라보게 하소서. 많은 일들이 단지 인간의 산물로 보여도, 그 일을 이루시는 분은 아버지이심을 신뢰하게 하소서. 모든 일 뒤에는 언제나 주의 뜻이 있으니 우리는 그 뜻을 믿고 따릅니다. 아버지의 뜻을 이루소서. 우리가 그분의 뜻을 따를 때, 모든 일이 그릇되지 않고 유익하며, 주께 영광이 될 것을 믿습니다. 아멘.

Lord our God, in the grace of Jesus Christ we turn to you, our Father in heaven and on earth, for we know your truth and your saving power. Grant that men may learn to look upward to you in faith and in trust that your will is being done on earth, even though so much seems to be the work of men alone. But your will is behind everything and we put ourselves under your will. We hope in your will. In your will we are certain that everything will be made right and good, to the glory of your name. Amen.

06월 14일

하나님을 사랑하는 것은 이것이니 우리가 그의 계명들을 지키는 것이라.
그의 계명들은 무거운 것이 아니로다.
무릇 하나님께로부터 난 자마다 세상을 이기느니라.
세상을 이기는 승리는 이것이니 우리의 믿음이니라.
예수께서 하나님의 아들이심을 믿는 자가 아니면
세상을 이기는 자가 누구냐. 요한일서 5:3-5

주 우리 하나님, 예수 그리스도의 은혜를 힘입어 우리가 기도합니다. 우리를 위해 그리고 온 세상을 위해 주님의 뜻을 이루어주소서. 우리가 예수 그리스도를 통해 하나님의 사랑을 믿고 그 사랑 안에 거하게 하소서. 불안과 재난이 가득한 이 땅에서 우리가 늘 그 사랑을 소망하며 마음의 평안을 얻게 하소서. 예수 그리스도께서 세상을 이기셨으니 우리가 흔들리지 않고, 주님이 주신 평화를 잃지 않게 하소서. 예수께서 진정으로 세상을 이기셨기에 우리는 기쁨을 이기지 못합니다. 이 땅에 예수 그리스도를 보내셔서 세상을 이기게 하신 전능하신 하나님을 찬양합니다. 예수께서 죄와 죽음과 모든 악을 극복하셨으니 주님 계신 곳에서 우리가 영원토록 즐거워할 것입니다. 아멘.

Lord our God, in the grace of Jesus Christ we pray to you that your will may be done for us and for all the world. Through Jesus Christ grant us faith that you love us, faith that we may live in your love, that we may hope in your love every day and have peace on earth, where there is so much unrest and trouble. Keep us firm and constant, remaining in your peace and in the inner quiet you give us because Jesus Christ has overcome the world. He has truly overcome, and this fills us with joy. We praise you, Almighty God, that you have sent Jesus Christ and that he has overcome the world. We praise you that he has overcome all evil, sin, and death, and that we may rejoice at all times in your presence. Amen.

06월 15일

> 말씀이 육신이 되어 우리 가운데 거하시매
> 우리가 그의 영광을 보니 아버지의 독생자의 영광이요 은혜와 진리가 충만하더라.
> 요한이 그에 대하여 증언하여 외쳐 이르되
> 내가 전에 말하기를 내 뒤에 오시는 이가 나보다 앞선 것은
> 나보다 먼저 계심이라 한 것이 이 사람을 가리킴이라 하니라.
> 우리가 다 그의 충만한 데서 받으니 은혜 위에 은혜러라. 요한복음 1:14-16

주 하나님, 언제나 주님의 품으로 우리를 인도하시는 주님, 그분 앞에 우리가 온 맘 다해 나아가게 하소서. 우리의 기도를 들으시고 주의 얼굴을 온 세상에 환히 비추소서. 주님의 영광을 위해 이 땅에 구원을 베푸시고 지체 없이 새 시대를 열어주소서. 우리가 주님에 대해 알고 있는 모든 것이 진리임을 세상에 보이소서. 그 진리 안에 머물며 하늘나라에 이르는 길을 발견하게 하소서. 주 우리 하나님, 우리에게 귀 기울여주소서. 가끔은 주님이 우리와 멀리 떨어져 있는 것처럼 느껴집니다. 그러나 주님은 언제나 우리를 들으시는 줄 믿습니다. 성령께서 깨우신 사람들이 주 예수를 위해 헌신하는 일꾼이 될 것을 믿습니다. 오 하나님, 성령님을 속히 보내소서. 빛과 진리로 우리를 인도하시고 늘 위로하시는 성령님을 보내주소서. 우리 전부를 주의 손에 맡기며 매일의 삶을 주께 드립니다. 우리가 주님께 신실하게 하소서. 우리 인생의 모든 순간이 주님께 속하였음을 잊지 않게 하소서. 세상이 아무리 어둡더라도 우리는 영원한 주의 자녀임을 기억하게 하소서. 아멘.

Lord God, help us come with all our hearts to the Savior, who leads us into your arms. Hear our pleading and let your countenance shine over the world. Send a new age soon, a new salvation to the earth. Show us that what we have learned about you is the truth, that we may live in the truth and find the way through to heaven. Hear us, O God. Often it seems that you are far away. But we know that our voices still reach you and that those roused by your Holy Spirit will become workers for the Lord Jesus. Send your Spirit soon, O Lord God. Send the Comforter, who leads us into all light and all truth. We entrust ourselves and our daily lives to you. We want to be faithful. Help us to remember at every step that we belong to you, Lord God. No matter how dark it is on earth, help us remember that we are your children. Amen.

06월 16일

내 아버지 집에 거할 곳이 많도다. 그렇지 않으면 너희에게 일렀으리라.
내가 너희를 위하여 거처를 예비하러 가노니
가서 너희를 위하여 거처를 예비하면 내가 다시 와서
너희를 내게로 영접하여 나 있는 곳에 너희도 있게 하리라. 요한복음 14:2-3

주 하나님, 우리를 붙드시고, 우리에게 구원자를 보내주시니 감사합니다. 이 은혜를 잊지 않도록 우리에게 성령을 보내주소서. 우리가 이 땅에 사는 동안에도 주의 천사들과 함께 하늘나라에 살게 될 날을 바라보게 하소서. 주님 없이 우리는 아무것도 아닙니다. 인간의 악한 본성을 극복하게 하시는 성령님, 지금부터 영원까지 우리가 주와 함께 하늘나라를 산다는 것을 잊지 않게 하소서. 아멘.

Lord God, we thank you that you have upheld us and brought us to the Savior. Help us to remember this truth through your Holy Spirit, and constantly remind us while still on earth to live in heaven with all your angels. We are helpless without you. Your Spirit alone can overcome our sinful nature so that we never forget to be in heaven with the Savior now and in eternity. Amen.

06월 17일

이르시되 때가 찼고 하나님의 나라가 가까이 왔으니
회개하고 복음을 믿으라 하시더라. **마가복음 1:15**

주 우리 하나님, 우리가 전능하신 주 앞에 나아가 경배합니다. 우리를 구원하시는 아버지의 뜻을 믿고, 주를 의지하며 회개하는 마음으로 주님 앞에 나아갑니다. 온 세상을 구원하시기 원하시는 주님은 하나님을 인정하지 않는 사람들까지도 그 가슴에 품으십니다. 모두가 마음을 바꾸고 새롭게 되길 원하십니다. 우리가 주의 생각을 깨달아 그분의 뜻을 이해하게 하소서. 거룩하시고 공평하시며 의로우시고 자비로우신 하나님께 우리 삶을 드립니다. 우리를 주님의 자녀로 삼으시고 날마다 인도하소서. 우리 생각이 주께로만 향하여 더욱더 주님이 원하시는 사람이 되게 하소서. 소리 없이 일하시는 주께서 전능하신 그 손을 들어 온 세상을 구하실 그때까지, 우리가 주님만 바라보게 하소서. 아멘.

Lord our God, we come into your presence and bow down before you, the Almighty. We come before you and repent, believing in you and in your will to save us. Your will to save goes out over the whole world, over the whole godless world, that all may repent and be redeemed. Grant us the thoughts of your heart so that we may begin to understand your will. We dedicate ourselves to you, the holy, just, righteous, and merciful God. Grant that we may be your children, led and guided by you every day. Turn our hearts to you so that you can make us more and more as you want us to be. Turn our hearts to you until your goal of atonement and redemption is reached through the quiet working of your almighty power. Amen.

06월 18일

그러므로 너는 내가 우리 주를 증언함과 또는 주를 위하여 갇힌 자 된 나를 부끄러워하지 말고 오직 하나님의 능력을 따라 복음과 함께 고난을 받으라. 하나님이 우리를 구원하사 거룩하신 소명으로 부르심은 우리의 행위대로 하심이 아니요 오직 자기의 뜻과 영원 전부터 그리스도 예수 안에서 우리에게 주신 은혜대로 하심이라. 디모데후서 1:8-9

주 우리 하나님, 주님은 어둠을 밝히시는 영광의 주님이십니다. 모든 세대 가운데 그 전능하심을 드러내신 하나님, 우리가 사는 이 시대에도 그 능력을 보이소서. 예수 그리스도께서 우리에게 주신 보석 같은 은혜가 더욱 빛나게 하소서. 세상 모든 사람들이 보고 주님의 이름을 높일 것입니다. 우리에게 복을 주소서. 그 복이 흘러넘쳐 다른 사람들에게도 전해지게 하소서. 우리가 수년간 들어왔던 복음이 우리 삶에 능력으로 나타나게 하소서. 주가 하신 모든 말씀이 우리 안에, 온 세상 가운데 살아 움직이게 하소서. 주님의 복을 누리며 살 수 있도록, 우리의 모든 행동이 주님의 의와 진리에 어긋나지 않게 하소서. 아멘.

Lord our God, radiant, light giving, and almighty God through all the ages, be with us in our time too. Strengthen the grace we have received from Jesus Christ, and let it be known over all the world so that your name may be honored everywhere. Bless us, we pray, and let your blessing spread from us to others, to the glory of your name. Grant that the good may be strengthened in us, the good you have let us hear about for so many years. May everything that belongs to your Word come alive in us and in the world. May your blessing be on our actions, for we want to remain under your blessing, to the glory of your righteousness and truth. Amen.

> 산들이 떠나며 언덕들은 옮겨질지라도
> 나의 자비는 네게서 떠나지 아니하며
> 나의 화평의 언약은 흔들리지 아니하리라.
> 너를 긍휼히 여기시는 여호와께서 말씀하셨느니라.
> 이사야 54:10

주님, 위대하고 전능하신 하나님, 우리에게 구세주를 보내주시니 감사합니다. 우리가 그분 안에서 하나가 되어 평화를 이룹니다. 세상 사람들이 그분의 능력을 더욱 분명히 보게 하소서. 사람들의 마음속에 주님의 성령이 찾아오셔서 그들이 하나님을 인정하고, 주께서 그들의 삶을 인도하신다는 것을 고백하게 하소서. 그들이 인생의 참 기쁨을 찾고 영원한 삶을 발견할 것입니다. 말씀으로 우리에게 복을 주시고 은혜를 베푸소서. 우리의 믿음과 인내가 견고해지고 늘 새로워지게 하소서. 예수 그리스도의 이름을 듣고 주님의 백성이 되어야 할 사람들을 기억하소서. 그들 모두가 예수 그리스도를 주라 고백하며 하나님 아버지께 영광 돌리게 하소서. 영광스런 새날에 모든 사람들에게 구원을 베푸시겠다고 약속하신 주님, 감사합니다. 사람을 지으시고 그로 하여금 참 소명과 구원의 길을 발견하게 하신 주의 이름을 찬양합니다. 아멘.

Lord, O great and almighty God, we thank you that you have given us the Savior, in whom we can become united and have peace on earth. May he, the Savior, work powerfully among men. May your Spirit come into men's hearts so that they learn to acknowledge you as their leader and their God and to rejoice in their lives, which are intended for eternal life. Bless us through your Word and through all the good you do for us. Constantly renew and strengthen us in faith and in patience through the grace you send us. Remember all the peoples who should become yours in the name of Jesus Christ. May they all confess that Jesus Christ is the Lord, to the honor of God the Father. We praise you for the promise you have given us of a wonderful new day of help for all men. We praise you that you have created all men to recognize their true calling and their way to salvation. Amen.

06월 20일

우리는 낮에 속하였으니 정신을 차리고
믿음과 사랑의 호심경을 붙이고 구원의 소망의 투구를 쓰자.
하나님이 우리를 세우심은 노하심에 이르게 하심이 아니요
오직 우리 주 예수 그리스도로 말미암아
구원을 받게 하심이라. 데살로니가전서 5:8-9

위대하신 주 하나님, 예수 그리스도의 날이 속히 오게 하소서. 그분 안에서 우리가 하나 될 것입니다. 그날이 오면, 우리가 같은 인간이고, 한 형제자매라는 것을 깨닫게 될 것입니다. 마침내 이 땅에 평화가 올 것입니다. 오 주 하나님, 주님의 영을 새롭게 부어주소서. 사람들의 마음에 자유와 깨달음을 주셔서 그들이 주께서 주신 말씀을 인정하게 하시고, 고통스럽고 힘든 때에도 주님의 약속을 기억하게 하소서. 이 시대의 모든 사람과 함께하소서. 오 주 하나님, 이 세대를 도우소서. 우리가 주님을 기다립니다. 주님의 평화, 이전에 없었던 평화를 기다립니다. 이기적인 욕심과 편안한 삶이 전부였던 예전의 평화가 아닌, 주께서 주시는 새 평화를 갈망합니다. 우리가 그 평화 속에서 하늘나라의 삶을 경험할 것입니다. 살아 계셔서 우리를 이끄시는 예수 그리스도를 만나게 될 것입니다. 아멘.

Lord God Almighty, bring in the day, the day of Jesus Christ, through whom we shall be united. Then we shall recognize each other as fellow men, as brothers and sisters, and we shall have peace on earth. Give your Spirit anew, O Lord our God. Free and enlighten men's hearts so that they acknowledge the Word you have given them and hold fast to all your promises, even in dark and troubled times. Be with us. Be with our people. Help us in our times, O Lord God. We wait for you. We await your peace, a new peace – not the old peace, not a return to comfort and selfish desires, but your peace – which shall bring us into the life of heaven, where we find Jesus Christ, the Living One, our Shepherd and Leader. Amen.

아버지여 내게 주신 자도 나 있는 곳에 나와 함께 있어
아버지께서 창세 전부터 나를 사랑하시므로 내게 주신 나의 영광을
그들로 보게 하시기를 원하옵나이다. 요한복음 17:24

주 우리 하나님, 주님의 아들 예수 그리스도 안에서 주의 영광을 드러내시니 감사합니다. 세상을 이기신 예수 그리스도는 오늘도 우리에게 영광스런 은혜를 보여주십니다. 그리고 모든 믿는 자들을 강한 손으로 돌보십니다. 하나님의 영광을 더욱 드러내소서. 사람들의 마음에 살아 있는 믿음을 주소서. 세상의 모든 고통과 어려움을 극복하는 믿음, 언제나 고요한 마음으로 주님을 바라보게 하는 믿음, 늘 주 안에서 소망을 잃지 않는 믿음을 주소서. 우리가 믿음을 가질 때 주님은 지체 없이 우리를 도우십니다. 우리가 느끼지 못할 때에도 주께서는 "보아라, 내가 곧 너를 도울 것이다" 말씀하시며 우리에게 다가오십니다. 우리가 세상 끝날까지 주님을 믿고 의지하며 소망하게 하소서. 아멘.

Lord our God, we thank you that you have revealed your glory in your Son Jesus Christ. We thank you that today we can still see and feel the glorious grace which streams out from Jesus Christ in his victory over the world, the powerful help which benefits all men who find faith. Grant that a further glory may be revealed, faith dwelling in the hearts of men, faith that can conquer all the need and suffering on earth, faith that is the power to look to you, to become inwardly quiet in you, and to hope in you at all times. Then your help will come quickly, more quickly than we can imagine. It will come on us unawares, for the Savior has said, "See, I shall come quickly." We want to hope and believe and trust till the end. Amen.

06월 22일

예수께서 또 이르시되 너희에게 평강이 있을지어다.
아버지께서 나를 보내신 것같이 나도 너희를 보내노라. 요한복음 20:21

주 우리 하나님, 부활하셔서 지금도 우리 곁에 살아 계신 예수 그리스도의 이름으로 기도합니다. 우리가 눈을 들어 주를 바라봅니다. 주님의 말씀으로 우리에게 복을 주시고 우리 마음이 잠잠히 주를 생각하게 하소서. 쉼이 없고 고통으로 가득 찬 이 시대로부터 우리를 구원하소서. 우리는 이 세상이 아닌 주님께 속한 자들입니다. 우리가 주님 안에 거하며 평화를 찾기 원합니다. 부모가 자녀를 돌보듯 주께서 우리를 돌보시며 영원히 잊지 않으실 것을 믿습니다. 날마다 새롭게 주의 풍성한 은혜를 부어주소서. 주님은 우리의 아버지가 되십니다. 아멘.

Lord our God, in the name of Jesus Christ, who is close at our side as the risen and living One, we lift our eyes to you in prayer. Bless us. Bless us through your Word, and let our hearts become quiet in you. Free us from all restlessness and from the turmoil of the present age, for we belong to you, not to the world. We want to find peace in you and remain in you. You will care for us as your children, whom you will never forget in all eternity. Bless us and renew the riches of your grace in us every day, for you, O Lord our God, remain our Father. Amen.

06월 23일

이 모든 것 위에 사랑을 더하라. 이는 온전하게 매는 띠니라.
그리스도의 평강이 너희 마음을 주장하게 하라.
너희는 평강을 위하여 한 몸으로 부르심을 받았나니
너희는 또한 감사하는 자가 되라. 골로새서 3:14-15

주 우리 하나님, 우리 마음에 평화를 주소서. 우리 죄를 용서하시고 우리를 주님의 자녀로 삼아주소서. 우리가 참된 평화를 누리며 주님을 섬기겠습니다. 죄악이 넘치는 이 세상을 내버려두지 마소서. 삶의 고통으로 신음하는 사람들, 몹시 불행한 이들을 위해 새 날을 열어주소서. 주님의 자비는 크시고 우리를 측은히 여기시는 그 마음은 끝이 없습니다. 예수 그리스도의 영광을 위해, 주님은 약속대로 세상을 구원하실 것입니다. 우리를 위해 피 흘리신 예수 그리스도께서 구주로 다시 오실 그날이 가깝다는 것을 믿습니다. 그분은 지금도 어둠 속에서 비참하게 살고 있는 사람들을 찾아가십니다. 그들의 마음이 주님의 평화와 능력을 경험할 때, 모든 것이 하나님 아버지의 영광이 되고 심지어 죽음까지도 생명으로 바뀔 것입니다. 주님을 인정하고 그 나라의 백성이 될 사람들이 하늘에서 내려오는 참 생명을 누리게 하소서. 주의 나라가 이 땅에 온전히 이루어지고 온 세상이 예수 그리스도께서 주님이신 것을 깨닫게 될 그날까지, 오직 하나님 아버지의 뜻만 이루어지길 기도합니다. 오 하나님 아버지, 영광 받으소서. 아멘.

Lord our God, grant your peace in our hearts. Grant that we may be your children, allowed to serve you in true peace through the forgiveness of sins. Turn your eyes to the world and its sin, that something new may come for all who are deeply unhappy, groaning under the anguish of their lives. Your mercy is great, your compassion is beyond measure. For Jesus Christ's sake you will bring into the world the salvation you promised. You will bring the great day of Jesus Christ the Savior, who has shed his blood for us. May he come to those in need and misery, bringing his peace and power into their hearts so that even death turns into life and everything serves your praise and glory. May life from heaven grow in those who understand you and who are to be your people. May your will be done, Lord God, until your kingdom comes in its fullness and all the world may see that Jesus Christ is the Lord, to your glory, O God our Father. Amen.

06월 24일

하늘에 계시는 주여 내가 눈을 들어 주께 향하나이다.
상전의 손을 바라보는 종들의 눈같이, 여주인의 손을 바라보는 여종의 눈같이
우리의 눈이 여호와 우리 하나님을 바라보며
우리에게 은혜 베풀어주시기를 기다리나이다. 시편 123:1-2

주 우리 하나님, 우리의 곤경을 외면치 않으시고 언제나 도우시는 주님 앞에 마음 모아 나아갑니다. 오 전능하신 하나님, 우리에게 베푸시는 은혜가 어찌 그리 풍성한지요. 우리에게 용기를 주셔서 많은 일들을 인내하게 하시고, 험난한 순간에도 주님의 빛을 보게 하시니 감사합니다. 이 세상 마지막 날, 주께서 이 세대를 빛으로 부르실 것을 믿습니다. 큰 사랑을 보이셔서 우리가 주의 말씀을 새겨듣게 하소서. 그 말씀이 우리 마음속에 자라나 어느 곳에 가서 무엇을 하든지 우리가 주님을 섬기게 하소서. 아멘.

Lord our God, we lift our hearts to you, our help in every need. You do so much for us even in difficult times, letting us always see your light and giving us your help in the many things you want us to bear in your strength, O Almighty God. In the end you will help our age come to your light. Through your great mercy let us receive your Word. Bless it within our hearts, and help us to serve you everywhere we go and in everything we are allowed to do. Amen.

06월 25일

> 소망의 하나님이 모든 기쁨과 평강을
> 믿음 안에서 너희에게 충만하게 하사
> 성령의 능력으로 소망이 넘치게 하시기를 원하노라.
> 로마서 15:13

주 우리 하나님, 우리에게 용기를 주소서. 우리가 당면한 일이 무엇이든 주님 의지하며 기쁨으로 감당하게 하소서. 아무리 악한 일이 닥쳐도 주께서 끝내 평화를 이루실 것을 믿습니다. 주님의 평화를 기다립니다. 모든 것이 주의 뜻대로 될 것입니다. 이 땅에서 주님의 백성을 위해 준비하신 선한 계획을 모두 이루소서. 주의 백성은 믿음으로 세상을 이깁니다. 수많은 사람이 하나님 백성의 믿음을 보고 눈을 들어 주를 바라볼 것입니다. 진리와 정의의 하나님, 평화와 구원을 베푸시는 주를 그들도 경험케 될 것입니다. 늘 함께 하시고 우리를 살피소서. 도움이 필요한 곳을 찾아가는 발걸음마다 복을 주소서. 우리가 영원토록 주님을 송축하겠습니다! 아멘.

Lord our God, grant us courageous hearts, we pray. Grant that we may always find our strength and support in you and may bear with joy whatever the present days bring us. No matter how much evil occurs, we know that your peace is already prepared. We await your peace, and we are allowed to believe that everything will turn out according to your will and according to the good you have prepared for your people on earth. For in faith your people overcome the world, and at last through their faith others too may receive something from you and may lift their eyes to you, the God of truth, of justice, of salvation, and of peace. Be with us every day, Lord God. Help us. Bless us, and bless all who try to bring help where it is needed. Let us praise your name forevermore! Amen.

06월 26일

우리가 보고 들은 바를 너희에게도 전함은 너희로 우리와 사귐이 있게 하려 함이니 우리의 사귐은 아버지와 그의 아들 예수 그리스도와 더불어 누림이라. 요한일서 1:3

오 주 우리 하나님, 우리가 날마다 주님과 사귐을 갖게 하소서. 모든 일에서 주의 뜻을 따르고 그 계명에 순종하도록 우리 마음을 빚어주소서. 우리의 기도를 들으소서. 모든 나라와 민족들을 위해 구하는 우리의 기도에 응답하시고, 주님의 거룩한 뜻을 이루어 주소서. 고통받는 자들을 기억하시고 그들을 바른 길로 인도하소서. 주께서 우리를 어디로 인도하시든지 우리가 기쁨으로 따르게 하소서. 주가 우리의 도움이심을 세상 모든 사람들이 알고 주님께 영광 돌릴 날이 올 것입니다. 온 세상이 주의 사랑과 권능, 영광으로 가득 찰 것입니다. 아멘.

O Lord our God, grant that we may have fellowship with you every day. May our hearts be ready to fulfil your commandments and to do what you want in all things. Hear our prayer. Hear and answer when we pray for the nations, for the whole world, and let your holy will be done. Remember all who are in distress, and lead them on the right way. May we go with joyful hearts wherever you lead us. Your name will be our help, your glory will come, and the world will be full of your love, your power, and your splendor. Amen.

06월 27일

오직 너희를 부르신 거룩한 이처럼 너희도 모든 행실에 거룩한 자가 되라. 기록되었으되 내가 거룩하니 너희도 거룩할지어다 하셨느니라. 베드로전서 1:15-16

주 하나님, 주께서 거룩하시니 우리도 거룩하게 하소서. 더 이상 세속적인 일들로 고민하지 않도록 우리의 영혼을 자유롭게 하소서. 성령을 우리에게 보내셔서 우리의 행실이 올바르게 하소서. 우리는 언제나 주를 의지하기 원합니다. 세계 곳곳에 있는 주님의 자녀들을 지켜주셔서, 온 세상이 그릇된 길을 갈 때에도 그들은 바른 길을 가게 하소서. 우리의 모든 행동이 주님을 기쁘시게 하고 주와 같이 거룩하게 하소서. 우리에게 주님의 인자하심을 보이시고 모든 민족에게 은혜를 베푸소서. 전능하신 주의 손으로 만물을 새롭게 하실 그날이 하루빨리 오게 하소서. 주님의 이름이 거룩히 여김을 받으시오며, 아버지의 나라가 오게 하시고, 그 뜻을 하늘에서 이루심같이 땅에서도 이루어주소서. 아멘.

Lord God, help us to be holy as you are holy, and free us from all the earthly things that try to torment us. Grant us your Spirit so that we do what is right. May we always hold your hand confidently. Protect your children everywhere on earth, and help them do what is right even if the whole world does what is wrong. Help us, so that all we do becomes holy and pleasing in your sight. Let your grace grow among us and among the nations, and let your hand be strong to bring in your day, your day when everything is made new. May your name be kept holy, your kingdom come, and your will be done on earth as in heaven. Amen.

06월 28일

> 피조물이 고대하는 바는 하나님의 아들들이 나타나는 것이니
> 피조물이 허무한 데 굴복하는 것은 자기 뜻이 아니요
> 오직 굴복하게 하시는 이로 말미암음이라.
> 그 바라는 것은 피조물도 썩어짐의 종노릇 한 데서 해방되어
> 하나님의 자녀들의 영광의 자유에 이르는 것이니라. 로마서 8:19-21

주 하나님, 주께서 창조하신 이 세상에 주님의 뜻을 나타내셔서 우리 삶이 열매를 맺게 하시니 감사합니다. 온 세상 사람들에게 주의 지혜와 권능을 드러내소서. 죽음과 파멸이 사라진 그 자리에 주님의 사랑과 자비가 만발할 것입니다. 모든 권세는 오직 하나님으로부터 온다는 것을 이 세대가 깨닫게 하시고, 주님이 약속하신 선한 일들이 어김없이 이루어질 것을 알게 하소서. 하나님의 공의와 거룩하심이 이 땅에 임하는 그날, 주의 크신 사랑으로 모든 괴로움이 사라질 것입니다. 오늘 이 시간까지 우리를 지켜주셨던 것처럼, 앞으로도 계속 보호하여주시고 어두운 이 밤에도 안전히 지켜주소서. 고통당하는 자들과 늘 함께하시고 그들을 향한 아버지의 뜻을 이루소서. 하늘에서처럼 땅에서도 그 뜻을 이루소서. 아멘.

Lord God, we thank you for all you reveal in your creation so that our lives may be fruitful. Reveal your wisdom and strength among people everywhere so that death and destruction do not have their way, but your will, your love, your mercy shall prevail. Let our age learn that power belongs to you and not to men, and that you will at last fulfill all your promises of good. Your day of justice and holiness will break in, and all misery will be removed through your great mercy. Watch over us as you have done till this hour, and keep us safe during the night. Be present and carry out your will wherever there is misfortune. May your will be done on earth as in heaven. Amen.

06월 29일

나는 주의 힘을 노래하며 아침에 주의 인자하심을 높이 부르오리니
주는 나의 요새이시며 나의 환난 날에 피난처심이니이다.
나의 힘이시여 내가 주께 찬송하오리니 하나님은 나의 요새이시며
나를 긍휼히 여기시는 하나님이심이니이다. 시편 59:16-17

주 하나님, 우리가 주를 찬양합니다. 우리의 찬양이 온 세상에 울려 퍼질 수 있다면 얼마나 좋을까요. 주께서 우리를 위해 행하신 위대한 일들을 고백하고, 예수 그리스도를 힘입어 주님 앞에 나아갈 수 있게 하신 그 은혜를 찬양하겠습니다. 아버지의 인자하심에 감사를 드리며 그분을 경배할 것입니다. 주님의 자녀들이 믿음을 지키고 그 삶이 말씀에 충실하게 하소서. 주께서 이제까지 행하신 모든 행적을 소리 높여 노래합니다. 우리가 여전히 알지 못하는 수많은 사람들의 마음속에서도 일하시니 감사합니다. 성령께서는 세상을 다스리시며, 사람들을 하늘 아버지께로 불러 모으십니다. 우리를 살피시고 영원히 복을 내리소서. 주님의 백성을 도우시고 이 밤도 지켜주소서. 아멘.

Lord God, we glorify your name. How we wish our voices could ring out over all the world, telling of the great things you have done for us, praising you that we can come to you in Jesus Christ, that we can worship, honor, and thank you for all your goodness! Safeguard all your children so that they hold to faith and remain true to the message of the gospel. May we thank and praise you for all you have done this day and for your working in the hearts of many people who are still unknown to us. Your Spirit rules and calls people, to bring them to you, the Father in heaven. Watch over us and continue to bless us. Help us who belong to your people, and protect us through the night. Amen.

06월 30일

*그때에 예수께서 대답하여 이르시되 천지의 주재이신 아버지여
이것을 지혜롭고 슬기 있는 자들에게는 숨기시고
어린아이들에게는 나타내심을 감사하나이다.* 마태복음 11:25

주 우리 하나님, 우리에게 말씀을 주시니 감사합니다. 주님의 말씀은 우리의 빛이요 힘입니다. 주께서 베푸시는 모든 은혜에 감사를 드립니다. 우리를 어린아이와 같이 순수한 자들로 여기시는 주님, 우리가 바라는 것은 세상적인 성공과 명예가 아닙니다. 작은 아이들처럼 연약하지만 주의 자녀가 되어 주님과 함께 거하길 원합니다. 모든 사람들의 아버지, 이 세상을 창조하신 주께서 그의 자녀들을 지키실 것입니다. 우리에게 복을 주소서. 우리가 바르고 선한 길을 가도록 도우시고, 주님의 자녀로서 날마다 주께서 명하신 것들을 따르며 살게 하소서. 주님의 이름이 거룩히 여김을 받으시며, 아버지의 나라가 오게 하시고, 그 뜻을 하늘에서 이루심 같이 땅에서도 이루어주소서. 우리에게 날마다 필요한 양식을 주소서. 우리가 우리에게 죄 지은 사람을 용서하여준 것같이 우리의 죄를 용서하여주시고, 우리를 시험에 들지 않게 하시고, 악에서 구하여주소서. 나라와 권세와 영광은 영원히 아버지의 것입니다. 아멘.

Lord our God, we thank you for your Word, which is light and strength to us. We thank you for all you give us. We thank you that we may be counted among the simple-hearted, among the children. We do not want to be anything great in the world. We want only to be with you as your children, helpless little children, watched over by you, the Creator and Father of all men. Grant us your blessing. Help us in all that is good and right, also in our daily work, so that we can be your children and do what you have commanded. May your name be honored at all times, your kingdom come, and your will be done on earth as in heaven. Give us today our daily bread. Forgive us the wrong we have done as we forgive those who have wronged us, and lead us not into temptation, but deliver us from evil. For yours is the kingdom, the power, and the glory for ever and ever. Amen.

7월
July

07월 01일

사람들이 동서남북으로부터 와서 하나님의 나라 잔치에 참여하리니
보라 나중 된 자로서 먼저 될 자도 있고
먼저 된 자로서 나중 될 자도 있느니라 하시더라.
누가복음 13:29-30

하늘에 계신 우리 아버지, 전능하신 하나님, 아침부터 저녁까지 동서남북의 모든 민족이 주님의 통치를 따르며 그 심판에 승복하게 하소서. 온 나라 가운데 주님의 이름이 높임을 받고, 주의 뜻이 이루어질 것입니다. 모든 나라가 주께 속하였습니다. 그 나라가 이 땅에 임할 때, 사람들이 평화를 배우고 주님께 순종하는 하나님의 자녀가 될 것입니다. 주님의 아들 그리스도께서 온 세상에 사랑과 긍휼을 베풀며, 실수가 없으신 하나님의 계획을 이행하실 것입니다. 온갖 좋은 것을 우리에게 베푸시는 주님, 감사합니다. 이 밤 주님의 천사를 보내셔서 우리를 지켜주소서. 우리가 하는 모든 일의 시작과 끝을 살펴주소서. 주의 강한 손으로 우리를 붙드소서. 우리가 그 은혜를 기뻐하겠습니다. 아멘.

Dear Father in heaven, Almighty God, grant that the nations come under your rule, under your judgment from morning to evening, from east to west, from north to south. For your will must be done, and your name must be honored among all nations. Yours alone is the kingdom; all kingdoms belong to you. Your heavenly kingdom must come so that at last men learn to be at peace and become your children, who submit to you. For your Christ shall carry out your loving, merciful, and perfect will throughout the world. We thank you for all the good you want to provide for us. May your angels watch over us this night. Be with us in all we do or leave undone. Help us with your strong hands, that we may rejoice at heart in all the good you give us. Amen.

07월
02일

내가 지혜로운 길을 네게 가르쳤으며
정직한 길로 너를 인도하였은즉
다닐 때에 네 걸음이 곤고하지 아니하겠고
달려갈 때에 실족하지 아니하리라. 잠언 4:11-12

하늘에 계신 우리 아버지, 주는 우리의 하나님이십니다. 주님은 우리 인간들을 다스리시고 인도하십니다. 숱한 어려움이 마음을 요동치게 해도 우리는 여전히 주님을 신뢰합니다. 언제나 주의 부르심에 응답하도록 그 거룩한 손으로 우리를 이끌어주소서. 우리 삶에 빛을 비추셔서 어떻게 주님을 섬겨야 할지 가르쳐주소서. 사람들이 마음으로 주를 영접하고 예수 그리스도의 능력을 목도하는 곳마다, 주님 권능의 손을 들어 역사하소서. 그들이 주께 영광 돌리며 아버지께서 일하신다는 것을 인정할 것입니다. 가장 비천하고 낮은 자들과 함께하소서. 주께서 온 세상 사람들 앞에 다시 나타나실 그날까지, 그들을 지켜주소서. 용기와 확신을 가지고 인내하며 주의 일을 포기하지 않도록 그들을 붙들어주소서. 아멘.

Dear Father in heaven, you are our God. You rule and guide us men, and our trust remains in you even when many needs pull at our hearts and try to draw us into their whirlpool. Protect us, we pray. May your divine hand govern us so that we remain aware of the calling we receive from you and always have a light shining into our lives to show us how to serve you. Let your power work wherever hearts respond to you on this earth, wherever the strength of Jesus Christ is revealed, so that men acknowledge his deeds to your honor. Be with the lowliest and least noticed of your children. Keep them in your hands and enable them to be fellow workers who persevere courageously and confidently until the time when you reveal yourself to all peoples on earth. Amen.

07월 03일

> 너희 안에서 착한 일을 시작하신 이가
> 그리스도 예수의 날까지 이루실 줄을
> 우리는 확신하노라. **빌립보서 1:6**

하늘에 계신 우리 아버지, 주께서 일하심을 우리가 감사드립니다. 삶의 방식과 모습이 다른 다양한 사람들 속에서, 하나님의 선하심을 인정하는 수많은 사람들의 마음속에서 주님은 일하십니다. 위대한 일을 행하신 주 예수께 감사드립니다. 그분은 온유함과 인내로 이 세상을 정복하실 것입니다. 하늘 문을 활짝 열어 세상 모든 사람들, 가장 가난하고 불행한 사람들까지도 하늘에 계신 아버지 앞에 갈 수 있게 하실 것입니다. 주께서 우리에게 주신 빛을 마음에 품어 우리가 언제나 견고하고 진실하게 하소서. 우리를 시험에 들지 않게 하시고, 악에서 구하여주십시오. 나라와 권세와 영광은 영원히 아버지의 것입니다. 아멘.

Dear Father in heaven, we thank you for the work you are doing. We thank you for working through people of all kinds and of all vocations and through the many hearts that know your goodness. We thank you for the great work led by the Lord Jesus, who will overcome the world with patience and with gentleness. He will overcome the world, opening the door wide for all, including the poorest of the poor, to come to you, their Father in heaven. Grant that with the light we have been given we may remain firm and true. Do not let us come into temptation, but deliver us from evil. For the kingdom, the power, and the glory are yours forever. Amen.

그런즉 이 일에 대하여 우리가 무슨 말 하리요.
만일 하나님이 우리를 위하시면 누가 우리를 대적하리요.
자기 아들을 아끼지 아니하시고 우리 모든 사람을 위하여 내주신 이가
어찌 그 아들과 함께 모든 것을 우리에게 주시지 아니하겠느냐. 로마서 8:31-32

하늘에서도 이 땅에서도 우리의 아버지가 되신 주님, 자녀 된 우리에게 복을 주소서. 우리의 바람은 오직 주님의 자녀로 사는 것. 우리가 전능하신 주께 속한 것을 알고 기뻐하고 즐거워합니다. 주님은 우리 구주 예수 그리스도를 보내셔서 세상의 구원을 시작하시고 마무리하셨습니다. 우리 마음에 심긴 주의 말씀이 자라게 하소서. 고통과 절망 가운데 용기를 주셔서 아무리 힘겨운 상황에서도 굴하지 않고 주를 섬기게 하소서. 주의 이름이 우리 가운데 높임을 받으시고 하나님의 나라가 오게 하소서. 이 땅이 사라지지 않는 한, 하늘에서와 같이 지상에서도 모든 일이 주님의 뜻대로 이루어질 것을 믿습니다. 아멘.

Lord our God, our Father in heaven and on earth, we ask you to bless us, your children, for we want to be your children and nothing else. We want to have our joy and delight in knowing that we belong to you, the almighty God, who began and who will complete redemption on earth through Jesus Christ, our Savior. Bless your Word in us. Give us courage in suffering and distress, for we are allowed to serve you in all circumstances, even when we find it bitterly hard. Your name shall be honored in us, your kingdom shall come. As surely as the earth endures, everything shall happen in accordance with your will, on earth as in heaven. Amen.

07월 05일

> 피조물이 다 이제까지 함께 탄식하며 함께 고통을 겪고 있는 것을 우리가 아느니라.
> 그뿐 아니라 또한 우리 곧 성령의 처음 익은 열매를 받은 우리까지도
> 속으로 탄식하여 양자 될 것 곧 우리 몸의 속량을 기다리느니라.
> 우리가 소망으로 구원을 얻었으매. 로마서 8:22-24상

주 우리 하나님, 우리에게 위대한 소명을 주시니 감사합니다. 세상의 온갖 악으로 한숨짓는 우리 마음에 믿음과 소망을 주셨습니다. 아버지께서 우리를 선한 길로 인도하시며 악에서 구하실 것을 믿습니다. 주님은 그의 자녀들을 구원하셔서, 모든 인류가 새 영과 새 삶, 새 능력을 받고 지금부터 영원까지 주님을 섬기게 하십니다. 어떤 상황에서도 우리는 소망을 잃지 않고, 그 무엇에도 낙심하지 않겠습니다. 모든 것을 주님의 선한 계획대로 이루실 주님, 우리가 그 이름을 높입니다. 세상 모든 이들을 긍휼히 여기소서. 주님은 그들을 불쌍히 여기셔서 구주 예수 그리스도를 이 땅에 보내셨습니다. 아멘.

Lord our God, we thank you for the great calling you have given us. We thank you that in all the evils of today's world you give us the hope and faith that you are leading us to a goal that is good, and you make us free. You make your children free so that throughout mankind a new spirit may come, a new life and a new power to serve you in time and eternity. Praise to your name that we can always have hope; nothing can discourage us, but everything must work together for good in accordance with your great purpose. Grant that your compassion may come to all the world, to all peoples, whom you have looked upon with mercy in sending Jesus Christ as Savior. Amen.

07월 06일

> 무릇 하나님의 영으로 인도함을 받는 사람은 곧 하나님의 아들이라.
> 너희는 다시 무서워하는 종의 영을 받지 아니하고 양자의 영을 받았으므로.
> 로마서 8:14-15상

하늘에 계신 우리 아버지, 우리가 마음을 열어 기적을 보게 하소서. 주님을 아버지라 부르며, 주님과 하나 됨이 기적이라는 것을 알게 하소서. 주님은 모든 생명의 시작이요 능력의 근원입니다. 구원은 하나님께 있습니다. 구원을 받아야 우리는 비로소 의로운 삶을 살 수 있습니다. 우리 마음을 억누르는 세상일들로부터 우리를 건져주소서. 주님의 손으로 우리를 이끄셔서 우리가 그 무엇에도 속박되지 않는 자유의 백성이 되게 하소서. 예수 그리스도 안에서 우리에게 주시는 능력으로 온갖 어려움을 극복할 것을 믿고 우리가 기뻐하게 하소서. 모든 악과 두려움으로부터 우리를 지키소서. 세상 모든 사람들을 위한 주님의 선하시고 아름다운 계획을 더욱 분명하게 보여주소서. 그들이 고단한 나날 속에서도 주님의 나라를 바라보며 행복을 잃지 않을 것입니다. 아멘.

Dear Father in heaven, open our hearts to the wonder of being able to call you Father, the wonder of being united with you. You are the source of all life and strength. In you is redemption, and we need to be redeemed before we can live rightly. Take from us the pressures forced on us by the flood of events. Make us completely free as people led by your hand, people who may be joyful because everything will be overcome through the power you grant us in Jesus Christ. Protect us from fear and from all evil. Show more and more clearly your good and wonderful goal for men on earth, so that in expectation they may find happiness even in all the stress of today. Amen.

07월 07일

> 또 약속하신 이는 미쁘시니
> 우리가 믿는 도리의 소망을 움직이지 말며 굳게 잡고.
> 히브리서 10:23

주 우리 하나님, 우리에게 베푸신 모든 은혜에 감사드립니다. 지금도 우리를 위해 일하시는 주님, 우리가 어려울 때 도움이 되시고, 우리를 죽음에서 건지시니 참 감사합니다. 의심 없이 주님을 바랄 때, 주께서 우리의 기도를 들으신다는 것을 알게 해주시니 감사합니다. 아버지께서 늘 곁에 계시니 우리는 죄도 죽음도 두렵지 않습니다. 우리는 흠이 많지만, 주님은 언제나 인자하십니다. 우리의 마음에 빛이 꺼지지 않게 하소서. 우리가 그 빛으로 하늘나라와 세상을 밝히 보며, 주께서 우리를 위해 마련하신 큰 선물을 보게 될 것입니다. 기쁨이 우리 마음에 항상 머무르게 하소서. 주께 영광과 찬양을 드리며 생명의 길을 따르는 공동체가 되도록 우리를 일으켜 세우소서. 아멘.

Lord our God, we thank you for all you have done for us, for all you are doing for us, for deliverance from need and death. We thank you for all the signs you give us that you hear our prayer when, without wavering or weakening, we set our hopes on you. We thank you that we can be without fear of sin and death, for you stand by us in everything. In spite of our imperfections you show us your goodness again and again. May the light in our hearts never be extinguished, the light that enables us to look into heaven and earth and see the good that is on its way to us today. May joy remain with us, and may we have the strength to be a community that follows the paths of life which bring praise and honor to you. Amen.

> 의인이 부르짖으매 여호와께서 들으시고 그들의 모든 환난에서 건지셨도다.
> 여호와는 마음이 상한 자를 가까이하시고 충심으로 통회하는 자를 구원하시는도다.
> 시편 34:17-18

주 하나님, 하늘에서도 땅에서도 우리의 아버지가 되신 분, 주님의 백성에게 "너는 나의 것이다" 말씀하시니 감사합니다. 우리를 주님의 백성으로 삼으소서. 우리가 주께 속해 있다는 것을 더욱 굳게 믿어, 하나님의 통치와 정의의 실체를 보게 하소서. 이 땅에 사는 동안 우리가 걷는 모든 길을 지켜주소서. 이 시대는 악하지만 우리 모두의 마음속엔 언제나 '우리는 주님의 것'이라는 확신이 있습니다. 이제까지 우리를 보호하시고 안전하게 지키신 주님, 우리의 고백은 한결같습니다. "구주 예수 그리스도 안에서 우리는 하나님의 백성입니다." 아멘.

Lord our God, our Father in heaven and on earth, we are thankful that you have a people to whom you say, "You are mine." Grant that we too may belong to this people. Strengthen us in the faith that we belong to you, so that we can come to know your rule and your justice. Protect us on all the paths we follow during our time on earth. The times are evil, but come what may, every single one of us has in his heart the certainty, "We are yours." You have long watched over us and kept us safe. Again and again we affirm, "We are yours, Lord our God, through Jesus Christ our Savior." Amen.

07월 09일

이러므로 내가 하늘과 땅에 있는 각 족속에게 이름을 주신 아버지 앞에
무릎을 꿇고 비노니 그의 영광의 풍성함을 따라
그의 성령으로 말미암아 너희 속사람을 능력으로 강건하게 하시오며
믿음으로 말미암아 그리스도께서 너희 마음에 계시게 하시옵고. 에베소서 3:14-17상

주 우리 하나님, 주님은 우리의 아버지가 되십니다. 모든 인간은 자신의 깊은 내면이 하나님께 속해 있음을 압니다. 주의 성령으로 우리를 붙드셔서 우리가 육체의 소욕을 따라 살지 않게 하시고 주께서 우리에게 주신 부르심, 영원한 소명을 따라 살게 하소서. 삶의 모든 경험이 우리 영혼에 유익하게 하소서. 우리가 그 경험들을 통해 주를 더욱 기뻐하고 신뢰하게 하소서. 주님은 성령으로 우리를 다스리시고, 그의 선하심을 온 세계에 알리셔서 더 많은 사람들이 선하고 바르고 온전한 것이 무엇인지 깨닫게 하십니다. 아멘.

Lord our God, you are our Father, and we human beings know that our innermost hearts belong to you. Hold us firmly through your Spirit, we pray, so that we do not live on the level of our lower natures but remain true to the calling you have given us, the high calling to what is eternal. May all our experiences work in us for good, bringing us the joyful certainty that you rule us with your Spirit, that you further the good everywhere in the world and make more and more people sensitive to what is good, right, and perfect. Amen.

오라 우리가 굽혀 경배하며 우리를 지으신 여호와 앞에 무릎을 꿇자.
그는 우리의 하나님이시요 우리는 그가 기르시는 백성이며
그의 손이 돌보시는 양이기 때문이라. 시편 95:6-7상

주 우리 하나님, 주께서 주시는 영원하고 선하고 의롭고 참된 모든 것들을 우리가 소중히 간직하게 하소서. 이와 같은 것들이 우리의 삶을 빚어내며, 어려움을 극복하고 죽음을 이겨내는 데 도움이 되게 하소서. 인생의 많은 질문에 답을 찾지 못할 때에도 고요히 주님을 기다리게 하소서. 결국은 주께서 주님의 명예를 위해, 우리를 생명의 길, 선한 길로 인도하실 것을 믿습니다. 주님의 손에 우리를 맡깁니다. 주께서 우리에게 주시는 소명을 발견하도록, 우리와 함께하소서. 살아 숨 쉬는 모든 순간, 주님의 거룩한 영이 우리 마음속에서 일하시며 우리를 인도하신다는 것을 잊지 않게 하소서. 아멘.

Lord our God, strengthen in us all that comes from you and is eternal, all that is good and right and genuine. Let this shape our outward life and help us triumph over need and death. Help us to wait quietly, even when we don't know the answers to our questions, because we are certain that the outcome will be good and life-giving, to the glory of your Spirit and your name. We entrust ourselves to your hands. Stay with us, that we may receive your calling for our lives. Stay with us, so that in all our work and activity we may be aware of your guiding Spirit at work in our hearts. Amen.

07월 11일

> 우리가 마음에 뿌림을 받아 악한 양심으로부터 벗어나고
> 몸은 맑은 물로 씻음을 받았으니
> 참 마음과 온전한 믿음으로 하나님께 나아가자. 히브리서 10:22

주 우리 하나님, 우리가 참으로 예수 그리스도와 하나 되게 하셔서 주님의 능력을 체험하게 하소서. 온전히 주님을 섬기는 새 삶을 살게 하소서. 그릇된 길에 들어서지 않도록 우리를 지켜주소서. 우리 가운데 성령으로 함께하셔서 우리에게 거짓이 없게 하소서. 이 세대가 지나기 전에 하나님께서 더 많은 일을 행하시길 기도합니다. 주께서 약속하신 새로운 세상이, 새 하늘과 새 땅이 어서 오도록 주님의 뜻을 펼치소서. 주님의 이름이 거룩히 여김을 받으시고, 아버지의 나라가 오게 하시며, 땅에서도 하늘에서도 모든 것이 주님의 뜻대로 이루어지길 기도합니다. 아멘.

Lord our God, grant us true unity with your Son Jesus Christ, so that his power can be revealed in us and we may find new life in which we can truly serve you. Protect us from all error. Be among us with your Spirit to make us people who are genuine. Let your will be carried out more and more in this age. Let your will again intervene so that a new creation may come, a new heaven and a new earth, as we have been promised. May your name be great among us, may your kingdom come and everything in heaven and on earth be done according to your will. Amen.

07월 12일

내가 그리스도와 함께 십자가에 못 박혔나니
그런즉 이제는 내가 사는 것이 아니요 오직 내 안에 그리스도께서 사시는 것이라.
이제 내가 육체 가운데 사는 것은 나를 사랑하사 나를 위하여 자기 자신을 버리신
하나님의 아들을 믿는 믿음 안에서 사는 것이라. 갈라디아서 2:20

전능하신 하나님, 우리를 돌보시는 그 손길을 거두지 마소서. 그리스도의 생애를 온전히 체험하도록 우리를 이끌어주소서. 하나님의 아들 예수 그리스도께서 진정 우리 안에 사시길 기도합니다. 하늘나라의 백성이 된 것을 한없이 기뻐하며, 날마다 우리가 그분을 믿는 믿음으로 살 것입니다. 살며 경험하는 모든 순간들로 인해 감사드립니다. 주님은 여전히 믿음이 부족한 우리를 긍휼히 여기셔서 우리 삶을 선한 것으로 가득 채우셨습니다. 우리의 마음을 어둠으로부터 지켜주소서. 가난한 우리의 인생에 주께서 더 많은 일을 이루셔서 그의 이름이 영광 받으시도록, 우리가 인내하며 헌신하게 하소서. 아멘.

Almighty God, keep watch over us and lead us fully into the life of Jesus Christ. Let your Son Jesus Christ become truly living within us so that we may be full of joy because we belong to the realm of heaven and may live every day with faith in him. We thank you for all you have let us experience. We thank you with all our hearts that in your great compassion you have showered so much good on us who are not yet perfect in faith. Keep our hearts in the light, we pray. Keep us patient and dedicated, for then more and more can be done among us poor children of men, to the glory of your name. Amen.

07월 13일

> 사랑하는 자들아 우리가 지금은 하나님의 자녀라.
> 장래에 어떻게 될지는 아직 나타나지 아니하였으나
> 그가 나타나시면 우리가 그와 같을 줄을 아는 것은
> 그의 참모습 그대로 볼 것이기 때문이니. 요한일서 3:2

전능하신 주 우리 하나님, 가난한 우리를 돌보소서. 주는 우리를 자녀로 삼으시고 우리에게 성령을 주셨습니다. 주님의 풍성하신 은혜로 우리가 인생의 시험을 이겨낼 힘을 얻습니다. 여전히 어둠이 지배하는 곳, 너무 어두워 길이 보이지 않는 그곳에 주님의 빛을 비추소서. 세상 모든 사람들을 위해 기도합니다. 우리의 기도를 들으시고 오직 하나님의 정의와 진리만 승리하게 하소서. 주께서 온 세상 사람들에게 약속하신 것들을 이루소서. 어떤 일이 일어나도 그들이 주님의 자녀라는 사실은 변치 않음을 그들에게 깨우쳐주소서. 아멘.

Lord our mighty God, look upon us in our poverty, for you call us your children and give us of your Spirit. From your fullness we constantly need to receive strength for the struggle meant for us in life. Grant that light may come wherever darkness still reigns, especially where it is so black that we do not know which way to turn. Hear our prayer for all people, and let your justice and your truth alone be victorious. Let all people receive what you have promised them, and let them realize that no matter what happens, they remain your children. Amen.

07월 14일

여호와께서 이르시되 그날에 내가 응답하리라. 나는 하늘에 응답하고
하늘은 땅에 응답하고 땅은 곡식과 포도주와 기름에 응답하고
또 이것들은 이스르엘에 응답하리라. 내가 나를 위하여 그를 이 땅에 심고
긍휼히 여김을 받지 못하였던 자를 긍휼히 여기며 내 백성 아니었던 자에게
향하여 이르기를 너는 내 백성이라 하리니 그들은 이르기를
주는 내 하나님이시라 하리라 하시니라. 호세아 2:21-23

주 우리 하나님, 우리의 마음과 생각을 깨우쳐주소서. 우리가 누구인지 깨닫고 거짓되고 정직하지 못한 것들을 모두 버릴 것입니다. 세상 사람들이 더 이상 '자비'와 '진리'를 무의미한 말로 만들지 않도록, 진리와 심판의 빛을 온 세상에 두루 비추소서. 주님의 진리와 자비를 받아들여 그 삶이 결실을 맺도록 사람들의 마음을 준비시켜주소서. 주님은 우리를 심판하시는 분, 이 땅에서 우리의 잘못을 바로잡으실 것입니다. 아무리 고통스런 경험 속에 있더라도 우리는 여전히 고백합니다. "우리가 어려울 때마다 자비로우신 하나님은 어김없이 그 날개를 펴서 우리를 보호하셨습니다!" 아멘.

Lord our God, kindle true light in our hearts and minds, that we may recognize what we are and become free of everything false and dishonest. Let this light of righteousness, this judgment, go through all nations, that men no longer use empty words when they talk of 'mercy' and 'truth'. Grant that your mercy and your truth find the right soil and bear fruit. May they find soil prepared by you, for you judge us and make right what is wrong in our earthly life. We thank you that however painful many of our experiences are, we may still say, "Through how much need has not our merciful God spread out his wings to protect us!" Amen.

07월 15일

> 내가 여호와로 말미암아 크게 기뻐하며
> 내 영혼이 나의 하나님으로 말미암아 즐거워하리니
> 이는 그가 구원의 옷을 내게 입히시며 공의의 겉옷을 내게 더하심이
> 신랑이 사모를 쓰며 신부가 자기 보석으로 단장함 같게 하셨음이라.
> 이사야 61:10

주 우리 하나님, 우리가 주님의 영을 힘입게 하소서. 그때에 우리는 더 이상 몸의 소원을 따라 살지 않고 성령의 소원을 따라 살게 되어, 담대히 삶의 전장으로 나아갈 수 있을 것입니다. 우리는 성령의 자녀가 되어 그분과 동행하기 원합니다. 우리가 어리석지 않게 하시고 늘 기뻐하며 담대하게 하소서. 우리의 갈 길을 지도하소서. 우리가 주께 영광 돌리며, 우리의 참 도움이신 하나님을 세상에 밝히 알리겠습니다. 아멘.

Lord our God, grant that we may find the power of your Spirit so that we may live on a higher level, no longer controlled by our lower natures but strengthened to take up the battle of life. May we be children of the Spirit and may we walk in the Spirit. Guard us against carelessness and keep us joyful and courageous. Help us and counsel us on all our ways so that we may honour you and testify that you are our God, our true help. Amen.

07월 16일

오직 나는 여호와를 우러러보며 나를 구원하시는 하나님을 바라보나니
나의 하나님이 나에게 귀를 기울이시리로다.
나의 대적이여 나로 말미암아 기뻐하지 말지어다.
나는 엎드러질지라도 일어날 것이요
어두운 데에 앉을지라도 여호와께서 나의 빛이 되실 것임이로다. 미가 7:7-8

하늘에 계신 아버지, 자녀 된 우리가 주님 앞에 나아갑니다. 우리의 눈을 들어 주를 바라봅니다. 가난하고 궁핍한 우리를, 때때로 비참하게 느끼며 고뇌하는 우리를 살펴주소서. 우리가 예수 그리스도의 이름으로 모일 때 복을 주시고, 주님을 따르는 길이 모질고 험할 때도 한결같이 주를 섬기는 백성이 되게 하소서. 살아 숨 쉬는 모든 순간 우리가 참 믿음을 지켜내게 하소서. 주님의 자녀와 함께하시는 하나님께서 위대한 구원의 날이 오기까지 영원히 우리 곁에 머무르심을, 우리가 기쁨으로 확신하게 하소서. 그날에 앞서간 세대와 지금의 세대가 함께 어우러져 즐거운 축제를 벌일 것입니다. 아멘.

Dear Father in heaven, as your children we stand before you and lift our eyes to you. We are poor, needy people, often wretched and tormented. Let your eyes rest upon us. Grant us the help we need. Bless us when we gather in the name of Jesus Christ, that we may be a people who learn to serve you on all the paths we follow, even if it proves bitterly hard. Give us true faith for every moment. May we have joy and confidence that you are with your children, that you remain with them forever, until the great time of redemption when we will rejoice with all past generations and with all who are living today. Amen.

07월 17일

주 여호와의 영이 내게 내리셨으니 이는 여호와께서 내게 기름을 부으사
가난한 자에게 아름다운 소식을 전하게 하심이라.
나를 보내사 마음이 상한 자를 고치며
포로된 자에게 자유를, 갇힌 자에게 놓임을 선포하며
여호와의 은혜의 해와 우리 하나님의 보복의 날을 선포하여
모든 슬픈 자를 위로하되. 이사야 61:1-2

주 우리 하나님, 인류의 빛 되신 예수 그리스도를 한없이 기뻐하고 의지하는 마음으로 우리가 기도합니다. 모든 어둠과 죄, 죽음과 속박을 능히 이기시는 주님의 강한 팔을 우리가 경험하게 하소서. 전능하신 주께서 가까이 계심을 알게 하소서. 우리는 주님이 속죄하시고 구원하시겠다고 약속하신 주님의 자녀이오니, 우리의 흐느낌을 들으소서. 우리 모두 그 약속을 굳게 붙잡고 주 앞에 나아가 고백합니다. "우리에게 보내주신 구원자 예수 그리스도 안에서 우리는 주님의 자녀입니다." 자녀 된 우리의 기도를 들으소서. 우리 한 사람 한 사람에게 복을 주시고, 한 백성으로 복 주셔서 세상의 고통 가운데서 주님을 섬길 수 있게 하소서. 아멘.

Lord our God, light of mankind in Jesus Christ, full of joy and trust we ask that we may have access to your almighty power, your power against all darkness, sin, death, and bondage. May we feel close to your almighty power. Hear our weeping, for we are and remain your children, to whom you have promised redemption and deliverance. Together we hold fast to this promise and stand before you saying, "We are your children in Jesus Christ the Savior, whom you have sent to us." Hear your children. Bless us each one, and bless us as one people, allowed to serve you in the misery of our world. Amen.

07월 18일

> 아버지께 참되게 예배하는 자들은 영과 진리로 예배할 때가 오나니 곧 이때라. 아버지께서는 자기에게 이렇게 예배하는 자들을 찾으시느니라. 하나님은 영이시니 예배하는 자가 영과 진리로 예배할지니라. 요한복음 4:23-24

주 우리 하나님, 우리의 아버지가 되셔서 우리와 함께하시고, 이 땅에서 우리를 주님의 자녀로 삼아주시니 감사합니다. 자녀 된 우리에게 영과 진리로 사는 길을 열어주셔서 감사합니다. 주님의 영으로 인해 우리 한 사람 한 사람의 인생이 격려받고 변화되게 하소서. 주님의 영은 세상이 주지 못하는 것을 우리에게 주셔서, 우리가 인생의 외적인 것들로 고민하고 씨름하는 일상에서 벗어나 더 높고 더 큰 것을 바라보게 하십니다. 주의 영은 속되고 하찮은 것으로부터 우리를 지키십니다. 속절없는 이 땅의 일들이 아무리 우리 마음을 사로잡을 때에도, 우리가 길을 잃지 않도록 이끄십니다. 주님의 자녀에게 베푸신 모든 은혜를 감사드립니다. 우리가 날마다 기쁨과 감사함으로 주를 섬기게 하소서. 아멘.

Lord our God, we thank you for being among us as our Father, for letting us be your children on earth. We thank you that as your children we can find life in spirit and in truth. Grant that each of us may find how our lives on earth can be lifted up by your Spirit. Your Spirit can bring us what we men do not possess, so that our daily work, all our striving and struggling for the outward things of life, may be pervaded by what is higher and greater. Your Spirit can keep us from falling into base and petty ways, from getting lost in earthly experiences which do not last, no matter how much they demand our attention. We thank you for all you have done for your children. Continue to help us, that we may serve you every day in gladness and gratitude. Amen.

07월 19일

나에게 이르시기를 내 은혜가 네게 족하도다.
이는 내 능력이 약한 데서 온전하여짐이라 하신지라.
그러므로 도리어 크게 기뻐함으로 나의 여러 약한 것들에 대하여 자랑하리니
이는 그리스도의 능력이 내게 머물게 하려 함이라.
그러므로 내가 그리스도를 위하여 약한 것들과 능욕과 궁핍과
박해와 곤고를 기뻐하노니 이는 내가 약한 그때에 강함이라. 고린도후서 12:9-10

주 우리 하나님, 우리를 주님의 자녀로 불러주시니 우리가 크게 기뻐합니다. 연약한 우리의 기도를 들으시고 그 손으로 우리를 지켜주소서. 우리는 약하지만 주께서 함께하시면 우리의 인생이 의롭게 될 것을 믿고 우리가 용기를 얻게 하소서. 성령을 보내셔서 주님이 우리 곁에 계시다는 것을 더욱 분명히 알게 하소서. 일상의 삶에서 깨어 있어 주님이 말씀하실 때 그 말씀을 듣게 하소서. 하나님나라의 능력과 영광을 많은 사람들 가운데 드러내셔서 주님의 이름을 빛내소서. 선하고 참된 세상이 이 땅에 하루빨리 시작되게 하소서. 아멘.

Lord our God, we rejoice that we may be called your children. In our weakness we ask you to shelter us in your hands. Strengthen us in the hope and faith that our lives will surely go the right way, not through our strength but through your protection. Grant that through your Spirit we may come to know more and more that you are with us. Help us to be alert in our daily life and to listen whenever you want to say something to us. Reveal the power and glory of your kingdom in many people, to the glory of your name, and hasten the coming on earth of all that is good and true. Amen.

> 그들은 내 백성이 되겠고 나는 그들의 하나님이 될 것이며
> 내가 그들에게 한 마음과 한 길을 주어 자기들과 자기 후손의
> 복을 위하여 항상 나를 경외하게 하고. 예레미야 32:38-39

주 우리 하나님, 우리를 주님의 백성으로 삼으시고 우리의 하나님이 되시길 기뻐하시는 주님, 우리 마음이 거짓 없이 순수하게 하시고 참되지 않은 것을 분별하고 물리칠 수 있게 하소서. 그때에 우리가 서로에게 진실하게 대할 수 있을 것입니다. 어떤 거짓과 속임도 우리 가운데 틈타지 못하고 오직 사랑과 진실만이 흘러넘칠 것입니다. 주님의 진리가 드러나고 복음이 전파되어 모든 인류가 위대한 희망을 보게 될 것입니다. 우리의 마음을 지키소서. 그 마음에 심긴 선한 씨앗이 잘 자라나 결실을 맺게 하소서. 아멘.

Lord our God, you want to be our God and you want us to be your people. Give us the inner integrity and the power to discern and reject what does not come from the heart, so that everything may be genuine among us. Then no lies and deception will creep in, and honesty and goodness will flow from our hearts to the glory of truth, to the glory of the gospel and the great hope you give men through the gospel. Guard our hearts. Protect the good that is planted in them, that it may grow and thrive and bear fruit. Amen.

07월 21일

> 내 영혼이 여호와의 궁정을 사모하여 쇠약함이여,
> 내 마음과 육체가 살아 계시는 하나님께 부르짖나이다.
> 나의 왕, 나의 하나님, 만군의 여호와여
> 주의 제단에서 참새도 제 집을 얻고 제비도 새끼 둘 보금자리를 얻었나이다.
> 주의 집에 사는 자들은 복이 있나니
> 그들이 항상 주를 찬송하리이다(셀라). 시편 84:2-4

주 하나님, 우리의 영혼이 주님을 기다립니다. 주의 영광을 바라며 주님의 날을 고대합니다. 그날에 우리는 말할 것입니다. "모든 것이 마무리되었습니다. 이제 주님의 나라가 시작되고 새 시대가 열립니다. 지나간 모든 일들의 의미를 우리가 분명하게 볼 것입니다." 주께서 이 땅에 내려주시는 은혜를 기다리며, 두려움 없이 날마다 새 삶을 시작하게 하시니 감사합니다. 우리가 가야 할 길을 보여주소서. 우리의 속사람을 강건케 하셔서, 삶이 힘겹고 죽음같이 어두울 때에도, 두렵고 고통스러운 순간에도 희망과 용기를 잃지 않게 하소서. 주 하나님, 주님은 우리의 구원이십니다. 우리 영혼을 구원하시는 주님, 우리가 변함없이 주님을 신뢰하겠습니다. 주님의 이름을 찬양합니다. 온 세상을 위해 주께서 준비하신 그날, 모든 사람들의 마음에 희망이 해처럼 떠오르기를 소망합니다. 아멘.

Lord God, our souls long for you and for your glory, for the day when it shall be said, "All is accomplished! Now your kingdom comes. Now your day appears. When we look back on all that has happened to us, everything becomes clear." We thank you that we can live without fear, again and again refreshed and renewed, waiting for the good you give on earth. Show us the way we have to go. Grant your blessing in our hearts so that in need and death, in fear and distress, we may always have light and strength. You are our salvation, Lord our God. From you comes the salvation of our souls. We trust you today and every day. We praise your name, and in you we hope for the day you hold in readiness for the whole world, the day when light will dawn in all men's hearts. Amen.

07월 22일

> 너희는 나의 모든 시험 중에 항상 나와 함께한 자들인즉
> 내 아버지께서 나라를 내게 맡기신 것같이 나도 너희에게 맡겨
> 너희로 내 나라에 있어 내 상에서 먹고 마시며. 누가복음 22:28-30상

주 우리 하나님, 주님의 자녀가 되어 주님의 거룩한 영을 소망하게 하시니 감사합니다. 우리를 다스리시는 성령님, 주님은 기꺼이 우리를 그의 백성으로 삼으시고 이 땅에서 하나님을 섬기게 하십니다. 우리에게 어린아이와 같은 믿음을 주셔서 주님의 영이 우리 삶의 더욱 많은 부분을 다스리게 하소서. 온 세상 사람들이 하나님의 은혜를 맛보게 하소서. 인생은 단지 잠시 있다 사라지는 것이 아니라는 것을 많은 영혼들이 깨닫게 하소서. 그들이 주 안에 거하며 주 안에 살 수 있다는 것을 알게 하소서. 주님을 믿을 때, 장차 모든 민족 가운데 시작될 하나님나라를 이 땅에서 경험할 수 있다는 것을 그들에게 보여주소서. 아멘.

Lord our God, we thank you that we may be your children and that we may hope in your Spirit. Your Spirit rules us as people whom you want to draw to yourself, as people who may serve you in their lives here on earth. Grant that we may be childlike, so that your Spirit can rule us more and more and what is good may come to many people in all places. May many come to know that their lives are not merely temporal. May they realize that they can live and act in you, and through you may experience the good that is to come to all nations on earth. Amen.

07월 23일

다른 이로써는 구원을 받을 수 없나니
천하 사람 중에 구원을 받을 만한 다른 이름을
우리에게 주신 일이 없음이라 하였더라. 사도행전 4:12

하늘에 계신 우리 아버지, 우리에게 주님의 아들, 예수 그리스도의 이름을 밝히 드러내시니 감사합니다. 그분은 우리를 주님께로 인도하여 하나님의 자녀가 되게 하십니다. 고통받고 죽어가는 이 시대의 사람들과 함께하소서. 오래전 약속하셨던 말씀을 이루셔서 이 땅에 새로운 시대, 오직 구원자 하나님만이 다스리시는 시대를 열어주소서. 이 밤 우리를 지켜주시고 복을 주소서. 우리가 괴로워할 때, 주님의 강한 팔로 붙드소서. 슬픔 가운데서도 우리는 주님을 경배하기 원합니다. 세상의 모든 악을 깨뜨리며 하나님 나라가 오게 하시고, 아버지의 뜻이 하늘에서와 같이 땅에서도 이루어지게 하소서. 아멘.

Dear Father in heaven, we thank you that you have revealed to us the name Jesus Christ, the name of your Son, who leads us to you as your children. May your hand be plainly seen over all the suffering and dying people of our time. May your hand soon bring in a new age, a time truly of God and of the Savior, fulfilling what has long been promised. Watch over us this night. Bless us. In suffering, continue to uphold us with your mighty hand. In grief, may your name still be honored. May your kingdom come, breaking into all the evil of the world, and may your will be done on earth as in heaven. Amen.

07월 24일

> 그러므로 너희 담대함을 버리지 말라. 이것이 큰 상을 얻게 하느니라.
> 너희에게 인내가 필요함은 너희가 하나님의 뜻을 행한 후에
> 약속하신 것을 받기 위함이라. 히브리서 10:35-36

주 우리 하나님, 주께서 우리에게 고난과 심판을 주신 이때, 우리가 주님 앞에 겸손히 기도합니다. 이 세대를 변화시켜주소서. 이 땅에 천국이 시작되어 아버지의 뜻이 이루어지고, 모든 나라가 주님의 은총을 입게 하소서. 어떤 상황에서도 우리가 담대할 수 있도록 우리를 격려해주소서. 주께서 우리에게 베푸신 모든 은혜를 감사드립니다. 언제나 주의 이름이 높여지고 영광 받게 하소서. 우리가 주를 따르며 하늘나라의 삶을 살아가게 하소서. 아멘.

Lord our God, we bow down before you in this time when you have brought us hardships and judgment. Change this earthly age, we beseech you. Bring in something from heaven so that your will may be done and your mercy come to all nations. Strengthen us on all our ways, we pray. We thank you for all you have done for us. May your name be praised and glorified at all times. We want to follow you and to remain in your heavenly life. Amen.

07월 25일

> 주 우리 하나님의 은총을 우리에게 내리게 하사
> 우리의 손이 행한 일을 우리에게 견고하게 하소서.
> 우리의 손이 행한 일을 견고하게 하소서. 시편 90:17

하늘에 계신 우리 아버지, 주님은 선하고 아름다운 것을 지으시고 거기에 충만한 기쁨을 불어넣으셨습니다. 사람이 하나님과 한마음 되어 동역할 수 있게 하신 주님, 주께서 베푸시는 모든 은혜에 감사드립니다. 우리가 주의 자녀가 되어, 더불어 주를 섬기게 하소서. 아무리 어려운 시절일지라도, 위대하고 강렬한 주의 사랑은 날마다 우리를 도우시고 굳세게 하시며 우리의 마음을 감동시키십니다. 그 사랑을 힘입어 우리가 다른 이들에게 기쁨을 안겨주고, 선행을 포기하지 않게 하소서. 온 세계에 주님의 이름이 높여지길 기도합니다. 주님의 나라가 오게 하시고, 아버지의 뜻이 하늘에서와 같이 땅에서도 이루어지게 하소서. 아멘.

Dear Father in heaven, Creator of what is good, beautiful, and full of joy so that men may work in harmony with you, we thank you for all the good that comes to us. May we be your children, joined together to serve you. May our life bring joy to others, and may we do good without ceasing through your great, strong love, which moves us, strengthens us, and helps us every day, however hard life may be. May your name be praised throughout the world. May your kingdom come and your will be done on earth as in heaven. Amen.

07월 26일

> 여호와여 주의 말씀은 영원히 하늘에 굳게 섰사오며
> 주의 성실하심은 대대에 이르나이다.
> 주께서 땅을 세우셨으므로 땅이 항상 있사오니
> 천지가 주의 규례들대로 오늘까지 있음은
> 만물이 주의 종이 된 까닭이니이다. 시편 119:89-91

주 하나님, 주님의 말씀을 우리에게 주시니 감사합니다. 주님의 말씀은 인류에게 주어진 가장 위대하고 빛나는 선물입니다. 날마다 우리가 주의 도우심을 기뻐하며, 주님의 은혜를 더욱 즐거워하게 하소서. 주의 말씀이 늘 새롭게 우리를 도우시고, 우리에게 새 힘과 용기를 주시니 우리의 마음에 기쁨의 노래가 그치지 않습니다. 우리가 영원한 생명 되신 예수 그리스도를 찾고 구합니다. 그분이 다시 오셔서 하나님나라를 이루실 것을 믿습니다. 영원하시고 영화로우시며 전능하신 하나님의 이름을 찬양합니다! 가난하고 비천한 우리와 함께하소서. 주께서 약속하신 모든 일을 이루실 때까지 참고 기다릴 수 있도록, 우리의 영혼을 일으켜주소서. 아멘.

Lord God, we thank you for your Word, greatest and most glorious of all that comes to our human life. Every day we want to find more joy in your help, in what you are doing for us. Again and again we feel and rejoice in the new help, new strength, and new courage for life given by your Word. We seek and seek to find Jesus Christ, the eternal Life. He will surely come to establish your kingdom. Praise to your name, eternal, glorious, almighty God! Be with us poor, lowly men. Strengthen us in spirit, and enable us to persevere until everything is fulfilled that is promised by your Word. Amen.

07월 27일

> 또 이 우리에 들지 아니한 다른 양들이 내게 있어 내가 인도하여야 할 터이니 그들도 내 음성을 듣고 한 무리가 되어 한 목자에게 있으리라. 요한복음 10:16

주 우리 하나님, 세상 모든 사람들을 부르셔서 하나 되게 하소서. 우리에게 주의 영을 허락하셔서 주님을 알게 하시고 기쁨으로 우리 마음을 채워주소서. 단지 우리 자신만을 위한 것이 아니라 다른 이들의 유익을 위해서도 이 은혜를 구합니다. 이 땅에서 악을 몰아내주소서. 주님을 슬프시게 하는 모든 것들, 거짓과 속임 그리고 국가 간의 미움이 사라지게 하소서. 인류에게 하나님을 아는 지식을 주셔서 모든 불화와 다툼이 그치게 하시고, 주님의 영원한 나라가 이 땅에 일어나 우리 모두 기뻐하게 하소서. 지상에서도 우리는 천국을 살며, 참 행복을 누리는 주님의 자녀가 될 수 있습니다. 주 하나님, 그 손으로 우리를 인도하셔서 우리를 주님의 백성으로 삼으시고, 하나님의 자녀가 되게 하소서. 아버지의 이름이 영광 받으시고, 주의 나라가 임하며, 주님의 뜻이 하늘에서와 같이 땅에서도 이루어지기를 기도합니다. 아멘.

Lord our God, bring us men together as one. Give us your Spirit so that we may know you, so that joy may fill our hearts, not only for ourselves but also for others. Root out evil from the earth. Sweep away all that offends you, all lying, deceit, and hate between nations. Grant that men may come to know you, so that disunity and conflict may be swept away and your eternal kingdom may arise on earth and we may rejoice in it. For your kingdom can come to men even while on earth to bring them happiness and to make them your own children. Yes, Lord God, we want to be your children, your people, held in your hand, so that your name may be honored, your kingdom may come, and your will be done on earth as in heaven. Amen.

07월
28일

율법이 들어온 것은 범죄를 더하게 하려 함이라.
그러나 죄가 더한 곳에 은혜가 더욱 넘쳤나니
이는 죄가 사망 안에서 왕 노릇 한 것같이
은혜도 또한 의로 말미암아 왕 노릇 하여
우리 주 예수 그리스도로 말미암아 영생에 이르게 하려 함이라.
로마서 5:20-21

주 우리 하나님, 우리가 간절한 마음으로 주 앞에 나아갑니다. 이 세상의 필요를 돌보셔서, 사람들이 고통에서 풀려나 주님을 섬길 수 있게 하소서. 이 세대가 예수 그리스도의 권능을 분명히 보게 하소서. 그분은 이 땅에 정의를 이루시기 위해 우리의 죄를 담당하셨습니다. 그래서 사람들이 참 생명을 얻고, 주의 구원의 빛을 볼 수 있게 하셨습니다. 하나님이 정하신 때에, 주께서 우리를 구원하실 것을 믿습니다. 세상에 주의 권능을 드러내시고, 아버지의 뜻을 이루소서. 주님의 이름이 거룩하게 하시고, 험악한 이 시대의 모든 부조리를 바로잡아주소서. 오 우리 주 하나님, 주님만이 우리의 도움이시며 모든 민족의 구원이 되십니다. 주의 크신 자비로 이 땅에 평화를 내려주소서. 우리가 주를 바라봅니다. 주의 말씀을 마음에 새기며, 주님의 변함없는 약속을 떠올립니다. 우리가 살아서 주님의 약속이 성취되는 것을 보게 될 것입니다. 아멘.

☾

Lord our God, we come into your presence, pleading with you to bring the world what it needs, so that men may be freed from all their pain and enabled to serve you. Let the power of Jesus Christ be revealed in our time. For he has taken on our sin that justice might arise on earth, that men might have life and might see your salvation, which you will bring when the time is fulfilled. Let your power be revealed in the world, and let your will be done, your name be kept holy, and all wrongs be righted in this turbulent and difficult age. O Lord our God, you alone can help. You alone are the Savior of all peoples. In your great mercy you can bring peace. We look to you. And when we consider your Word, we remember the mighty promises you have given, promises which are to be fulfilled in our time. Amen.

07월 29일

내가 다시 가면 용서하지 아니하리라.
이는 그리스도께서 내 안에서 말씀하시는 증거를 너희가 구함이니
그는 너희에게 대하여 약하지 않고 도리어 너희 안에서 강하시니라.
그리스도께서 약하심으로 십자가에 못 박히셨으나 하나님의 능력으로 살아 계시니
우리도 그 안에서 약하나 너희에게 대하여 하나님의 능력으로 그와 함께 살리라.
고린도후서 13:2하-4

주 우리 하나님, 우리를 향한 주님의 사랑이 어찌 그리 크신지요. 우리를 연약함과 질병, 죄와 고통에서 건지셔서 하늘 아버지를 섬길 수 있게 하셨습니다. 우리의 모든 생각을 주님의 사랑으로 다스리셔서, 날마다 겪는 내면의 싸움을 잘 감당하게 하소서. 이 세대에 복을 주셔서 정의가 승리하게 하소서. 우리가 평화를 누리며 영원토록 주님을 찬양하겠습니다. 자녀 된 우리를 영원히 지켜주소서. 아버지의 이름을 거룩하게 하시고, 주님의 나라가 오게 하시며, 주님의 뜻이 하늘에서와 같이 땅에서도 이루어지게 하소서. 아멘.

Lord our God, we thank you for the love you show us so that we may be delivered from weakness and sickness, from sin and misery, and may be given strength to serve you, our Father in heaven. Bless us in all we have on our hearts, that through your mercy the battle of life may be fought aright. Bless us in our times and grant that justice may gain the upper hand and we may live in peace, praising you into all eternity. Protect us, your children, forevermore. May your name be honored, your kingdom come, and your will be done on earth as in heaven. Amen.

07월 30일

하나님이 우리에게 주신 것은 두려워하는 마음이 아니요 오직 능력과 사랑과 절제하는 마음이니. **디모데후서 1:7**

주 우리 하나님, 우리는 주님의 자녀입니다. 우리의 모든 근심을 돌아보소서. 우리가 사람이나 다른 그 어떤 것을 의지하지 않고, 오직 주께 도움을 구합니다. 이 시대에 주님의 능력을 밝히 드러내시고, 새로운 시대, 평화의 시대를 허락하셔서 사람들이 변화되게 하소서. 우리가 주님 오실 날을 기다립니다. 그날에 불행하고 깨어진 인류가 주님의 권능을 경험할 것입니다. 우리와 함께하소서. 예수 그리스도의 능력과 은혜가 우리 마음에 항상 머무르게 하소서. 아멘.

Lord our God, we are your children. Hear all our concerns, we pray, for we want help from you, not from men, not from anything we can think or say. May your power be revealed in our time. We long for a new age, an age of peace in which people are changed. We long for your day, the day when your power will be revealed to poor, broken mankind. Be with us, and give our hearts what will remain with us, the strength and mercy of Jesus Christ. Amen.

07월 31일

여러 사람의 말이 우리에게 선을 보일 자 누구뇨 하오니
여호와여 주의 얼굴을 들어 우리에게 비추소서. 시편 4:6

주 우리 하나님, 우리가 간절히 주님의 얼굴을 찾습니다. 우리의 마음은 늘 주님 계신 곳에 있어, 주께서 우리 삶을 바르게 이끄시기를 믿고 기도하며 소망합니다. 우리의 하나님, 우리의 아버지가 되신 주님, 우리를 지켜주소서. 위험에 처한 사람들, 위험을 무릅써야 하는 모든 이들을 보호하여주소서. 죽어가는 사람들이 우리가 그들을 얼마나 사랑하는지 알게 하시고, 살아 계신 하나님께서 그들과 함께하신다는 것을 깨닫게 하소서. 우리가 한마음 되어 주님만 의지하고 바라며, 주님 안에서 더불어 살게 하소서. 이 밤 우리를 돌보소서. 우리의 모든 걱정을 아시는 주님을 신뢰하고, 우리가 평안하게 하소서. 온 세상 사람들의 걱정과 근심이 주님의 보살피시는 손 안에 있습니다. 주 하나님, 우리의 아버지가 되신 분, 우리의 인생도 주님의 손 안에 있습니다. 모든 것을 치유하고 회복시키는 그 손 안에 우리가 머무르게 하소서. 주님의 이름을 찬양합니다! 아멘.

Lord our God, with all our hearts we come before your countenance. Our hearts shall always be in your presence, asking, longing, and believing that you will guide our affairs aright. Protect us, for you are our God and Father. Protect all who are in danger or who must go into danger. Make known our great love and your living presence to the hearts of the dying. Draw our hearts together so that we may have community in you, our faith and hope set on you alone. Protect us during the night, and help us to be at peace about all our concerns because they are in your hands. Every concern of every person is in your hands. We ourselves are in your hands, Lord God, our Father, and there we want to remain. Your hands can heal and restore everything. Praised be your name! Amen.

8월
August

08월 01일

> 기록된바 하나님이 자기를 사랑하는 자들을 위하여 예비하신 모든 것은
> 눈으로 보지 못하고 귀로 듣지 못하고
> 사람의 마음으로 생각하지도 못하였다 함과 같으니라.
> 오직 하나님이 성령으로 이것을 우리에게 보이셨으니.
> 고린도전서 2:9-10상

주 우리 하나님, 성령으로 우리 모두에게 복을 주소서. 우리가 온 세계를 다스리시는 주님의 날개 아래 있음을 믿고 안심하게 하소서. 우리의 인생 여정이 어디를 향하든, 어떤 어려움과 고통을 만나든 그 확신을 잃지 않게 하소서. 주님은 우리를 소유로 삼으시고, 자녀 된 우리를 사랑으로 이끄십니다. 주께로부터 멀리 떨어져 있지만 마음으로는 여전히 주님을 찾는 영혼들을 긍휼히 여기소서. 주님을 알지 못해도 그 마음이 선하고 진실한 사람들을 보호하소서. 아버지의 나라가 오게 하소서. 주님을 찾는 이들, 주님이 기뻐하시는 자비와 진리를 추구하는 많은 자들을 통해 하나님의 뜻이 날마다 성취되게 하소서. 다른 많은 이들과 힘을 모아, 우리가 모든 생애를 다해 주를 섬길 수 있게 되기를 기도합니다. 아멘.

Lord our God, bless us all through your Spirit, that we may find certainty of heart in community with you under your rulership. May we keep this certainty, whatever course our lives may take, whatever battles and suffering may come to us, for we belong to you and you rule and guide us as your children. Watch over all who are still far away from you but who long for you. Watch over all who are good-hearted and sincere, even if they often do not understand you. Protect them, and let your kingdom come so that your will is carried out more and more by the many who feel compelled to seek for you and for the goodness and truth which are your will. May we and many others serve you with our whole lives. Amen.

항상 기뻐하라. 쉬지 말고 기도하라. 범사에 감사하라.
이것이 그리스도 예수 안에서 너희를 향하신 하나님의 뜻이니라.
데살로니가전서 5:16-18

하늘에 계신 아버지, 주님의 인도하심과 다스리심을 느낄 수 있게 하시니 감사합니다. 주님은 그리스도를 통해 우리에게 영적인 은사와 하늘나라의 선물을 주셨습니다. 날마다 새롭게 우리를 생명의 길로 이끄시는 주님, 우리가 그 이름을 찬양하고 높이겠습니다. 환란 중에도 기뻐하겠습니다. 어려움을 만날수록 더욱 감사하고 즐거워하며, 믿음을 새롭게 하겠습니다. 아버지를 따르는 모든 사람들과 함께, 주님이 이 땅에 베푸시는 은혜를 맛보게 하소서. 온 인류가 복을 얻고 마침내 주님의 나라에 들어가게 될 것을 믿습니다. 아멘.

Father in heaven, we thank you that we may feel your leading, your lordship, for you have blessed us with every spiritual and heavenly gift in Christ. We thank you that we may be among those who receive true life always anew, who praise and glorify you, exulting even in difficult days. For it is just in the difficult days that we need to belong to those who are thankful and joyful, who always find new certainty in their lives. With them may we experience the good you give on earth so that mankind may be blest and come at last into your hands. Amen.

08월 03일

> 참 빛 곧 세상에 와서 각 사람에게 비추는 빛이 있었나니
> 그가 세상에 계셨으며 세상은 그로 말미암아 지은 바 되었으되
> 세상이 그를 알지 못하였고
> 자기 땅에 오매 자기 백성이 영접하지 아니하였으나
> 영접하는 자 곧 그 이름을 믿는 자들에게는
> 하나님의 자녀가 되는 권세를 주셨으니. 요한복음 1:9-12

하늘에 계신 아버지, 우리를 주님의 자녀로 삼아주시니 감사합니다. 주님은 우리에게 성령을 주셔서 우리가 진정한 하나님의 자녀로 살게 하셨습니다. 주님의 선물이 우리에게 얼마나 큰 기쁨이 되는지 우리의 온 존재가 깨달을 수 있도록, 우리를 주의 나라로 불러 모으소서. 혼란스럽고 불확실한 세상, 모두가 물질적인 것에 마음을 빼앗긴 세상에서도, 우리의 내면을 고요하게 하셔서 주께서 주시는 믿음의 능력을 체험하게 하소서. 예수 그리스도를 믿는 믿음 없이, 우리는 주님을 알 수 없습니다. 주께서 온 인류 앞에 서실 그날, 주님의 참모습을 볼 수 있는 길은 믿음뿐입니다. 아멘.

Dear Father in heaven, we thank you that we may be your children. We thank you for giving us your Spirit so that we may truly be your children. Gather us into community with you so that our minds and hearts and all that is in us may realize what joy can come to us through your gifts. Though the world today is in turmoil, in doubt, lost in material things, grant us inner quiet to receive from you the power of faith. For through faith we can learn to know what you are and what you will be to all men one day, through Jesus Christ the Lord. Amen.

08월 04일

> 그러므로 주 안에서 갇힌 내가 너희를 권하노니
> 너희가 부르심을 받은 일에 합당하게 행하여 모든 겸손과 온유로 하고
> 오래 참음으로 사랑 가운데서 서로 용납하고 평안의 매는 줄로
> 성령이 하나 되게 하신 것을 힘써 지키라. 에베소서 4:1-3

하늘에 계신 아버지, 이 땅에 거하는 우리에게 복을 내려주시니 감사합니다. 하나님의 놀라운 은혜로 그리고 주님을 따르는 자녀들의 도움으로 우리가 믿고 구원받게 되었습니다. 한 지붕 아래 모인 우리들을 지켜주십시오. 우리가 사랑하는 마음으로 서로를 헤아리고, 성령이 우리를 평화의 띠로 묶어 하나 되게 하신 것을 힘써 지키게 하소서. 주께서 우리를 위해 정하신 그 길을 가는 동안, 우리에게 새 힘과 은혜를 주소서. 우리의 달려갈 길을 마칠 그 날까지 주님을 기뻐하고 신뢰하게 하소서. 아멘.

Dear Father in heaven, we thank you for the blessings you give us on earth, for it is through your gifts and work, and through the work of your children, that we can believe and be saved. Protect us here in our household. Let us make allowances for one another in love and spare no effort to maintain unity in the Spirit through the bond of peace. Grant us new strength and new gifts whenever we need them on the path you have set for us. Grant that we may rejoice and trust in you until we reach the goal. Amen.

08월 05일

> 시몬 베드로가 대답하되
> 주여 영생의 말씀이 주께 있사오니
> 우리가 누구에게로 가오리이까.
> 우리가 주는 하나님의 거룩하신 자이신 줄 믿고 알았사옵나이다.
> 요한복음 6:68-69

하늘에 계신 아버지, 우리가 주님과의 사귐을 사모하며 주님 앞에 나아갑니다. 모든 생명은 주께로부터 시작되고, 모든 인간사가 주님의 손에 달려 있음을 알기 때문입니다. 우리의 마음이 기운을 얻는 곳도 바로 주님입니다. 우리를 보호하시고 우리에게 언제나 새 힘을 주셔서, 주님의 뜻을 우리 가운데 이루소서. 고난이 켜켜이 쌓여갈 때에도 삶의 용기를 잃지 않게 하소서. 우리는 주님의 종이 되어 무슨 일이든지 기쁨으로 섬기길 원합니다. 주께서 약속하신 대로, 우리의 전 생애에 복을 주소서. 아멘.

Dear Father in heaven, we come to you and seek communion with you because we know that all life comes from you, all progress among men depends on you, and our innermost being can be strengthened through your Spirit. Protect us and renew our strength time and again so that your will may be done among us and we may all find courage for our lives, even when many difficulties loom up around us. Grant that we may remain your servants and go joyfully to meet what is to come. Bless us today and every day according to your promises. Amen.

08월 06일

내가 네 허물을 빽빽한 구름같이, 네 죄를 안개같이 없이하였으니
너는 내게로 돌아오라. 내가 너를 구속하였음이니라. 이사야 44:22

주 우리 하나님, 우리를 주의 말씀, 주의 언약의 기초 위에 굳게 세우시니 감사합니다. 허다한 사람들의 소원과 갈망이 주님의 언약 안에 담겨 있습니다. 그들은 속되고 하찮은 삶에 머무르길 원치 않고 더 높은 곳을 바라며, 주님의 언약이 마침내 이루어질 그날을 기쁨으로 기다립니다. 오늘 우리도 미래에 대한 기대감에 가득 차, 주께서 주실 새날을 맞을 준비를 합니다. 주님의 부르심에 응답하여 주와 함께 수고하기를 주저하지 않는 모든 사람에게 성령을 부어주실 그날, 그날을 우리가 즐거이 기다립니다. 아멘.

Lord our God, we thank you for establishing us on the firm foundation of your Word and your promise, your promise that expresses the great longing and hope in so many people's hearts. For they do not want their lives to remain base and petty but want to look toward something higher, rejoicing that the promise can be fulfilled for them. So today we too stand ready for the coming time you are bringing, and we exult in our expectation of the future. We rejoice in the expectation of the time when you will give your Spirit to us and to all those who answer your call and become your helpers. Amen.

08월 07일

> 너희에게 아직 빛이 있을 동안에 빛을 믿으라.
> 그리하면 빛의 아들이 되리라. 요한복음 12:36상

하늘에 계신 아버지, 자녀 된 우리가 주 앞에 나아갑니다. 주님의 빛으로 우리를 이끌어주소서. 우리의 영혼이 거듭나 주님의 자녀답게 살게 하소서. 좋은 것으로 우리 삶을 채우시고 강한 손으로 우리를 도우시는 주님, 주님의 그 은혜를 많은 사람들에게 나눠주시니 감사합니다. 우리의 감사를 받아주소서. 우리가 주님의 은혜를 결코 잊지 않게 하소서. 주님의 나라가 올 때까지 물러섬 없이 늘 전진하게 하소서. 주 예수 안에서 하나님을 사랑하며 사는 우리의 삶이 헛되지 않게 하소서. 그분은 모든 인류의 아버지가 되십니다. 주님의 나라가 속히 오기를 구하는 우리의 기도가 땅에 떨어지지 않게 하소서. 오소서 주 예수여! 이 땅에 곧 오셔서 모든 사람들이 참 하나님을 인정하고 주를 사랑하게 하소서. 아멘.

Dear Father in heaven, as your children we come into your presence so that you may lead us with the light that streams out from you. We come to your light seeking an inner birth to make us what your children ought to be. Bless us as we thank you for all your goodness and for the powerful help you have given many among us. Accept the thanks we offer you, and grant that we never forget the good you are doing for us. Help us to go forward, always forward, until your kingdom is completed. May it not be in vain that we live in the Lord Jesus and in love to you, the God and Father of all men. May it not be in vain that we bring you our requests and prayers for your kingdom to come soon. Yes, Lord Jesus, come! Come soon to this earth so that all men may acknowledge the true God and may love you. Amen.

08월 08일

> 아무 일에든지 다툼이나 허영으로 하지 말고
> 오직 겸손한 마음으로 각각 자기보다 남을 낫게 여기고
> 각각 자기 일을 돌볼뿐더러 또한 각각 다른 사람들의 일을 돌보아
> 나의 기쁨을 충만하게 하라. 너희 안에 이 마음을 품으라.
> 곧 그리스도 예수의 마음이니. 빌립보서 2:3-5

주 우리 하나님, 예수 그리스도의 높으신 이름을 의지하며 주님 앞에 나아갑니다. 이 땅에 사는 동안 우리가 그 이름 안에서 희망과 기쁨을 발견하게 하시니 감사합니다. 우리의 속사람이 성령으로 변화되어 그리스도 예수와 한마음이 되게 하소서. 다른 사람들과 지낼 때 다스리기보다는 참고 순종하며, 지배하기보다는 섬기고, 억압하기보다는 스스로 낮추는 것이 더 낫다는 것을 깨닫게 하소서. 우리는 예수의 마음을 품기 원합니다. 많은 사람들이 같은 마음을 품고, 말만 하고 생각만 하는 그리스도인이 아니라, 이웃을 사랑하고 매 순간 주님과 동행하는 진정한 그리스도인이 되게 하소서. 아멘.

Lord our God, we come before you in the great name of Jesus Christ. We thank you that while we are still living on earth you give us hope and joy in this great name. May something be born in us through your Spirit to make us of one mind with Jesus Christ. In all our relationships with others may we learn that it is better to submit in patience than to dominate, better to serve than to rule, better to be the weakest than to bring pressure to bear on others. Give us this attitude. Let this attitude arise in many so that they may be Christians not only in their words and thoughts, but Christians at heart, loving their neighbors and at one with the Savior on every step of the way. Amen.

08월 09일

> 두세 사람이 내 이름으로 모인 곳에는
> 나도 그들 중에 있느니라. 마태복음 18:20

우리의 하나님, 우리의 아버지가 되신 주여, 예수의 이름 아래 모여 우리가 함께 삶을 나누게 하시니 감사합니다. 우리의 눈을 열어 하나님을 보게 하신 예수님은 우리가 그의 이름으로 모일 때 함께하시겠다고 약속하셨습니다. 인생이 점점 고달프고 미래가 암울하게 보일 때에도, 우리의 마음이 그늘지지 않게 하소서. 유혹이 찾아오고, 피해 갈 수 없는 싸움을 맞이할 때, 우리를 지켜주시고 구원하소서. 모든 속박에서 우리를 풀어주소서. 우리가 주님의 백성이 되어 이 땅에서도 영원한 생명을 누릴 것입니다. 아멘.

Lord our God and our Father, we praise you because we are allowed to have community together in the name of Jesus, who has opened our eyes to see you and who has promised to be among us when we are gathered in his name. May our hearts remain unshadowed, even when our lives seem to grow difficult and the future looks dark. Protect us whenever we are tempted and have battles to fight. Deliver us. Make us free people who know we belong to you and who are allowed while still on earth to have a share in eternal life. Amen.

누가 우리를 그리스도의 사랑에서 끊으리요.
환난이나 곤고나 박해나 기근이나 적신이나 위험이나 칼이랴.
… 그러나 이 모든 일에 우리를 사랑하시는 이로 말미암아
우리가 넉넉히 이기느니라. 로마서 8:35, 37

주 우리 하나님! 무엇이 우리를 주님의 사랑에서 끊을 수 있겠습니까? 환란이나 두려움, 박해입니까? 배고픔과 헐벗음, 위협이나 칼입니까? 우리는 우리를 사랑하시는 그분의 도움으로 이 모든 시련을 이겨내고도 남습니다. 하늘에 계신 아버지, 우리에게 용기를 주십시오. 우리가 기도할 때 그 기도를 들으시고, 어김없이 우리에게 성령의 능력을 주실 것을 믿습니다. 오직 성령의 능력만이 우리를 굳세게 하십니다. 우리를 위해 행하신 모든 일을 감사드립니다. 이 땅의 모든 것이 주의 뜻대로 회복되고 주님의 이름이 온 세상에서 영광 받을 그날까지, 우리가 언제나 승리하게 하소서. 아멘.

Lord our God! What can separate us from your love? Can trouble or fear or persecution or hunger or nakedness or peril or the sword? In all these things we are more than conquerors through him who loved us. Dear Father in heaven, we long for courage. You will answer our prayers and again and again grant us strength, the power of your Spirit, the only power that can strengthen us. We thank you for all you have done for us. Help us onward from victory to victory until everything on earth is won for the good, to your honor among all mankind. Amen.

08월 11일

> 좋은 소식을 전하며 평화를 공포하며 복된 좋은 소식을 가져오며
> 구원을 공포하며 시온을 향하여 이르기를 네 하나님이 통치하신다
> 하는 자의 산을 넘는 발이 어찌 그리 아름다운가.
> 네 파수꾼들의 소리로다. 그들이 소리를 높여 일제히 노래하니
> 이는 여호와께서 시온으로 돌아오실 때에 그들의 눈이 마주 보리로다.
> 이사야 52:7-8

주 우리 하나님, 우리가 주님의 파수꾼이 되어 이 시대를 향한 주님의 뜻을 헤아리게 하소서. 주께서 우리에게 베푸신 모든 은혜와, 민족들 가운데 행하신 선한 일들을 감사드립니다. 모든 민족이 주의 뜻에 순종하여 이 땅에 주님의 뜻만 이루어지게 하소서. 우리가 그릇된 길로 갈 때 바로잡아주소서. 우리의 눈을 열어주셔서 잘못된 점을 보게 하시고, 주님의 뜻에 합당하지 않은 점들을 깨닫게 하소서. 우리와 함께하시고 우리에게 힘을 주소서. 더 많은 이들이 온 세상에 일어나 하나님의 파수꾼이 되게 하소서. 사람들의 마음이 변화되는 일이 있는 곳이면 언제나 그들의 외침이 들리게 하소서. "이 일은 하나님께서 하신 일입니다. 우리가 얼마나 고통당하는가는 결코 중요하지 않습니다. 이 일은 고난 받고 죽으셔서 다시 살아나신 예수님께서 하시는 일입니다." 주의 이름이 영광 받으시도록 이 땅의 모든 사람들 중에 이 같은 파수꾼을 세워주소서. 주의 백성들이 기쁨과 감사의 환호성으로 주님을 맞이할 그날이 오게 하소서. 아멘.

Lord our God, grant that we may be your watchmen, who can understand what you mean for our time. We thank you for all you have already done, for every change to the good among the nations. For the nations must bow to your will so that nothing happens unless accomplished by you. Judge us wherever necessary. Open our eyes to see where we are wrong and where something does not go according to your Spirit. Be with us and give us strength. Raise up more watchmen everywhere, in every place and in every home. Wherever something happens to move men's hearts, let the watchmen proclaim, "This comes from God. It does not matter how much we suffer. This comes from Jesus Christ, who suffered and died, but who rose again." Raise up such watchmen among young and old everywhere on earth, to the glory of your name. Let there be a people who go to meet you with shouts of joy and thanksgiving. Amen.

08월 12일

> 여호와는 나의 힘과 나의 방패이시니
> 내 마음이 그를 의지하여 도움을 얻었도다.
> 그러므로 내 마음이 크게 기뻐하며
> 내 노래로 그를 찬송하리로다. 시편 28:7

주 우리 하나님, 주님은 우리의 힘, 우리의 방패이십니다. 우리가 마음으로 주님을 의지하고 도움을 얻습니다. 모든 민족 가운데 우리를 선택하셔서 주를 섬기는 백성이 되게 하소서. 시험 당할 때, 주의 이름을 전파하며 고난 받을 때에, 우리가 담대하게 하소서. 주님은 강한 손으로 우리를 지키십니다. 우리의 마음을 빛으로, 기쁨으로 채우소서. 크신 사랑과 자비로 우리를 구원하시는 주님을 찬양하며, 주 예수 그리스도 안에 있는 구원을 평생토록 세상에 전하겠습니다. 아멘.

Lord our God, you are our strength and shield. Our hearts hope in you and we are helped. Accept us from among all the nations as a people who want to serve you. Strengthen our hearts, especially when we must be tested in every way and must face the many hardships that will come when we take up our task of proclaiming your name and witnessing to you. For you are strong and can protect us. You can fill us with light and with joy to proclaim again and again the salvation that is coming through your all-powerful goodness and mercy, salvation in Jesus Christ the Lord. Amen.

08월 13일

여호와께 구속받은 자들이 돌아와 노래하며 시온으로 돌아오니
영원한 기쁨이 그들의 머리 위에 있고
즐거움과 기쁨을 얻으리니 슬픔과 탄식이 달아나리이다.
이르시되 너희를 위로하는 자는 나 곧 나이니라. 이사야 51:11-12상

주 우리 하나님, 우리에게 믿음을 주시니 감사합니다. 우리가 절박할 때, 주변의 많은 사람들이 목숨을 잃어 우리의 마음을 어둡게 할 때, 주님의 사랑을 나타내셔서 우리를 위로하시니 참 감사합니다. 주님은 우리의 슬픔을 달래시고 언제나 새로운 용기를 주십니다. 우리와 같이 참된 것을 갈구하는 다른 이들에 대해서도 희망을 품게 하십니다. 오 주 하나님, 하늘나라의 능력을 이 땅에 내려주소서. 모든 사람에게 선을 베푸시는 주님의 은혜로 이 세상에 복을 주소서. 이 세대를 긍휼히 여기셔서 죄에서 구원하여주시고 모든 파괴와 절망으로부터 건져주소서. 오 주 하나님, 주의 은혜를 베푸소서! 주께서 영광 받으시도록, 우리에게 복을 주시는 그 손으로 온 세상에 복을 내려주소서. 아멘.

Lord our God, we thank you for the trust you have put into our hearts. We thank you for all the signs of your goodness that comfort us when we are in great need and when many deaths take place around us and touch each of us. We thank you for comforting us, for always giving us fresh courage wherever we may be, and for giving us hope for our fellow men, who also struggle hard to find what is good. O Lord God, bless our world with power from on high, with your gifts that bring good to many people. Bless our world. Save it from sin, from ruin, from every kind of despair. Give your blessing, O Lord our God! As you bless us, so bless all the world, to the glory of your name. Amen.

08월 14일

> 네가 나의 명령에 주의하였더라면 네 평강이 강과 같았겠고
> 네 공의가 바다 물결 같았을 것이며. 이사야 48:18

주 우리 하나님, 우리가 주님의 명령을 마음에 두어, 우리 안에 평화가 강같이 흐르고, 정의가 바다의 파도처럼 넘쳐나게 하소서. 성령으로 우리와 함께하소서. 우리에게 필요한 말씀을 들려주셔서 주님께 가까이 가는 길을 깨닫게 하소서. 주님의 강한 손으로 우리를, 세상 모든 사람들을 구원하소서. 우리가 심판을 당해도 절망하지 않고, 괴로움과 고통 속에서도 용기를 잃지 않을 것입니다. 주님의 권능으로 우리에게 임하소서. 우리가 주 예수 그리스도의 이름으로 능히 세상을 이길 것입니다. 아멘.

Lord our God, grant that we may heed your commandments, that our peace may be like a river and our righteousness like the waves of the sea. Be with us through your Spirit, we pray. Speak with us and tell us what we need to hear so that we can understand what draws us always nearer to you. Show the might of your hand to help us and all men. Even under judgment we shall not despair, we shall not lose courage because of troubles and distress. Come with your strength, that we may grow strong to overcome the world through Jesus Christ the Savior. Amen.

08월 15일

우리가 너희를 위하여 기도할 때마다 하나님 곧 우리 주 예수 그리스도의 아버지께 감사하노라 이는 그리스도 예수 안에 너희의 믿음과 모든 성도에 대한 사랑을 들었음이요 너희를 위하여 하늘에 쌓아둔 소망으로 말미암음이니 곧 너희가 전에 복음 진리의 말씀을 들은 것이라 이 복음이 이미 너희에게 이르매 너희가 듣고 참으로 하나님의 은혜를 깨달은 날부터 너희 중에서와 같이 또한 온 천하에서도 열매를 맺어 자라는도다. 골로새서 1:3-6

주 우리 하나님, 우리가 주님의 증인이 되어 우리의 경험을 세상에 전하고, 주께서 우리에게 베푸신 모든 은혜를 널리 알리게 하시니 참 감사합니다. 우리가 믿음을 잃지 않고 한마음으로 영광스런 그날을 기다리게 하소서. 그날에 주님은 강한 손을 들어 이 세상의 악을 끝내시고 승리의 왕이 되실 것입니다. 모든 나라가 주님을 경배하고, 만물이 새롭게 되어 주님의 위대한 이름을 찬양할 것입니다. 아멘.

Lord our God, we praise your name because we are allowed to bear witness to what we see and hear, to all the good you have given us. May we become firmly and faithfully united, awaiting the glorious day when your almighty hand will be victorious and will bring an end to the many evils among us men. On that day you will be praised throughout all nations and everything will be clothed anew, to the glory of your great name. Amen.

08월 16일

네가 주님을 신뢰하면 주님께서 너를 보살펴주시리라.
주님께 희망을 두고 바른 길을 가거라.
주님을 두려워하는 사람들아, 그분의 자비를 기다려라.
빗나가지 말아라, 넘어질까 두렵다.
주님을 두려워하는 사람들아, 그분을 신뢰하여라.
그러면 반드시 상금을 받으리라. 집회서 2:6-8, 공동번역

하늘에 계신 우리 아버지, 자녀 된 우리가 주 앞에 나아가오니 우리의 필요를 돌보소서. 성령만이 우리의 도움이 되시며 길잡이가 되십니다. 주의 말씀으로 우리를 깨우쳐주소서. 생명의 말씀은 오직 주님께로부터 나옵니다. 주님께서 우리에게 말씀하셔서, 우리가 어떻게 주를 섬겨야 할지 분명히 알게 하실 것입니다. 예수 그리스도께서 이 땅에 드러내실 진리를 우리가 말씀을 통해 보게 될 것입니다. 주님의 손으로 우리를 감싸주소서. 우리가 고통 중에 있을 때 우리를 더욱 굳세게 하시고, 두려움에 떨지 않게 하소서. 우리의 마음을 인내와 기쁨으로 가득 채워주소서. 아멘.

Dear Father in heaven, we come before you to receive what we need as your children who cannot find help and guidance on our own, but only through your Spirit. Enlighten us by your Word, which you alone can give. You will give us your Word so that we can know with absolute certainty and clarity how to serve you. Your Word will show us the truth that is to be revealed on earth in Jesus Christ. Shelter us in your hands. Strengthen us especially during suffering, and free us from fear and trembling. Fill our hearts with patience and joy. Amen.

08월 17일

평안을 너희에게 끼치노니 곧 나의 평안을 너희에게 주노라.
내가 너희에게 주는 것은 세상이 주는 것과 같지 아니하니라.
너희는 마음에 근심하지도 말고 두려워하지도 말라. 요한복음 14:27

하늘에 계신 우리 아버지, 우리의 마음에 예수 그리스도의 평화를 주시니 감사합니다. 우리가 주님을 향해 언제나 마음 문을 열어두게 하소서. 폭풍이 지나간 자리같이 폐허가 된 이 세상에 평화를 주소서. 걱정과 근심이 가득하여 불안할 때, 주님의 평화를 허락하소서. 우리에겐 아무 힘이 없습니다. 오직 주님만이 우리의 힘이 되십니다. 언제나 우리 곁에 계신 그분은 우리를 버리지 않으시며, 살아 계셔서 우리에게 용기를 주십니다. 주님의 빛이 우리 가운데 늘 새롭게 빛날 것입니다. 많은 사람들이 그 빛에 이끌려 주께서 약속하신 그날, 우리의 모든 소원이 이루어지는 그날을 맞이할 것입니다. 아멘.

Dear Father in heaven, we thank you for holding open the way into our hearts and for bringing us the peace of Jesus Christ. Help us to keep this way open. Grant us peace in this tempest-torn world. Grant us peace when many struggles and uncertainties try to occupy our hearts. We have no strength in ourselves, only in him who is standing at our side and who will never forsake us, who lives and gives strength. His light will always break in anew among us men. His light will shine on many people and lead them to the promised day, the day that will bring all our hopes to fulfillment. Amen.

08월 18일

> 내가 항상 주와 함께하니
> 주께서 내 오른손을 붙드셨나이다.
> 주의 교훈으로 나를 인도하시고
> 후에는 영광으로 나를 영접하시리니.
> 시편 73:23-24

크신 하나님, 우리의 아버지께 감사드립니다. 주님은 우리에게 믿음을 주셔서 희망을 잃지 않게 하셨습니다. 아직까지 믿음을 가지지 못한 사람들일지라도 우리는 포기하지 않습니다. 우리에게 용기를 주셔서 살면서 부딪히는 문제들을 의연히 대처하게 하시니 감사합니다. 주 앞에 나아갈 때마다 늘 우리를 받아주시니 감사합니다. 우리의 앞길을 미리 아시고, 해결해야 할 문제들을 아시는 주님. 우리를 절망케 하고 지치게 하는 것들을 아시는 주님께서 그 모든 것들을 거둬가실 것입니다. 주님의 빛이 마침내 모든 어두움을 몰아낼 것입니다. 이 진리를 믿을 때 우리의 가슴은 기쁨과 감사로 차오릅니다. 이 믿음을 가지고 흔들림 없이 승리를 향해 전진하겠습니다. 아멘.

Thank you, great God and Father, for filling our hearts with trust so that we are of good hope, also for those who have not yet found trust. Thank you for giving us courage to face all the questions that arise in human life and for accepting us again and again when we come to you. You know what lies before us. You know the mountains that have to be moved. You know all the things that frustrate us and try to wear us out, and you will take them away. At last your light will shine into all the darkness. This certainty fills us with gladness and thanksgiving. In this faith we are determined to remain steadfast and to press on to victory. Amen.

08월 19일

하늘에서는 주 외에 누가 내게 있으리요.
땅에서는 주밖에 내가 사모할 이 없나이다.
내 육체와 마음은 쇠약하나
하나님은 내 마음의 반석이시요 영원한 분깃이시라.
시편 73:25-26

하나님 우리 아버지, 주님이 우리와 함께하신다면 하늘에서도 땅에서도 우리가 무엇을 더 바라겠습니까? 우리의 몸과 마음은 쇠약해져도 주님은 우리의 하나님이 되셔서 언제나 우리에게 힘과 위로를 주십니다. 주님의 빛을 우리에게 비추셔서 우리가 성령을 좇아 살게 하소서. 우리의 마음을 일깨우셔서 우리가 받은 부르심이 얼마나 놀랍고 큰 것인지 알게 하소서. 우리를 항상 살피셔서 극심한 고통 속에서도 두려움에 사로잡히지 않게 하소서. 주의 손이 우리와 함께 있어 고통에서 우리를 건지실 것을 믿습니다. 그 손이 우리와 우리 주변의 모든 사람들을 선한 길로 이끄실 것입니다. 우리의 이웃을 생각하며 그들을 위해 기도합니다. "주님, 이 세상 모든 사람들에게 구원을 베풀어주소서." 아멘.

Dear God and our Father, if only we have you, we desire nothing more in heaven or on earth. Body and soul may fail, but you, O God, are the strength and comfort of our hearts and you are ours forever. May we live in your Spirit and may your light shine over us. Touch our hearts and help us understand the greatness of what you call us to. Help us and free us again and again so that we are not bound by fear, even when we must pass through intense suffering. For your hand shall be with us and shall rescue us. Your hand shall bring about good for us and for all the people around us. Our hearts go out to them and we plead for them too, "Lord, send your Savior to all." Amen.

08월 20일

> 그러므로 이제 그리스도 예수 안에 있는 자에게는
> 결코 정죄함이 없나니. 로마서 8:1

주 우리 하나님, 우리가 주의 자녀가 되어 성령을 받고, 우리의 필요를 돌보시는 주님을 만나게 하소서. 주님은 우리의 육체를 돌보실 뿐 아니라 영혼도 살피십니다. 불확실한 이 땅의 삶을 우리가 감당할 수 있게 하시고, 우리 사회의 변화가 필요한 일에 대해 과감히 일어서게 하십니다. 우리가 연약하다고 절망하지 않게 하시고, 주님의 권능으로 우리와 함께하소서. 우리에게 인내와 희망을 주소서. 주님께서 지금도 일하고 계시니 우리는 그 나라를 소망하며 기다립니다. 아멘.

Lord our God, grant that we may be your children who receive the Spirit and all they need from you. You strengthen us not only physically but also inwardly, in our hearts, enabling us to face the uncertainties of earthly life and whatever still needs changing in human society. Keep us from giving in to weakness. May your power be always with us. May we have patience and hope, because you are working for the good and we may wait for it in expectation. Amen.

08월 21일

끝으로 형제들아 무엇에든지 참되며 무엇에든지 경건하며 무엇에든지 옳으며 무엇에든지 정결하며 무엇에든지 사랑받을 만하며 무엇에든지 칭찬받을 만하며 무슨 덕이 있든지 무슨 기림이 있든지 이것들을 생각하라.
너희는 내게 배우고 받고 듣고 본 바를 행하라.
그리하면 평강의 하나님이 너희와 함께 계시리라. **빌립보서 4:8-9**

하늘에 계신 아버지, 우리가 늘 경건하고 옳고 순결하고 사랑스럽고 참되고 칭찬할 만한 것들만 생각하게 하소서. 주의 자녀로서 마땅히 주님의 영을 기다리며 근심하지 않겠습니다. 최악의 상황에서도 무너지지 않고 조용히 주님을 신뢰하는 주님의 자녀가 되게 하소서. 우리 가운데 계신 성령님을 찬양하겠습니다. 오늘도 우리를 지키시고 언제나 주 안에서 평안하게 하소서. 아멘.

Dear Father in heaven, let our thoughts be filled with all that is honorable, just, pure, gracious, good, and praiseworthy. We want to await your Spirit, not giving way to anxiety, but showing ourselves worthy to be your children. We want to be your children, who can rise above even the most difficult conditions and maintain a quiet trust, to the glory of your Spirit within us. Protect us now and always in your divine peace. Amen.

08월 22일

> 하나님이여 사슴이 시냇물을 찾기에 갈급함같이 내 영혼이 주를 찾기에
> 갈급하니이다. 내 영혼이 하나님 곧 살아 계시는 하나님을 갈망하나니
> 내가 어느 때에 나아가서 하나님의 얼굴을 뵈올까.
> … 내 영혼아 네가 어찌하여 낙심하며 어찌하여 내 속에서 불안해하는가.
> 너는 하나님께 소망을 두라. 그가 나타나 도우심으로 말미암아
> 내가 여전히 찬송하리로다. 시편 42:1-2, 5

주 우리 하나님, 목마른 사슴이 애타게 마실 물을 찾듯이 우리 영혼이 주님을 갈급히 찾습니다. 우리의 영혼은 주님이, 살아 계신 하나님이 그리워 목이 탑니다. 주 앞에 나아가 우리의 마음을 쏟아놓습니다. 고통스럽고 힘든 것들, 가슴 아픈 모든 일들을 털어놓습니다. 우리의 소망은 오직 주께 있습니다. 우리 삶을 황폐하게 두지 않으시고 더 나은 곳으로 인도하신다고 말씀하신 주님의 약속을 믿습니다. 주님의 성령의 빛이 오늘도 내일도 언제나 우리 위에 비치길 기도합니다. 아멘.

Lord our God, as the deer pants for refreshing water, so our souls long for you, O God. Our souls thirst for you, for the living God. We stand in your presence and pour out our hearts to you. We bring before you everything that is painful to us, all our suffering and needs. We also bring you all our hopes and the many proofs you have given us that our lives need not go to ruin but can be directed to greater things. May the light of your Spirit shine on us today and always. Amen.

08월 23일

그러므로 형제들아 더욱 힘써 너희 부르심과 택하심을 굳게 하라.
너희가 이것을 행한즉 언제든지 실족하지 아니하리라.
이같이 하면 우리 주 곧 구주 예수 그리스도의 영원한 나라에
들어감을 넉넉히 너희에게 주시리라. 베드로후서 1:10-11

주 우리 하나님, 우리가 구주 예수 그리스도께서 영원히 다스리시는 그 나라로 들어갈 수 있게 하시니 감사합니다. 주께서 주신 새로운 비전으로 이미 우리 삶의 많은 부분이 변화되었습니다. 아직 해결되지 않은 문제들에 대해서도 희망을 잃지 않고, 기쁨과 확신으로 이 길을 계속 가게 하시니 감사합니다. 주님의 비전을 마음에 품고 언제나 감사하며 살아가게 하소서. 변화가 필요한 일을 피해가지 않고 용기 있게 직면하게 하소서. 그때에 비로소 우리는 주님의 포도원의 일꾼이 될 수 있을 것입니다. 주께서 약속하셨듯이 우리 마음에 주신 주님의 빛이 꺼지지 않고 더욱 찬란히 빛나게 하소서. 아멘.

Lord our God, we thank you that you have given us an entrance into the eternal kingdom of our Lord and Savior Jesus Christ. We thank you that you have already begun to give us new vision, that already many things are being transformed, so that we may go gladly and confidently on our way with hope for whatever is still unsolved. May all this live in our hearts and fill us with thanks to you. We want to be courageous and keep in sight what still needs to be changed. Then we can take part as workers in your vineyard. May the light you have given us continue to shine in us and burn ever more brightly, as you have promised. Amen.

08월 24일

모든 것 위에 믿음의 방패를 가지고
이로써 능히 악한 자의 모든 불화살을 소멸하고.
에베소서 6:16

주 우리 하나님, 우리가 주의 빛 가운데 거닐며 주께서 주시는 힘으로 살아가게 하소서. 우리는 주님을 기쁘시게 하고 주님의 나라가 이 땅에 이루어지는 데 도움이 되길 원합니다. 우리를 악에서 지켜주시고, 악한 자가 쏘는 불화살에 상처 입지 않게 하소서. 갈 길을 몰라 헤맬 때마다 길을 열어주소서. 주님께서 우리의 아버지가 되심을 믿습니다. 주께서 우리의 아버지가 되시니 우리가 끝까지 인내하며 용기를 잃지 않겠습니다. 우리의 삶이 주님이 기뻐하시는 열매가 되어 주의 이름이 영광 받으시길 기도합니다. 아멘.

Lord our God, we long to come into your light, to live in your strength, that we may do what pleases you and furthers your kingdom on earth. Protect us from evil and do not let us be wounded by the flaming arrows of the evil one. Make paths for us whenever we do not know how to go forward. We always know you are our Father. Because you are our Father, we want to be courageous and persevere to the end so that you can make our lives bear fruit for you, to the glory of your name. Amen.

08월 25일

너희는 이 세대를 본받지 말고
오직 마음을 새롭게 함으로 변화를 받아
하나님의 선하시고 기뻐하시고 온전하신 뜻이
무엇인지 분별하도록 하라. 로마서 12:2

주 우리 하나님, 성령을 우리에게 주셔서 하나님의 선하시고 기뻐하시고 완전하신 뜻이 무엇인지 분별하게 하소서. 우리가 주의 편에 서서 싸울 때에 큰 기쁨을 주시고, 이 세상에 하나님의 선하시고 기뻐하시고 완전하신 뜻이 이루어지게 하소서. 어디에서 무엇을 하든지 온 정성을 다해 주님을 섬기게 하시고 주의 인도하심을 구하게 하소서. 그래서 주님의 계획이 성취되고 아버지의 나라가 오게 하소서. 오늘 그 나라를 소망하는 것만으로도 우리의 마음은 행복합니다. 아멘.

Grant us your Spirit, Lord our God, that we may discern your good, acceptable, and perfect will. Give us joy in fighting on your side, so that what is good, acceptable, and perfect may be given to the world. Wherever we are and whatever work we do, give us zeal to serve you and be guided by you so that your will may be done and your kingdom come, so that already today we may find happiness even though only in hope. Amen.

08월 26일

> 여호와여 주의 도를 내게 보이시고 주의 길을 내게 가르치소서.
> 주의 진리로 나를 지도하시고 교훈하소서.
> 주는 내 구원의 하나님이시니 내가 종일 주를 기다리나이다.
> 시편 25:4-5

주 우리 하나님, 우리의 아버지가 되셔서 이 땅에 사는 주님의 자녀들을 돌보소서. 때로는 이 땅에 사는 것이 몹시 힘겹고 모든 것이 우리의 뜻과 반대로 가는 것처럼 느껴질 때가 있습니다. 온 세상의 구원자, 주 예수 그리스도께서 주시는 영원한 생명의 능력을 힘입어 우리가 언제나 신실하게 하소서. 예수께서 우리를 찾아오시겠다고 약속하셨으니, 우리가 어려움을 당할 때 아버지께서 그분을 우리에게 보내주실 것입니다. 길을 잃고 헤매는 자들을 굳게 붙잡아주소서. 주의 이름을 영원토록 찬양하도록, 우리의 길을 지도하여주소서. 아멘.

Lord our God, be our Father and care for your children here on earth, where it is often bitterly hard and where everything seems to turn against us. Keep us faithful in our inner life, drawing all our strength from you, the eternal power of life, and from Jesus Christ, the Savior of the world. For Jesus has promised to come to us, and you will send him in our time of need. Let your strong hand be with those who often do not know where to turn. Show us paths we can follow, to the glory of your name in all eternity. Amen.

08월 27일

*여호와여 내가 소리 내어 부르짖을 때에 들으시고
또한 나를 긍휼히 여기사 응답하소서.
너희는 내 얼굴을 찾으라 하실 때에 내가 마음으로 주께 말하되
여호와여 내가 주의 얼굴을 찾으리이다 하였나이다.
주의 얼굴을 내게서 숨기지 마시고
주의 종을 노하여 버리지 마소서.* 시편 27:7-9상

하늘에 계신 아버지, 우리 마음에 주의 얼굴 빛을 비추시니 참으로 감사합니다. 모든 것을 밝히 꿰뚫어 보시는 주님의 눈으로 이 세대를 살피시고, 사람들이 눈에 보이지 않는 하나님께서 지켜보고 계시다는 것을 깨닫게 하소서. 전능하신 하나님 아버지께서 그들을 돌보신다는 것을 알게 하소서. 우리의 가는 길을 지켜주시고 주의 빛을 그 어느 때보다 더 환히 비추셔서, 우리가 하는 모든 일이 주께 영광 되게 하소서. 아멘.

We thank you, dear Father in heaven, that you let the light from your face shine into our hearts. Look upon our time, we pray, with your clear, penetrating eyes, and let men sense that they are watched over by more than they are able to see. Let men realize that a strong God and Father is watching over them. Protect us on our way, and let your light shine ever more brightly, so that in all we do your name is glorified. Amen.

08월 28일

> 여호와께서 다스리시니 스스로 권위를 입으셨도다.
> 여호와께서 능력의 옷을 입으시며 띠를 띠셨으므로
> 세계도 견고히 서서 흔들리지 아니하는도다. 시편 93:1

주 우리 하나님, 주님은 왕이십니다. 주님의 나라는 영원히 흔들리지 않고, 그 통치는 땅끝에 이릅니다. 우리가 주 안에서 쉼을 얻게 하시고, 어떤 질병과 아픔도 영원토록 우리를 괴롭히지 못하게 하시니 감사합니다. 끊임없이 우리를 일으켜 세우셔서 참된 인생을 살게 하시니 감사합니다. 우리에게 빛과 능력을 주셔서 이 세상을 이기게 하시고, 어떤 일을 당하든지 믿음과 신념을 버리지 않고 유연하게 대처하게 하시니 감사합니다. 예수 그리스도께서 약속하신 하나님나라를 바라보며 우리가 한길 가게 하시니 참 감사합니다. 아멘.

Lord our God, you are king, founding a kingdom that reaches to the ends of the earth, establishing it to endure forever. We thank you that we may be sheltered in your hands and that no sickness of body or soul can do us lasting harm. We thank you for lifting us again and again to true life with the light and power to overcome what is earthly, true life with the flexibility to remain trusting and confident no matter what happens, true life directed to the great goal of God's kingdom, promised to us in Jesus Christ. Amen.

08월 29일

하나님의 말씀을 너희에게 일러주고 너희를 인도하던 자들을 생각하며
그들의 행실의 결말을 주의하여 보고 그들의 믿음을 본받으라.
… 여러 가지 다른 교훈에 끌리지 말라.
마음은 은혜로써 굳게 함이 아름답고 음식으로써 할 것이 아니니
음식으로 말미암아 행한 자는 유익을 얻지 못하였느니라. 히브리서 13:7, 9

하늘에 계신 아버지, 주님께서 우리 삶 가운데 행하시는 모든 일을 감사드립니다. 이 땅에 구주 예수 그리스도를 보내셔서 우리를 도우시니 참 감사합니다. 우리의 삶을 주님께 맡깁니다. 모든 것이 주님의 손에 달려 있음을 알기 때문입니다. 주님이 다스리시니, 우리는 고난과 유혹 속에서도 주님의 능력과 빛을 의지하여 즐거이 전진합니다. 주님의 강한 손으로 주님을 찾는 자들과 함께하소서. 주님은 형식을 보시지 않고 마음을 보십니다. 진실한 사람을 알아보시고 그들을 어둠과 악으로부터 구하시기 위해 구원자를 보내십니다. 오늘도 내일도 언제나 우리와 함께하소서. 아멘.

Lord our God, dear Father in heaven, we thank you for all you do in our lives, for you stretch out your hand to us on earth through our Savior Jesus Christ. We entrust ourselves to you, knowing that everything depends on your rule over our lives. It is your rule that enables us to go forward in your strength and in your light, always finding new joy in spite of struggles and temptations. May your mighty hand be with those who call to you, no matter how they may do it. You see into their hearts. You know those who are sincere, and you will send your Savior to bring them out of all evil and darkness. Be with us today and every day. Amen.

08월 30일

내 양은 내 음성을 들으며 나는 그들을 알며 그들은 나를 따르느니라.
내가 그들에게 영생을 주노니 영원히 멸망하지 아니할 것이요
또 그들을 내 손에서 빼앗을 자가 없느니라. 요한복음 10:27-28

하늘에 계신 아버지, 우리가 주님의 자녀임을 마음으로 깨닫게 하시니 감사합니다. 어두움과 혼란, 두려움과 고통 속에서도 주님은 우리에게 행복을 안겨주십니다. 주님의 의로운 손으로 우리를 붙들어주시고 마침내 모든 악에서 구하여주실 것을 믿습니다. 주님의 성령이 세상 모든 곳에서 역사하게 하소서. 기다림이 필요할 때, 우리 마음에 인내를 주시고 하나님께 속한 다른 사람들에게도 같은 은혜를 허락하소서. 언제나 우리를 담대하게 하셔서 가장 어려운 순간에도 무너지지 않고, 소망 가운데 기뻐하게 하소서. 주께서 주님의 영광을 위해 세상 모든 불의를 바로잡으실 것을 믿습니다. 아멘.

Dear Father in heaven, we thank you for moving our hearts so that we may know we are your children. Even in the midst of turmoil and evil, fear and pain, you bring us happiness; we can know that you are holding us with your right hand and will finally deliver us from all evil. Let your Spirit be at work everywhere. Give us patience when time is needed in our own hearts and in the hearts of our fellow men, who also belong to you. Continue to strengthen us so that even the heaviest burden does not crush us and we may exult in hope because you right every wrong, to the glory of your name. Amen.

08월 31일

사람이 마땅히 우리를 그리스도의 일꾼이요
하나님의 비밀을 맡은 자로 여길지어다.
그리고 맡은 자들에게 구할 것은 충성이니라. 고린도전서 4:1-2

하늘에 계신 아버지, 우리의 마음을 열어 주께서 우리 인생에 어떠한 복을 주셨는지 깨닫게 하소서. 주님의 복을 받을 수 있도록 우리의 마음을 준비시키셔서, 기쁨과 감사함으로 앞날을 바라보게 하소서. 주님께서 우리에게 주신 것을 충실히 지키고 잠시라도 한눈팔지 않게 하소서. 주님이 우리 마음에 새기신 영원한 말씀을 늘 지켜서, 우리가 그리스도 안에서 새로워지고, 아버지의 이름이 영광 받게 하소서. 우리에게 용기를 주셔서 인생의 어두운 순간을 극복하게 하시고, 기쁨과 확신으로 그날을 기다리게 하소서. 그날에 하나님나라의 권능이 전에 없이 분명히 드러날 것을 믿습니다. 아멘.

Dear Father in heaven, open our hearts to see and feel how our lives have been blest. Open our hearts to your blessings so that we may look forward in thankfulness and joy to what lies ahead. Grant that we may be faithful to what we have received from you and never again lose ourselves in the passing moment. May we hold to all you have brought to our hearts from eternity, that your name may be honored and our lives shaped anew in Jesus Christ. Give us courage to overcome the evils in life and to look with joy and confident expectation to the future, when the powers of your kingdom will be ever more clearly revealed. Amen.

Evening Prayers

9월
September

09월 01일

> 그런즉 누구든지 그리스도 안에 있으면 새로운 피조물이라.
> 이전 것은 지나갔으니 보라 새것이 되었도다. 고린도후서 5:17

하늘에 계신 아버지, 우리 삶 속에서 선한 것을 볼 수 있도록 우리의 마음을 열어주소서. 우리 마음을 밝히셔서 하나님으로부터 받은 도리와 그리스도께서 전해주신 인간의 참된 본성을 깨닫게 하시고, 우리가 그것들을 따라 살게 하소서. 잠깐 있다 사라지는 것들에 눈이 멀지 않게 하소서. 고난 중에서도 현실에 굴하지 않고 새롭고 완전한 존재가 되는 그때를 참고 기다리게 하소서. "보십시오, 옛 것은 지나가고 모든 것이 새롭게 되었습니다!" 우리도 이같이 고백할 수 있게 하신 주님께 영광 돌립니다. 아멘.

Dear Father in heaven, open our hearts to see what is good in our lives. May the light in our hearts shine clearly so that we see, recognize, and live in accordance with what comes from eternity and belongs to man's true nature, brought to us through Christ. Keep us from being blinded and deafened by experiences that will pass by. Help us to rise above them even in suffering and to wait patiently for what is becoming new and perfect. Praise to your name that we too can say, "The old has passed away; see, everything has become new!" Amen.

09월 02일

> 오직 모든 일에 하나님의 일꾼으로 자천하여 많이 견디는 것과 환난과 궁핍과 고난과 매 맞음과 갇힘과 난동과 수고로움과 자지 못함과 먹지 못함 가운데서도 … 영광과 욕됨으로 그리했으며 악한 이름과 아름다운 이름으로 그리했느니라. 우리는 속이는 자 같으나 참되고 무명한 자 같으나 유명한 자요 죽은 자 같으나 보라 우리가 살아 있고 징계를 받는 자 같으나 죽임을 당하지 아니하고 근심하는 자 같으나 항상 기뻐하고 가난한 자 같으나 많은 사람을 부요하게 하고 아무것도 없는 자 같으나 모든 것을 가진 자로다. 고린도후서 6:4-5, 8-10

하늘에 계신 아버지, 주님은 언제나 우리 곁에 계십니다. 우리 삶에 주님의 사랑을 부어주셔서 온갖 시험과 고난 중에도 기뻐할 수 있게 하시니 감사합니다. 주님께서 우리에게 허락하신 것들이 얼마나 풍성한지요! 얼마나 많은 순간 우리를 고통에서 건져내셨는지요! 주님은 끊임없이 우리에게 생명의 빛을 비추어주셨습니다. 주님이 우리에게 빛을 주신 것은 지금 이 순간뿐 아니라 우리의 앞날을 위해서이기도 합니다. 그 빛을 보며 우리가 힘을 얻고, 현재와 과거, 미래에 대해 확신하게 됩니다. 주님의 이름을 찬양합니다. 아멘.

Dear Father in heaven, you are always near to us on earth, and we thank you for all the love you put into our lives so that we can be joyful, even in all kinds of temptations and struggles. How much you have given us and how often you have rescued us from distress! Again and again you have let the light of life shine out. You give us light not only for the moment but also for the future, enabling us to draw strength and assurance from the present, the past, and the future, to the glory of your name. Amen.

09월 03일

> 그러므로 우리가 낙심하지 아니하노니 우리의 겉사람은 낡아지나
> 우리의 속사람은 날로 새로워지도다. 우리가 잠시 받는 환난의 경한 것이
> 지극히 크고 영원한 영광의 중한 것을 우리에게 이루게 함이니
> 우리가 주목하는 것은 보이는 것이 아니요 보이지 않는 것이니
> 보이는 것은 잠깐이요 보이지 않는 것은 영원함이라. 고린도후서 4:16-18

주 우리 하나님, 주님의 능력과 권세로 우리를 돌보시니 감사합니다. 우리가 고난당할 때 함께하시고, 이 땅에서 견뎌내야 할 것들을 감당할 수 있도록 도와주시니 감사합니다. 주님은 우리 인생을 선한 것으로 채우셔서 우리와 세상 모든 사람들에게 밝은 희망을 주십니다. 주님의 권능이 보이지 않는 세계에서 보이는 인간 세계로 임합니다. 온 세상이 어제도 오늘도 영원토록 변함이 없으신 예수 그리스도를 보게 될 그날까지, 우리 안에서 조용히 일하시는 주님의 권능을 우리가 늘 경험하게 하소서. 아멘.

Lord our God, we thank you that you come to help us with your power and might. We thank you that you come to us in our suffering and strengthen us in all we must endure on earth. You help us so that what is good and full of light comes more and more to us and to all men. We thank you and pray that your power, coming from the invisible world into the visible, may continue its quiet working in us until the day when everyone can see Jesus Christ, who is the same yesterday, today, and into all eternity. Amen.

09월 04일

우리를 구원하시되 우리가 행한바 의로운 행위로 말미암지 아니하고
오직 그의 긍휼하심을 따라 중생의 씻음과 성령의 새롭게 하심으로 하셨나니
우리 구주 예수 그리스도로 말미암아 우리에게 그 성령을 풍성히 부어주사
우리로 그의 은혜를 힘입어 의롭다 하심을 얻어 영생의 소망을 따라
상속자가 되게 하려 하심이라. 디도서 3:5-7

주 우리 하나님, 주님의 빛을 우리 마음에 비추소서. 주님의 빛은 우리의 모든 갈망이 채워질 때까지 우리에게 기쁨을 주시고 우리를 이끄십니다. 성령을 따라 살기 원하는 소망이 우리 마음에 타올라, 더 이상 변질되기 쉬운 육체의 욕망을 따르지 않게 하소서. 우리는 영원한 것을 상속받을 하나님의 자녀입니다. 우리가 육체의 욕망을 극복하고 하늘나라의 소망을 좇아 기쁨으로 살아가게 하소서. 아멘.

Lord our God, let your light shine in our hearts, the light that can gladden us and lead us until all our longing is stilled. May the higher nature born in us men become ever stronger so that the lower and perishable nature does not rule over us. Grant that we may overcome and that our hearts may rejoice in being allowed to strive for the highest good because we are your children who can share in what is eternal. Amen.

09월 05일

나는 선한 싸움을 싸우고 나의 달려갈 길을 마치고 믿음을 지켰으니
이제 후로는 나를 위하여 의의 면류관이 예비되었으므로
주 곧 의로우신 재판장이 그날에 내게 주실 것이며
내게만 아니라 주의 나타나심을 사모하는 모든 자에게도니라.
디모데후서 4:7-8

하늘에 계신 아버지, 우리를 향한 주님의 생각이 어찌 그리 감사한지요. 그 손으로 우리를 구원하시고 주님과 하나 되게 하셨습니다. 우리에게 희망의 길을 보여주셔서 감사합니다. 우리가 그 길을 걸을수록, 그 길은 더욱 분명하고 단단해집니다. 이 길을 걸으며 우리는 이 세대의 온갖 악과 싸워 이길 것입니다. 정의가 승리할 것을 믿습니다. 자신을 부인하고 많은 고통을 겪어야 할지라도 끝내 우리는 영원하고 위대한 그곳에 도착할 것입니다. 하나님의 나라가 이 땅에 임하고, 주님의 이름이 영광 받으실 것입니다. 그 날에 세상 모든 사람이 하늘의 법을 따라 살며, 유일한 도움 되시고 참 생명 되시는 주를 좇아 살 것입니다. 아멘.

We thank you, Father in heaven, that you concern yourself with us and that you bind us to yourself through all your deeds and all your help. We thank you for showing us a way of hope, a way that becomes always clearer, always firmer under our feet. On this way we can defy every evil of this world and time, knowing for sure that everything will come out right and we will all be brought to the great, eternal goal, even though we have to deny ourselves and go through much suffering. Your kingdom must come to the glory of your name, so that all men may live on a higher plane and follow you, the only true help and true life. Amen.

09월 06일

예수께서 보시고 노하시어 이르시되
어린아이들이 내게 오는 것을 용납하고 금하지 말라.
하나님의 나라가 이런 자의 것이니라.
내가 진실로 너희에게 이르노니
누구든지 하나님의 나라를 어린아이와 같이 받들지 않는 자는
결단코 그곳에 들어가지 못하리라 하시고. 마가복음 10:14-15

하늘에 계신 아버지, 자녀 된 우리에게 베풀어주시는 모든 은혜를 감사드립니다. 어린아이와 같이 순수한 믿음을 가질 때 우리에게 주시는 지혜와 능력을, 우리가 어찌 다 감사할 수 있을까요? 기쁨으로 주님 계신 곳에 가길 원합니다. 슬픔이 몰려와도 눈물을 흘리거나 불평하고 싶지 않습니다. 자녀 된 우리를 보호하소서. 이 땅에 사는 주님의 모든 자녀를 지켜주시고, 그들을 괴롭히는 온갖 고통에서 건져주소서. 우리가 당하는 시련이 주님의 나라를 이 땅에 세우는 선한 싸움이 되게 하소서. 모든 사람이 마침내 주님의 자녀가 되는 그날까지, 아버지의 뜻이 이 땅에 이루어지고, 온 민족이 큰 자비를 경험하며, 온 누리의 사람들이 놀라운 용서를 체험하고 새로운 인생을 살게 하소서. 우리를 살피시고 도와주소서. 우리에게 복을 내리소서. 우리 가운데 언제나 함께하셔서, 우리의 몸과 영혼이 날마다 새로워지고 강건하게 하소서. 아멘.

Dear Father in heaven, how shall we thank you for all you give to us, your children – for the great wisdom and power you hold in readiness for us if we are childlike? We want to be glad in your presence. We do not want to weep and complain, though tears often threaten to come. We ask you to protect us, your children. Protect all your children on earth. Let the pain that breaks over them be taken away. Even when we must follow a hard road, let the suffering we endure become part of the fight that brings in the kingdom of heaven, bringing your purpose to the earth and your great mercy, the wonderful forgiveness that enables people to be reborn, until at last all are called your children. Sustain us. Help us. Bless us. May the Savior always live among us, reviving and strengthening us in body and soul. Amen.

09월 07일

> 우리 주 예수 그리스도의 아버지 하나님을 찬송하리로다. 그의 많으신 긍휼대로
> 예수 그리스도를 죽은 자 가운데서 부활하게 하심으로 말미암아
> 우리를 거듭나게 하사 산 소망이 있게 하시며
> 썩지 않고 더럽지 않고 쇠하지 아니하는 유업을 잇게 하시나니
> 곧 너희를 위하여 하늘에 간직하신 것이라. 베드로전서 1:3-4

주 우리 하나님, 우리에게 부활의 확신을 주시려고 주께서 우리 삶 속에 이루신 일들을 우리가 언제나 기억하게 하소서. 우리가 이 확신을 지니고 살아갈 수 있도록 도와주시고, 우리에게 주신 선하고 위대한 것들을 잘 간직하게 하소서. 아직도 어둠 가운데 있는 자들, 사망의 그늘 아래 있는 사람들을 구하기 위한 영적 전투에서 우리가 이기고 있음을 확신하게 하소서. 지금 여기에 우리가 소유하고 있는 것들로 만족하게 하시고, 힘겨운 일을 당할 때 인내하게 하소서. 불의가 아무리 횡행하더라도 모든 것을 아시는 주님께서 여전히 다스리심을 믿고, 희망을 잃지 않게 하소서. 마침내 모든 것이 빛 가운데 드러나, 온 세상 사람이 주님의 크신 이름을 찬양하게 될 것을 믿습니다. 아멘.

Lord our God, remind us again and again of what you have done in our hearts and lives to make us certain of the resurrection. Help us to live in this certainty and to hold fast to everything good and great which you bring into our lives. Grant us the assurance that we are gaining ground in the battle for the redemption of those who are still in darkness and in the shadow of death. May we find joy in what we have here and now. Give us patience in our struggles. Give us hope for all that has gone wrong, because even what is in darkness is still in your hands. In the end everything must be brought to the light so that all mankind may glorify your great name. Amen.

09월 08일

하나님이 그가 베푸실 은혜를 잊으셨는가,
노하심으로 그가 베푸실 긍휼을 그치셨는가 하였나이다. (셀라)
또 내가 말하기를 이는 나의 잘못이라. 지존자의 오른손의 해
곧 여호와의 일들을 기억하며 주께서 옛적에 행하신 기이한 일을 기억하리이다.
또 주의 모든 일을 작은 소리로 읊조리며
주의 행사를 낮은 소리로 되뇌이리이다. 시편 77:9-12

하늘에 계신 우리 아버지, 많은 유혹과 고민으로 힘겨운 이때에 우리가 주님 앞에 나아갑니다. 우리 마음에 주님의 빛을 비추셔서 아무리 오랜 기간 시험을 당해도 흔들리지 않고 인내하며 포기하지 않게 하소서. 모든 것을 바꾸시는 주님의 손이 우리가 기다리는 그날을 앞당기실 것입니다. 그날에 주님의 빛이 죽음과 죄악의 어둠을 밝히고, 주의 자녀와 온 세상에 참 생명을 드러낼 것입니다. 주님은 우리의 하나님, 우리의 아버지가 되십니다. 주의 편에 서서, 신뢰와 믿음으로 주님을 바라봅니다. 주께서 약속하신 대로 이 땅에 은혜와 정의와 자비를 베푸시고 주님의 뜻을 이루실 것을 믿습니다. 아멘.

Lord God, our Father in heaven, we turn to you in these times when we are under so much stress and temptation. Let your light glow in our hearts to give us firmness, patience, and perseverance throughout the time of testing, no matter how long it lasts. Your hand can change everything. Your hand can shorten the time we must wait until your light shines out of the darkness of death and evil, until your light reveals your life to your children and to the whole world. You are our God and Father as you have promised, and remaining at your side, we look to you in faith and trust. You will bring about goodness, justice, and mercy as you have promised, and so fulfill your will. Amen.

09월 09일

끝으로 너희가 주 안에서와 그 힘의 능력으로 강건하여지고
마귀의 간계를 능히 대적하기 위하여 하나님의 전신 갑주를 입으라.
에베소서 6:10-11

주 하나님, 우리와 함께하셔서 우리를 굳세게 하시고, 예수 그리스도를 통해 용기를 얻게 하시니 참 감사합니다. 하나님의 일을 이끄시는 예수 그리스도는 이 땅에 사는 우리 가운데 언제나 승리자가 되십니다. 이 시대에 우리가 주께 가까이 가고, 하나님나라에 다가갈 수 있도록 우리 영혼을 북돋아주시고 우리 마음에 확신을 주소서. 우리가 지칠 때마다 성령으로 우리에게 복을 주소서. 주님의 성령은 우리를 격려하셔서 믿음을 가지고 소망하게 하시며, 온 세상에 기쁨이 될 주의 구원의 날을 바라보게 하십니다. 아멘.

Lord God, we thank you that it is your will to strengthen us through your presence, through Jesus Christ, the leader of your cause, who is and remains victor among men on earth. Our souls need strength and our hearts need confidence so that in our time we can draw near to you and to your kingdom. Bless us with the Holy Spirit whenever we begin to grow weary. Your Holy Spirit can give us the strength to believe and hope, the strength to see the salvation that is coming to give joy to all the world. Amen.

09월 10일

주의 말씀은 내 발에 등이요
내 길에 빛이니이다. 시편 119:105

주 우리 하나님, 우리가 주 앞에 나아가오니 가난한 우리를 불쌍히 여겨주소서. 주님이 강한 손으로 붙들어주시지 않으시면 우리는 길을 잃고 마는 연약한 인생들입니다. 주님을 신뢰합니다. 주께서 우리를 도우시고 언제나 함께하실 것을 믿습니다. 어려운 순간에도 주님은 주님의 뜻을 따라 선을 이루실 것입니다. 주님의 말씀을 듣기 위해 모인 우리에게 복을 주소서. 주의 말씀은 우리의 힘이요 기쁨입니다. 그 말씀은 우리에게 승리를 주시고, 온 세상에 구원을 베푸셔서 아버지의 뜻이 하늘에서와 같이 땅에서도 이루어지게 하십니다. 아멘.

Lord our God, we stand before your presence. Look in mercy upon us poor, weak children of men, who do not know where to turn unless you help us with your mighty hand. We trust in you. You will help us, you will always be with us, and even in hard times you will accomplish your will for what is good. Bless us today as we gather to hear your Word. May your Word always be our strength and joy. Your Word gives victory in us and in the whole world so that your will may be done on earth as in heaven. Amen.

> 그가 자기 영혼의 수고한 것을 보고 만족하게 여길 것이라.
> 나의 의로운 종이 자기 지식으로 많은 사람을 의롭게 하며
> 또 그들의 죄악을 친히 담당하리로다. 이사야 53:11

주 우리 하나님, 하늘에 계신 아버지, 우리가 넘어지고 죄 지은 일들을 주님께 고백하게 하시니 감사합니다. 우리를 도와주시고 있는 모습 그대로 받아주시는 예수님을 보내주셔서 감사합니다. 주님은 우리에게 필요한 도움이 무엇인지 잘 아십니다. 온 세상에 위로를 주시는 주님, 주님은 거룩한 눈으로 모든 것을 지켜보시고, 이 시대의 흉악함도 선으로 바꾸십니다. 재앙 가운데 구원을, 죽음 가운데 생명을 베푸십니다. 영화롭고 전능한 주의 이름을 찬양합니다! 주님의 종의 믿음을 지켜주시고, 고통 중에도 힘과 용기를 잃지 않게 하소서. 이 땅의 모든 백성에게 주님의 자비와 사랑을 베푸실 그날이 곧 올 것을 믿습니다. 아멘.

Lord our God, our Father in heaven, we thank you for letting our failures and sins come before you and for giving us One who steps in to help us just as we are, with the right help for the good and the evil things in our lives. We thank you that our whole age can be comforted, and even the terrors of our days can be turned to the good because everything has already come before your holy eyes. Salvation will come out of disaster, life out of death. Praise to your glorious and almighty name! Protect our faith in your Servant. May we always find strength and courage, even when we are in pain. The time is coming when your loving-kindness will be revealed among all nations on earth. Amen.

09월 12일

> 난리와 난리의 소문을 들을 때에 두려워하지 말라. 이런 일이 있어야 하되 아직 끝은 아니니라. 민족이 민족을, 나라가 나라를 대적하여 일어나겠고 곳곳에 지진이 있으며 기근이 있으리니 이는 재난의 시작이니라.
> … 또 복음이 먼저 만국에 전파되어야 할 것이니라.
> … 또 너희가 내 이름으로 말미암아 모든 사람에게 미움을 받을 것이나 끝까지 견디는 자는 구원을 받으리라. 마가복음 13:7-8, 10, 13

온 세상을 다스리시는 우리 주 하나님, 모든 사람들이 주님의 뜻과 생각을 좇아 사는 그날을 기다리시는 하나님, 우리가 주님 앞에 나아갑니다. 우리가 주의 말씀을 듣고 힘을 얻으며, 포기하지 않고 하나님나라를 바라보게 하소서. 세상이 폭풍처럼 몰아칠 때에도, 나라와 나라가 맞서 일어서고 모든 것이 어두워 보이는 그때에도 주님은 우리와 함께하십니다. 하나님나라가 고요한 강같이 임하여 주의 이름이 영광 받게 하소서. 예수님이 보여주신 푯대를 향해 우리가 더 가까이 다가서게 하소서. 주님이 오시는 그날을 우리가 고대합니다. 주님의 성령과 능력으로 모든 것이 새로워지고 완전하게 되는 그날이 어서 오게 하소서. 아멘.

Lord our God, Ruler over the world, whose longing is to see your thoughts and your will in all peoples, we come before you and ask that we may find strength in your Word and never cease to hope for the coming of your kingdom. Even when the world storms and rages, even when the kingdoms of men rise up against each other and everything seems dark, even then be present. Let your kingdom go quietly forward, to the honor of your name. Help us come closer to the goal Jesus has shown us, closer to the time we wait for, the day of his coming when all shall be made new and good through your power, through your Spirit. Amen.

09월 13일

> 너희는 그 은혜에 의하여 믿음으로 말미암아 구원을 받았으니 이것은 너희에게서 난 것이 아니요 하나님의 선물이라. 행위에서 난 것이 아니니 이는 누구든지 자랑하지 못하게 함이라.
> 에베소서 2:8-9

주 우리 하나님, 우리가 주님의 자녀인 것을 믿고 주님 앞에 함께 모였습니다. 우리에게 성령을 부어주소서. 주님의 성령은 우리의 마음을 변화시키시고 우리를 괴롭히는 악한 영들을 몰아내십니다. 우리와 함께하소서. 주님의 크신 은혜와 긍휼로 우리 영혼을 채우셔서, 우리가 이 땅에 사는 동안 실수하고 넘어지며 죄를 짓더라도 기쁨을 잃지 않고 마침내 승리하게 하소서. 우리는 약하나 주님의 은혜는 한없이 크십니다. 하나님 아버지, 지금부터 영원까지 우리가 주님의 은혜를 입어 늘 선한 양심을 가지고 살게 하소서. 아멘.

Lord our God, we know that we are your children, and in this certainty we gather in your presence as a community. Grant us your Spirit, the Spirit who works in us and frees us from the many evils that still torment us. Be with us and let the power of your great grace and mercy be in our hearts so that we may gain the victory and lead joyful lives on earth in spite of our many shortcomings, blunders, and sins. For your grace is great, much greater than all our failings. You are our God and Father, and we want to keep our consciences clear today and always through your grace. Amen.

09월 14일

> 그러나 그날 후에 내가 이스라엘 집과 맺을 언약은 이러하니 곧 내가 나의 법을 그들의 속에 두며 그들의 마음에 기록하여 나는 그들의 하나님이 되고 그들은 내 백성이 될 것이라. 여호와의 말씀이니라. 그들이 다시는 각기 이웃과 형제를 가르쳐 이르기를 너는 여호와를 알라 하지 아니하리니 이는 작은 자로부터 큰 자까지 다 나를 알기 때문이라. 내가 그들의 악행을 사하고 다시는 그 죄를 기억하지 아니하리라. 여호와의 말씀이니라. 예레미야 31:33-34

주 우리 하나님, 주님은 우리의 소망이 되십니다. 주께서 우리의 하나님이 되신다는 그 약속을 우리가 어찌 잊을 수 있겠습니까. 변함없는 주님의 약속을 신뢰하며 우리는 한 점 의심 없이 그 약속을 붙들 것입니다. 주의 말씀은 영원하고, 주님의 행사는 영광의 그날로 우리를 안내합니다. 그날에 주님이 영광 받으시고, 우리의 영혼이 주님을 만나 마침내 자유를 누리게 될 것입니다. 자기 자신만을 위한 일들을 잊고, 두려움과 망설임에서 자유롭게 되며, 고통과 괴로움에서 해방될 것입니다. 오 하나님, 그날 우리는 주님이 우리의 아버지이심을 알게 될 것입니다. 아멘.

Lord our God, we hope in you. One thing never leaves our hearts, your promise that you will be our God, our God in Jesus Christ. This stands firm, and we want to hold to it in trust and confidence. For your Word remains sure, and all your works lead toward a great and wonderful time when you will be glorified, when our hearts can at last become free because we know you. We can become free from all our own works, free from all trembling and hesitation, free from all suffering and distress, because we know that you, O God, are our Father. Amen.

09월 15일

이는 내 생각이 너희의 생각과 다르며 내 길은 너희의 길과 다름이니라.
여호와의 말씀이니라.
이는 하늘이 땅보다 높음같이 내 길은 너희의 길보다 높으며
내 생각은 너희의 생각보다 높음이니라. 이사야 55:8-9

주 우리 하나님, 우리가 주님의 얼굴을 구하며 주님께 나아가게 하시니 감사합니다. 이 땅에 사는 동안 우리를 돌보시고, 믿음을 주시며, 주님이 하시는 모든 일을 신뢰하게 하시니 참 감사합니다. 우리에게 복을 주시고 용기를 주소서. 주님의 빛을 세상 사람들에게 비추소서. 그들이 주님의 뜻을 깨닫고 주의 이름을 찬양할 것입니다. 주님이 열어주시는 새로운 시대를 우리가 함께 기뻐할 것입니다. 주께서 시작하신 그 일을 반드시 이루실 것을 믿습니다. 우리 인간은 이 시대의 운명을 알지 못해도, 주님은 우리의 필요를 아시고 주님의 뜻을 수행하십니다. 주님의 이름이 영광 받으시고, 아버지의 나라가 올 것입니다. 주께서 세상의 모든 것을 선하게 바꾸실 것입니다. 아멘.

Lord our God, we thank you for allowing us to come to you and to stand before your face. We thank you for helping us throughout our life on earth, for strengthening our faith in you and our trust in all you do. Bless us and give us courage. May your light shine out among the peoples so that they recognize your will. May your light shine out so that your name may be praised and we can rejoice in the new time you give us. For you will be at work and you will accomplish it. Even when we men do not know what will become of our time, you know what our time needs, and you will carry out your will. You will let your name be honored. You will bring your kingdom, and you will change everything for the good. Amen.

09월 16일

> 내가 아버지께로부터 너희에게 보낼 보혜사
> 곧 아버지께로부터 나오시는 진리의 성령이 오실 때에
> 그가 나를 증언하실 것이요
> 너희도 처음부터 나와 함께 있었으므로 증언하느니라. 요한복음 15:26-27

우리를 구원하시는 크신 하나님, 주님은 그 손으로 주님의 자녀를 이끄셔서, 주 안에서 참된 인생을 사는 길을 가르쳐주십니다. 이제까지 우리에게 베풀어주신 모든 은혜를 감사드립니다. 우리를 인도하시는 그 손을 거두지 마시고, 성령으로 우리 삶의 모든 영역을 다스려주소서. 우리가 새롭게 용기를 얻고 힘을 얻으며 진리를 깨달을 수 있도록 성령을 부어주소서. 주님만이 우리의 새 힘 되시니, 모든 영광을 주께 돌립니다. 오직 주님만이 우리를 죽음의 고통에서 건져내시고 우리의 모든 짐을 벗겨주십니다. 고통과 시련 속에서도 우리가 주님을 바라볼 수 있는 이유입니다. 높은 보좌에 앉아 계신 하나님, 주님의 이름이 이 땅에서 영화롭게 되기를 기도합니다. 아멘.

Great God and Savior, you want to lead us children of men by the hand so that in communion with you we learn how to live a true life. We thank you for everything we have already received. Guide us still, we pray. Through your Spirit lead us in all areas of our life. Grant us the Spirit, who can illumine our hearts to help us find new courage and new strength and new recognition of the truth. All our praise belongs to you, for you alone can quicken us. You alone free us from the pain of death and from all burdens, so that in spite of toil and struggle we may always be lifted up to you, our God on high, to the glory of your name on earth. Amen.

09월 17일

사람들이 심히 놀라 이르되 그가 모든 것을 잘하였도다.
못 듣는 사람도 듣게 하고 말 못하는 사람도 말하게 한다 하니라.
마가복음 7:37

주 우리 하나님, 하늘과 땅을 성령으로 가득 채우시고 우리에게 그 은혜를 나누시는 주님! 이제까지 베풀어주신 은혜와, 지금도 또 앞으로도 계속 내려주실 은총을 감사드립니다. 아무리 애타게 찾고, 갈망하고, 노력하여도 결국 우리 모두는 곤고하고 불쌍한 인생입니다. 오직 주님만이 주님의 거룩한 영으로 우리를 깨우치셔서, 아버지의 뜻을 따를 수 있게 하십니다. 세상 사람들의 일에 휘말리지 않게 하소서. 마음의 필요를 가장 잘 아시는 분은 주님이십니다. 주님은 언제나 우리가 생각하고 소망했던 것 이상으로 우리를 도우셨습니다. 우리를 위해 행하신 주님의 행사가 얼마나 크신지요! 온 세상을 위해 지금도 일하고 계신 주님을 찬양합니다! 오늘을 있게 하신 주님께 감사드립니다. 종종 우리의 삶이 절망적이고 슬퍼 보여도 주님은 여전히 능력으로 우리와 함께하셔서 우리를 돌보시고 새롭게 하십니다. 우리의 가난한 마음이 예수 그리스도께서 주시는 생명, 하늘에서 내려오는 참 생명으로 부유해지는 날이 반드시 올 것입니다. 아멘.

Lord our God, you fill heaven and earth with your Spirit and allow us to share in your gifts. We thank you for all you have given us, for all you are giving and will give. We are poor and needy in spite of our striving, longing, and seeking. Only you, through your Spirit, can awaken something in us to help us go toward your goal. Keep us from being caught up in what people do. The greatest help for our hearts is what you do. Each of us has received help beyond anything we had hoped or thought of. How much you have done for us! How much you are doing for the nations! Yes, we thank you for this present time. Although our lives often seem hopeless and full of sorrow, your powers are still living among us, working for our good and awaking us to new life. The time will surely come when our hearts will be released from their hunger and we can be filled with the life from above, which you give us in Jesus Christ. Amen.

그 열두 문은 열두 진주니 각 문마다 한 개의 진주로 되어 있고
성의 길은 맑은 유리 같은 정금이더라. 성 안에서 내가 성전을 보지 못하였으니
이는 주 하나님 곧 전능하신 이와 및 어린양이 그 성전이심이라.
그 성은 해나 달의 비침이 쓸데없으니 이는 하나님의 영광이 비치고
어린양이 그 등불이 되심이라. 요한계시록 21:21-23

주 우리 하나님, 주님의 영광스런 그날을 우리에게 약속하셔서, 우리가 그날을 바라보며 살게 하시니 감사합니다. 그날을 소망하며 살아갈 때 우리는 오늘의 고통을 잊게 됩니다. 주님의 능력을 힘입어 죄와 죽음, 모든 악에 맞서 싸울 수 있다는 것을 알게 됩니다. 우리 마음의 온갖 짐들을 거두어주소서. 주께서 우리를 도우실 그날을 인내하며 기다릴 수 있도록 우리에게 용기를 베푸소서. 이 시간 온 세계에서 벌어지는 일들을 주관하셔서 모든 문제들이 해결되는 방향으로 진행되게 하소서. 주님을 송축하며 하늘에 계신 우리 아버지를 찬양합니다. 날마다 우리에게 은혜를 베푸시는 주님, 언젠가 이 땅의 모든 피조물을 주님의 빛으로 밝히실 주님을 찬양합니다. 아버지의 이름에 모든 영광을 돌립니다. 아멘.

Lord our God, we thank you that you have given us your glorious future as the basis for our lives. We thank you that on this foundation we can forget our present troubles and believe that the power of good can move us today to oppose sin, death, and everything evil. Free our hearts from all burdens, and grant that we may have courage to wait patiently for the great help which is to come. Grant that what is happening in the world today may somehow help toward the solution of all the problems. We praise your name, our Father in the heavens. We praise you for the good you do for us each day and for the light you will shed one day on everything on earth, to the glory of your name. Amen.

09월 19일

내가 애굽 사람에게 어떻게 행하였음과 내가 어떻게 독수리 날개로
너희를 업어 내게로 인도하였음을 너희가 보았느니라.
세계가 다 내게 속하였나니 너희가 내 말을 잘 듣고 내 언약을 지키면
너희는 모든 민족 중에서 내 소유가 되겠고
너희가 내게 대하여 제사장 나라가 되며 거룩한 백성이 되리라.
출애굽기 19:4-6상

우리의 아버지 되신 주 하나님, 이 땅을 빛으로 밝히셔서 우리의 마음에 기쁨을 주시니 참 감사합니다. 주님이 빛을 비추실 때, 우리는 주님이 베푸신 모든 은총을 어린아이와 같은 마음으로 받아들이며, 주께서 창조하신 이 세계에서 어떻게 열린 눈과 마음으로 살 수 있을지 알게 됩니다. 슬픈 마음에 잠긴 수많은 영혼들을 놀라운 은혜로 위로하시고, 가난하고 병들고 연약한 사람들을 일으켜 세우시는 주님을 찬양합니다! 주께서 우리에게 주시는 은혜를 깨달아, 낙심하지 않고 언제나 독수리처럼 날아오르게 하소서. "우리가 어려움을 겪을 때, 자비로운 하나님께서 그 날개를 펴서 우리를 지켜주시지 않은 적이 있었던가!"라고 끊임없이 고백하게 하소서! 아멘.

Lord our God and our Father, we thank you for all the light you let shine on earth to gladden our hearts. Your light shows us how to live in your creation with open eyes and open hearts, accepting in a childlike way all the good gifts from your hand. How much good you send to many sorrowful hearts, and how much strengthening to those in weakness, poverty, and sickness! Grant that we may recognize what comes from you, that we are not cast down in spirit but mount up again and again on wings like eagles. May we learn to say at all times, "Through how much need has not our merciful God spread out his wings to protect us!" Amen.

> 여호와는 위대하시니 크게 찬양할 것이라.
> 그의 위대하심을 측량하지 못하리로다.
> 대대로 주께서 행하시는 일을 크게 찬양하며
> 주의 능한 일을 선포하리로다.
> 주의 존귀하고 영광스러운 위엄과 주의 기이한 일들을
> 나는 작은 소리로 읊조리리이다. 시편 145:3-5

우리의 도움 되시는 주 하나님, 우리 가운데 계셔서 많은 인생들을 지켜주시니 참 감사합니다. 우리의 생이 마쳐갈 때에도 주님은 우리를 도우시고 보호하셔서 우리가 죽음의 세계 아닌 영원한 생명으로 들어가게 하십니다. 우리의 마음이 주를 바라보게 하소서. 우리 안에 어두움이 없이, 주 앞에 진실한 마음으로 나아가게 하소서. 주 하나님, 악에서 선을 창조하시고 어두움 가운데 빛을 비추소서. 주의 약속을 이루소서. 우리는 사람들이 원하는 것들에 마음 두지 않고 오직 주님의 약속을 기다립니다. 주께서 약속을 지키실 것을 믿습니다. 그때에 우리는 고백할 것입니다. "우리의 믿음이 헛되지 않았고 우리의 소망이 허사가 아니었습니다. 우리 주 하나님께서 우리에게 한없이 풍성한 복을 주셨습니다." 아멘.

Lord God, our Helper, we thank you for walking among us men and for letting many experience your protection. Even when we are dying, you protect and help us so that we need not pass into death but may enter into life. So may our hearts be lifted up to you. Grant that the light in us remains undimmed, and that we may come before you in sincerity. Lord God, create good out of evil. Let light dawn in the darkness. Fulfill your promise, for our hearts are not concerned with the wishes of men but with your promise. You will carry it out, and we will be able to say, "Our faith was not in vain, our hope was not in vain. Lord our God, you have blest us a thousandfold." Amen.

09월 21일

> 명절 끝날 곧 큰 날에 예수께서 서서 외쳐 이르시되
> 누구든지 목마르거든 내게로 와서 마시라.
> 나를 믿는 자는 성경에 이름과 같이
> 그 배에서 생수의 강이 흘러나오리라 하시니. 요한복음 7:37-38

하늘에 계신 우리 아버지, 그 높은 보좌에서 이 땅에 사는 우리에게 친히 능력을 내려주시니 감사합니다. 우리에게 성령을 따르는 마음을 주셔서 다른 사람들을 돌보는 삶을 살 수 있게 하시니 참 감사합니다. 우리는 주님의 은혜를 의지하여 살아갑니다. 어린아이와 같이 순수하고 신뢰하는 마음을 주소서. 절망하는 이에게 주님의 길을 보이셔서 신앙을 회복하게 하소서. 모든 인생에게 도움을 주길 원하시는 주님, 우리 자신과 세상 모든 사람들을 위한 믿음의 길로 우리를 이끄소서. 아멘.

Dear Father in heaven, we thank you for sending down powers from on high into our earthly life. We thank you for sending us a higher nature in which we can live for others because we are living by what we receive from you. May we be simple, childlike, and trusting. When anyone despairs of himself, show him the way to the Savior so that he can find trust. Show to us the way of trust, trust for ourselves and for all men, because it is your will for all to receive help. Amen.

09월 22일

우리의 죄를 따라 우리를 처벌하지는 아니하시며
우리의 죄악을 따라 우리에게 그대로 갚지는 아니하셨으니
이는 하늘이 땅에서 높음같이 그를 경외하는 자에게 그의 인자하심이 크심이로다.
동이 서에서 먼 것같이 우리의 죄과를 우리에게서 멀리 옮기셨으며. 시편 103:10-12

주 우리 하나님, 하나님을 경외하는 자들에게 놀라운 약속을 주신 주님께 우리가 마음을 열고 나아갑니다. 주님의 말씀을 듣고 더욱 주님을 신뢰하며, 인내하고 소망하게 하소서. 이 시대에 주님께 도움을 구하며 주님의 이름을 부르는 자들과 함께하소서. 죄와 사망과 온갖 악이 위세를 떨쳐도 우리는 주님이 하시는 일을 보며 기뻐합니다. 결국 모든 일이 합하여 선을 이룰 것을 믿기 때문입니다. 오 주 하나님, 우리의 기도를 들으소서. 우리가 인간들의 노력과 분투를 넘어서 하나님의 일을 볼 수 있도록 주의 손을 펼치소서. 이 땅의 모든 사람들에게 주님의 행사를 보이소서. 오 주 우리 하나님, 주님의 이름이 높여지고, 아버지의 나라가 오게 하시며, 주님의 뜻이 하늘에서와 같이 땅에서도 이루어지게 하소서. 아멘.

Lord our God, we lift our hearts to you, for you have given great promises to those who fear you. Let your Word strengthen us in faith, patience, and hope. Be with all those who call upon you, pleading for help in our time. For these times must work for our good, and in spite of sin, death, and all evil we can find joy in what you are doing. We call to you, O Lord our God. Let your hand be revealed, that something may be seen besides men's striving and the efforts of their hands. Let the work of your hand be visible to many, to all peoples on this earth. May your name be honored, O Lord our God, your kingdom come, and your will be done on earth as in heaven. Amen.

09월 23일

> 그러므로 이르기를 그가 위로 올라가실 때에
> 사로잡혔던 자들을 사로잡으시고
> 사람들에게 선물을 주셨다 하였도다. 에베소서 4:8

하늘에 계신 우리 아버지, 높은 곳에 계신 주 예수님을 우리에게 보내주시고 그분과 동행할 수 있게 하시니 감사합니다. 영원하지 못한 이 땅의 일들이 우리를 에워쌀 때에도 우리는 주님으로 인해 기뻐합니다. 주님은 그 손으로 우리를 이끄셔서, 우리가 예수 그리스도 안에서 근심과 어려움, 죽음의 순간을 이겨내게 하십니다. 순례의 길을 걷는 우리와 함께하소서. 가난한 우리의 마음에 주님의 영을 채우소서. 주님의 거룩한 영을 우리에게 내려주소서. 우리가 약할 때, 비로소 주님이 주시는 능력과 승리를 알게 됩니다. 주 예수여, 주님은 우리의 영과 혼과 몸을 구하시는 영원한 구원자이십니다. 아멘.

Our dear Father in heaven, we thank you that you have given us the Lord Jesus on high and that we are allowed to be with him and find joy even while still surrounded by all that must fade and perish. For in Jesus Christ you hold us by the hand through anxiety, need, and death. Grant that he may be with us as we continue our pilgrimage. Grant us your Spirit, for we are poor in spirit and in soul. Give us your Holy Spirit from on high. Just in our weakness we come to know what strength and victory you bring through the Lord Jesus, our Savior. The Lord Jesus is our Savior for body, soul, and spirit for ever and ever. Amen.

09월
24일

> 내가 진실로 진실로 너희에게 이르노니 한 알의 밀이 땅에 떨어져
> 죽지 아니하면 한 알 그대로 있고 죽으면 많은 열매를 맺느니라.
> 자기의 생명을 사랑하는 자는 잃어버릴 것이요
> 이 세상에서 자기의 생명을 미워하는 자는 영생하도록 보전하리라.
> 요한복음 12:24-25

하늘에 계신 우리 아버지, 우리가 주의 자녀가 되어 선과 진리로 가득한 영원한 생명에 더욱 가까이 다가서게 하소서. 주님의 그 사랑으로, 많은 유혹과 긴장 속에 살아가는 우리에게 복을 주소서. 우리가 길을 잃지 않도록 도와주시고, 주님이 우리 마음에 심으신 씨앗이 온전히 자라서 주께 영광 되게 하소서. 우리가 겪는 어려움과 고통이 결코 헛된 것이 아님을 알고 항상 기뻐하게 하소서. 우리가 신실할 때 의의 열매를 맺게 될 것을 믿습니다. 아멘.

Dear Father in heaven, we long to be your children and to grow closer and closer to eternal life with all its goodness and truth. In your love to us your children, bless us as we walk on earth under great stress and temptation. Keep us from going astray, and let what you have placed in our hearts grow toward perfection, to your glory and your honor. May our hearts always know the joy that our struggle and suffering are not in vain, that if we are faithful, we may bring forth the fruit of righteousness. Amen.

09월 25일

> 또 내가 새 하늘과 새 땅을 보니
> 처음 하늘과 처음 땅이 없어졌고 바다도 다시 있지 않더라.
> … 보좌에 앉으신 이가 이르시되
> 보라 내가 만물을 새롭게 하노라 하시고 또 이르시되
> 이 말은 신실하고 참되니 기록하라 하시고. 요한계시록 21:1, 5

주 우리 하나님, 우리의 아버지, 우리가 주의 능력의 말씀을 깊이 살필 때, 주께서 정의와 진리로 새롭게 창조하실 빛나는 세상을 봅니다. 삶의 노역으로 힘겨워하고 있는 우리에게 이 같은 기쁨을 주시니 참 감사합니다. 우리가 주의 말씀을 곰곰이 되새깁니다. 주께서 모든 것을 새롭게 하실 것입니다. 이 소망을 따라 살라고 부르셨으니 우리가 영원히 변치 않을 믿음으로 응답하게 하소서. 우리를 위해 베풀어주신 그 놀라운 일들을 생각하며 주의 이름을 찬양합니다! 언제나 우리가 주님의 말씀 안에 거하게 하소서. 많은 사람들이 주님의 빛을 발견하여, 어린아이와 같은 믿음과 한결같은 마음으로 주를 바라보게 하소서. 그날에 온 세상이 주님의 영광과 은혜를 보게 될 것입니다. 아멘.

Lord our God, our Father, we look deep into your mighty Word and see the glory of the new world you will create according to your justice and truth. We thank you for giving us this joy on earth in the midst of all our toil and striving. We look deep into your Word. You make all things new. To this hope our lives are directed, to this hope you have called us, and we want to be faithful forever. Praise to your name, for you have already done great things for us children of men! Keep us in your Word. Let many find the light, for in this light they may look to you in simple faith and constancy until the end, when throughout the world we may see your glory and your grace. Amen.

볼지어다 내가 문 밖에 서서 두드리노니
누구든지 내 음성을 듣고 문을 열면
내가 그에게로 들어가 그와 더불어 먹고
그는 나와 더불어 먹으리라. 요한계시록 3:20

주 우리 하나님, 자녀 된 우리가 주님 계신 곳에 나아갑니다. 우리가 살면서 부딪치는 모든 일들 속에 함께하시고, 고난 중에 슬퍼할 때 우리의 빛이 되어주소서. 이제까지 그러셨던 것처럼 우리의 삶을 계속 밝혀주소서. 주님의 능력을 세상에 드러내셔서, 우리가 주님을 알게 된 것처럼 세상이 주님을 만나게 하소서. 주의 날이 오기까지 우리가 기쁨으로 인내하게 하소서. 그날이 오면, 영광의 빛이 세상의 어둠을 몰아내고 모든 악을 그치게 할 것입니다. 주의 이름이 영광 받으실 것입니다. 아멘.

Lord our God, we are your children, who come before you and stand in your presence. Be with us and be our light in all situations of life, in all hardships and grief. Be our light, as you have always been. Reveal your power so that the world may know you as we have come to know you. Give us joyful readiness to persevere until your day comes, for the brightness of your day will shine through all darkness and will end all evil, to the glory of your name. Amen.

09월 27일

> 내가 전심으로 주께 감사하며 신들 앞에서 주께 찬송하리이다.
> 내가 주의 성전을 향하여 예배하며
> 주의 인자하심과 성실하심으로 말미암아 주의 이름에 감사하오리니
> 이는 주께서 주의 말씀을 주의 모든 이름보다 높게 하셨음이라. 시편 138:1-2

하늘에 계신 우리 아버지, 어제도 오늘도 변함없이 우리에게 자비와 은혜와 능력을 베푸시니 참 감사합니다. 전능하신 주 하나님, 주님이 보여주시는 대로 우리가 이 길을 걷습니다. 땅에서 기적을 베푸시고 하늘을 다스리시는 주님은 순례의 길을 걷는 우리를 도우시고 복을 주십니다. 온 세상에 주님의 한결같은 사랑과 공의를 보이소서. 오 주 우리 하나님, 주를 믿는 우리에게 빛으로 찾아오소서. 만천하에 주님의 빛을 비추소서. 주님은 하늘과 땅에서 참으로 우리의 아버지가 되시고, 지금부터 영원까지 우리 인생의 반석이 되십니다. 주님의 이름에 영광을 돌립니다. 아멘.

Dear Father in heaven, we thank you for your mercy and for your great goodness and power, revealed to us through the ages and in the present time. We live by your revelation, Lord God Almighty, for you perform wonders on earth and you reign in heaven so that heaven can bless and help us on our earthly pilgrimage. Grant that your loving-kindness and your justice may be revealed through all the world. Come, O Lord our God, bring the light for us who believe in you, and be the light for the whole world. Glory to your name, for you are indeed our Father in heaven and on earth, and you give certainty for our life in time and in eternity. Amen.

09월
28일

여호와께 감사하라.
그는 선하시며 그 인자하심이 영원함이로다.
여호와의 속량을 받은 자들은 이같이 말할지어다.
여호와께서 대적의 손에서 그들을 속량하사
동서남북 각 지방에서부터 모으셨도다. 시편 107:1-3

주 우리 하나님, 우리의 아버지, 우리 삶에 온갖 복을 내려주신 주님께 감사드립니다. 주의 선하심을 따라 여전히 우리에게 부어주실 은총을 생각하며 또 감사드립니다. 성령님을 통해 우리와 세상 모든 사람들 가운데 더욱 많은 일을 행하셔서, 우리가 인간적인 고민에 머무르지 않고 저 높은 곳을 향하여 나아갈 수 있게 하시니 감사합니다. 주님의 날개로 우리를 보호하소서. 우리 각자가 특별히 고민하고 있는 것들 속에서 주의 위로하심과 도우심을 경험하게 하소서. 우리 마음에 주님을 향한 찬양과 기쁨이 그치지 않을 것입니다. 아멘.

Lord our God and our Father, we thank you for all the blessings you have brought into our lives and for everything we still hope to receive from your goodness. We thank you that through your Spirit you will work more and more in us and in all men, so that we are not held back by any human considerations but can go toward a higher goal. Keep us in your care. In all our special concerns may each of us experience your comfort and help, so that we may rejoice with the praise of your name always in our hearts. Amen.

09월 29일

> 여자가 해산하게 되면 그때가 이르렀으므로 근심하나
> 아기를 낳으면 세상에 사람 난 기쁨으로 말미암아
> 그 고통을 다시 기억하지 아니하느니라.
> 지금은 너희가 근심하나 내가 다시 너희를 보리니
> 너희 마음이 기쁠 것이요 너희 기쁨을 빼앗을 자가 없으리라. 요한복음 16:21-22

하늘에 계신 우리 아버지, 성령을 보내주셔서 우리가 구원자 되신 예수 그리스도를 믿고 이 땅에서 주님과 하나 되게 하소서. 우리가 무슨 일을 당해도 우리를 비추는 진리의 빛을 보며 기뻐하게 하소서. 인생의 온갖 시련이 새로운 생명을 낳는 진통이 되게 하소서. 주께서 지으신 백성, 삶의 고통을 감당할 준비가 된 주님의 백성이 새 생명을 기뻐할 것입니다. 주님은 그들을 싸움터로 부르시고 승리하게 하셨습니다. 우리가 어둠에 둘러싸여 눈이 멀지 않게 하소서. 우리가 맞이할 새 생명 위에 순결한 빛을 비추소서. 이 땅 위에 오셔서 지금도 우리와 함께하시는 예수님, 그동안 주께서 행하셨던 모든 일들을 우리 눈이 보게 하소서. 구주 예수께서 앞으로 이루실 일들을 바라보게 하소서. 지상의 고통이 마침내 사라지는 그날까지, 오 기적의 하나님, 우리 삶에 일어나는 수많은 기적들을 우리가 알아보게 하소서. 아멘.

Dear Father in heaven, grant us your Spirit so that here on earth we may be united with you in Jesus Christ the Savior. May truth dawn on us with its light, bringing joy no matter what happens to us. May all the pain in our lives be turned into birth pangs of a new life in which we can rejoice as people you have created, people prepared for the struggle on earth, who are called into battle and led to victory. Grant that we may not be blinded by the surrounding darkness. Shed a clear light on the new life that is coming. May we see what has already happened because Jesus Christ came to the earth and remains on earth, and may we see what is still to come through him, the Savior. O God of wonders, keep us aware of the wonders that increasingly surround us, until all the pain on earth is finally overcome. Amen.

09월 30일

이것을 너희에게 이르는 것은
너희로 내 안에서 평안을 누리게 하려 함이라.
세상에서는 너희가 환난을 당하나 담대하라
내가 세상을 이기었노라. 요한복음 16:33

하늘에 계신 우리 아버지, 세상은 우리를 두렵게 하지만, 주 안에서 우리는 평안을 누립니다. 성령이시여, 우리에게 하늘나라의 기쁨을 주시고, 주님을 섬길 수 있는 힘을 주소서. 고통 가운데 힘겨워하는 자들, 두려움과 고난의 길을 앞두고 있는 자들을 기억하소서. 주님의 이름의 영광을 위해, 그들에게 도움의 손길을 내미소서. 선하시고 신실하신 주께서 우리에게 베푸실 은혜를 소망하고 기대하며, 우리가 하나 되게 하소서. 아멘.

Dear Father in heaven, in the world we are full of fear; in you we have peace. We pray that your Spirit may give us the joy of your heavenly kingdom and the strength to live in your service. Remember those who suffer pain, who still have to walk paths of fear and distress. Grant them help, to the glory of your name. May we be united in hope and in expectation of what you will give through your great goodness and faithfulness. Amen.

10월
October

10월 01일

소망 중에 즐거워하며 환난 중에 참으며 기도에 항상 힘쓰며
… 즐거워하는 자들과 함께 즐거워하고 우는 자들과 함께 울라.
로마서 12:12, 15

주 우리 하나님, 놀랍고 복된 소식을 우리에게 주시니 감사합니다. 도처에서 사람들이 괴로워하고 고통스러워하는 이때에, 우리는 그 복음을 마음에 새기며 기뻐합니다. 주님의 복음은 우리의 마음에 사랑을 채워, 고통받는 수많은 사람들을 도울 수 있게 합니다. 우리 안에 하나님의 빈자리를 깨닫게 하셔서 가난한 마음이 주님의 도움을 입게 하소서. 우리가 솔선하여 온갖 고통과 괴로움을 겪어야 하는 상황에서도, 우리에게 축복을 약속하신 주님을 바라보며 기쁨으로 감당하게 하소서. 하늘나라의 기쁜 소식을 주신 주님을 찬양합니다. 예수 그리스도 안에서 모든 일이 협력해서 선을 이룰 것이라고 약속하신 주님을 경배하며, 그 이름을 언제나 높입니다. 아멘.

Lord our God, we thank you for your gospel, the great, good tidings we may carry in our hearts to give us joy in this present time, even though on all sides people are in anguish and agony. We thank you that your gospel fills our hearts with compassion, enabling us to help carry what many have to suffer. Show us our need of you so that we can receive your help. If we must be the first to suffer all kinds of pain and distress, may we do so joyfully because we have been promised blessing in the midst of all the pain. May we continually honor your name, praising you for the good news of your kingdom, for the promise that everything must work together for good through Jesus Christ the Savior. Amen.

10월 02일

여호와여 내가 주께 피하오니
나를 영원히 부끄럽게 하지 마시고
주의 공의로 나를 건지소서.
내게 귀를 기울여 속히 건지시고
내게 견고한 바위와 구원하는 산성이 되소서. 시편 31:1-2

주 우리 하나님, 간절히 기도합니다. 우리에게 성령을 주셔서 이 땅에서 주의 길을 따르게 하소서. 악하고 옳지 못한 일로 가득한 세상을 보면서도 모든 것이 주의 손안에 있다는 믿음과 소망을 잃지 않게 하소서. 주의 날개 아래서 주님의 법도를 따르며 성령을 좇아 살게 하소서. 진리를 말씀하시는 성령님은 우리의 삶을 변화시키시고 우리를 일으키시길 간절히 원하십니다. 단 한 번이라도 주님의 손길을 느꼈던 모든 사람들을 찾아가시고, 그들이 주께 나아가 생명을 얻길 바라십니다. 아멘.

Lord our God, give us your Spirit, we beseech you, that we may find your paths on earth and live in the hope and certainty that everything is in your hands, even when we see much that is unjust and evil. May we remain under your protection, living by your commandments and in your Spirit. For your Spirit witnesses to the truth and longs to change and lift up our lives. Your Spirit longs to reach all men who have felt your touch, longs that they may come to you and have life. Amen.

10월 03일

모든 것이 하나님께로서 났으며
그가 그리스도로 말미암아 우리를 자기와 화목하게 하시고
또 우리에게 화목하게 하는 직분을 주셨으니
곧 하나님께서 그리스도 안에 계시사 세상을 자기와 화목하게 하시며
그들의 죄를 그들에게 돌리지 아니하시고
화목하게 하는 말씀을 우리에게 부탁하셨느니라. 고린도후서 5:18-19

주 우리 하나님, 하늘에 계신 아버지, 자녀 된 우리가 주 앞에 나아갑니다. 우리에게 복을 주소서. 두려움이 우리를 사로잡을 때 더욱 큰 은혜로 우리를 채우소서. 주께서 약속하신 대로 우리에게 도움을 베푸소서. 온 세상을 구원하시러 오실 예수 그리스도는 우리의 큰 도움이십니다. 말씀으로 우리에게 복을 주소서. 우리의 믿음이 흔들리지 않고 주님께 진실하도록, 늘 우리를 새롭게 하소서. 우리의 도움 되시는 주님, 주님은 그리스도를 통해 우리에게 구원과 화해의 선물을 주십니다. 아멘.

Lord our God, our Father in heaven, we come to you as your children. Bless us, we pray. Bless us especially in days when fear tries to take hold of us. Let your help come down to us as you have promised, the great help in Jesus Christ, who shall come to redeem the whole world. Bless us through your Word. Renew us again and again to stand firm and true to you, for you are our help for redemption and reconciliation through Jesus Christ. Amen.

10월
04일

> 하늘을 우러러 탄식하시며 그에게 이르시되
> 에바다 하시니 이는 열리라는 뜻이라.
> 그의 귀가 열리고 혀가 맺힌 것이 곧 풀려
> 말이 분명하여졌더라. 마가복음 7:34-35

하늘에 계신 아버지, 이 땅에 사는 우리는 가난하고 궁핍합니다. 주께서 듣지 못하고 말하지 못하는 우리를 향해 날마다 "에바다" 외치시며 우리 영혼을 깨우시니 참 감사합니다. 우리를 위해 베푸시는 그 모든 은혜를 생각하며 기쁨의 제사를 드립니다. 예수 그리스도께서 오시는 그날을 기다리며 우리가 하나 되게 하소서. 그날에 온 세상이 예수께서 하나님의 아들이심을, 우리를 구원하러 오신 전능하신 분이심을 알게 될 것입니다. 예수 그리스도를 통해 주님은 다시 한 번 말씀하십니다. "빛이 있으라! 생명이 있으라! 세상 모든 사람들, 가장 어두운 곳에 있는 자들까지도 구원하시는 이가 오시도록, 생명이여, 죽음의 암울한 장막을 걷고 환히 비추어라!" 오 하늘에 계신 아버지, 주님의 이름을 찬양합니다. 아멘.

Father in heaven, we people on earth are poor and needy. We are deaf and dumb, but you rouse us every day and call to us, "Ephphatha." We thank you for this, in gladness for all you do for our sake. Help us to become united in expectation for the great day when our Lord Jesus Christ will come, when before all men he will be proved your Son, the Savior in whom you, the Almighty, come to meet us. Through him you say again, "Let there be light! Let there be life! Let life break free from the darkness of death so that Jesus may come as the Savior of all men, the Savior even of those who are still in deepest darkness." Praise to your name, O Father in heaven. Amen.

10월 05일

> 그가 이르시되 네가 나의 종이 되어 야곱의 지파들을 일으키며
> 이스라엘 중에 보전된 자를 돌아오게 할 것은 매우 쉬운 일이라.
> 내가 또 너를 이방의 빛으로 삼아
> 나의 구원을 베풀어서 땅끝까지 이르게 하리라. 이사야 49:6

전능하신 하나님, 온 누리에 주님의 빛을 비추셔서 주께서 모든 사람들의 아버지가 되심을 드러내시니 참 감사합니다. 주님은 선한 사람과 악한 사람, 주님과 가까운 사람과 멀리 떨어져 있는 사람 모두를 주께로 인도하십니다. 이 모든 일로 주님의 이름이 높여지고 영광 받게 하소서. 주의 손으로 우리 삶의 필요를 채우시니 감사합니다. 온 세상 사람들이 이 땅에서 주님의 행사를 보고 찬양하게 하소서. 주께서 예수 그리스도와 함께 이 땅에 보내신 빛을 우리에게 비추셔서, 우리 마음을 밝히소서. 기쁨으로 그 빛을 맞이하며, 우리를 구원하신 주님을 경배하겠습니다. 우리에게 은혜를 베푸시고 성령을 부어주소서. 주님의 영이 없으면 우리는 아무것도 할 수 없습니다. 날마다 주의 도움을 얻게 하소서. 아멘.

Mighty God, we thank you for sending your light into all the world to reveal that you are the Father of all men, to show us that you are leading them to yourself, the good and the bad, those who are near to you and those who are far away. We thank you that through all this your name may be acknowledged and honored. We thank you that we may live from your hand and that all men may see your work on earth and be filled with praise. May the light which you have sent to earth in Jesus Christ shine brightly for us and penetrate our hearts so that we open ourselves to it with joy, and worship the Savior. Bless us and give us your Spirit; without your Spirit we can do nothing. May we receive help from you every day. Amen.

10월 06일

의로우신 아버지여 세상이 아버지를 알지 못하여도 나는 아버지를 알았사옵고
그들도 아버지께서 나를 보내신 줄 알았사옵나이다.
내가 아버지의 이름을 그들에게 알게 하였고 또 알게 하리니
이는 나를 사랑하신 사랑이 그들 안에 있고
나도 그들 안에 있게 하려 함이니이다. 요한복음 17:25-26

주 우리 하나님, 우리 아버지, 우리에게 성령을 보내주소서. 지금까지 우리를 다스리시고 사랑하신 주님, 우리를 이끄시고 인도하시는 그 사랑이 우리의 몸과 영혼을 자라게 하십니다. 주의 손을 펼쳐 보이소서. 우리가 어떤 일도 인간적인 능력으로 해결하려 하지 않게 하소서. 주님께 진실한 사람, 주님을 섬기는 사람들의 모든 필요를 채워주소서. 그때에 우리의 전 생애가 주님께 드리는 예배가 될 것입니다. 주님의 크신 은혜와 변함없는 사랑으로 지금까지 우리를 지켜주신 것처럼, 이제도 우리와 함께하소서. 아멘.

Lord our God, our Father, give us your Spirit, we pray, for you have ruled over us at all times and loved us with a love that guides and leads us, that helps us go forward in body and soul. Reveal your hand. Grant that we undertake nothing in human strength; may everything come from you for each one whose heart holds true to you and who does the work intended for him. Then everything we do on earth can be a service to you. Protect us through your great goodness and faithfulness, which have been with us to this day and will go with us into the future. Amen.

10월 07일

> 나는 선한 목자라.
> 나는 내 양을 알고 양도 나를 아는 것이
> 아버지께서 나를 아시고 내가 아버지를 아는 것 같으니
> 나는 양을 위하여 목숨을 버리노라. 요한복음 10:14-15

하늘에 계신 우리 아버지, 우리의 마음에 주의 음성을 들려주시니 감사합니다. 기쁨으로 우리는 고백합니다. "우리는 주님의 것! 주님의 소유입니다." 우리가 주님께 속한 자임을 세상이 알 수 있도록, 한길 가는 인생을 살게 하소서. 사소한 일에 무너지지 않고 언제나 예수 그리스도로부터 힘을 얻게 하소서. 우리 가정을 지켜주시고, 한 사람 한 사람을 보호하소서. 우리가 걷는 모든 길을 살피소서. 오 전능하신 하나님, 우리를 에워싼 수많은 위험 속에서 함께하소서. 생명책에 우리의 이름이 기록된 것을 믿고 항상 기뻐하게 하소서. 아멘.

Dear Father in heaven, we thank you that your voice reaches our hearts and that we can say with joy, "We belong to you. We too are yours." We want to lead lives that show we belong to you, never allowing ourselves to be sidetracked, never again giving way to pettiness, always drawing strength from the power of Jesus Christ. Protect our household. Watch over each of us. Protect us all on our way. O mighty God, be with us in the many dangers that surround us, and grant that we may always be joyful because our names are recorded in heaven. Amen.

10월 08일

그러므로 사랑하는 자들아 너희가 이것을 미리 알았은즉
무법한 자들의 미혹에 이끌려 너희가 굳센 데서 떨어질까 삼가라.
오직 우리 주 곧 구주 예수 그리스도의 은혜와 그를 아는 지식에서 자라가라.
영광이 이제와 영원한 날까지 그에게 있을지어다. 베드로후서 3:17-18

주 우리 하나님, 우리가 예수님 안에 안전히 거하게 하시니 감사합니다. 유일하신 주님, 예수께서 함께하시면 우리는 분노와 증오로 가득한 세상, 불의하고 잔인한 세상에 맞서 싸울 수 있습니다. 어떤 일이 닥쳐와도 우리는 깃발을 높이 들고 예수 그리스도를 담대히 선포하겠습니다. 전능하신 주께서 모든 민족을 위해 이 땅에 주의 나라를 세우실 그때를 우리는 기다립니다. 우리의 하나님, 우리의 아버지 되신 주님, 우리를 지키소서. 우리 마음을 밝히셔서, 주를 향한 소망을 영원히 간직하며 항상 기뻐하게 하소서. 아멘.

Lord our God, we thank you for giving us a strong fortress in Jesus, the only Lord, with whom we can oppose the whole raging, hateful, lawless, and cruel world. Come what may, we want to hold high the banner of Jesus Christ. In him we want to wait for the time when your mighty deeds will fully establish your kingdom for all nations on earth. You are our God and our Father. Protect us, and give light to our hearts so that we can always be joyful and can hope in you forevermore. Amen.

10월 09일

하나님의 종 모세의 노래, 어린양의 노래를 불러 이르되
주 하나님 곧 전능하신 이시여 하시는 일이 크고 놀라우시도다.
만국의 왕이시여 주의 길이 의롭고 참되시도다.
주여 누가 주의 이름을 두려워하지 아니하며 영화롭게 하지 아니하오리이까.
오직 주만 거룩하시니이다. 주의 의로우신 일이 나타났으매
만국이 와서 주께 경배하리이다 하더라. 요한계시록 15:3-4

주 하나님, 이 시대에도 주께서 살아 계셔서 역사하시는 것을 보고 느끼게 하시니 감사합니다. 세상의 고통을 바라보며 슬픔에 눈물지을 때에도, 우리는 주님이 일하고 계심을 깨닫고 용기와 위로를 얻습니다. 주께서 일하시니 우리가 기뻐합니다. 주님은 우리 인생과 우리의 구원을 마음에 두시고 그 뜻을 행하십니다. 모든 것을 주관하시는 주님, 이 세대가 지나가기 전에 주님의 일이 결실을 맺게 하소서. 어려움에 처한 사람들이 주님을 찾고, 주께 도움을 얻는 참 행복을 알게 하소서. 주의 이름이 높임을 받으시고, 하나님의 나라가 오게 하시며, 하늘에서와 같이 땅에서도 아버지의 뜻이 이루어지게 하소서. 아멘.

O Lord God, we thank you that in our times we may feel and see that you are at work. This is a joy and comfort to us and we take heart, although the misery on earth sometimes brings us to tears. We find joy again because you are at work. You are carrying out your will, which includes your plan for our life and salvation. Grant that fruits may appear in our times, for our times are in your hands. Grant that many people from all nations may come to you. May they turn to you in their need and know the happiness of receiving your help. May your name be honored, your kingdom come, and your will be done on earth as in heaven. Amen.

10월 10일

모든 사람이 죄를 범하였으매 하나님의 영광에 이르지 못하더니
그리스도 예수 안에 있는 속량으로 말미암아
하나님의 은혜로 값없이 의롭다 하심을 얻은 자 되었느니라.
이 예수를 하나님이 그의 피로써 믿음으로 말미암는 화목제물로 세우셨으니.
로마서 3:23-25상

주 우리 하나님, 이 땅에 속죄소를 세우시고, 예수 그리스도의 피로 우리의 죄를 씻으시니 주님의 이름을 찬양합니다. 많은 사람들이 주의 은혜를 경험하게 하소서. 모든 이에게 주님의 빛을 비추시고 주의 영광을 드러내소서. 사람들이 하나님의 이름을 높이고, 여전히 고통 가운데 있는 이들이 구원을 얻도록, 주님의 영광을 그들의 마음에 비추소서. 주님의 기적의 말씀으로 우리를 지키소서. 예수 그리스도께서 이 땅에 베푸신 모든 것을 우리가 간직하게 하시고, 어린아이와 같이 순수한 마음으로 그 선물들을 나누게 하소서. 더욱더 많은 일들을 이루셔서 주님의 이름이 높임을 받게 하시고, 우리가 소망하고 기다리는 그리스도의 날이 속히 오게 하소서. 아멘.

Lord our God, we praise your name because you have set up a mercy seat on earth, because you forgive our sins through the blood of Jesus Christ. May your mercy be seen at work in many hearts. Shed your light upon all people, and let your glory be known. Let your glory shine in men's hearts, to the praise of your name and the deliverance of those who are still in misery. Keep us in your Word, which works miracles. Protect in us all that Jesus Christ has brought to the earth, and may we use his gifts in simplicity of heart. Grant that much may be accomplished to the glory of your name and that we may draw nearer to the day of Jesus Christ, for which we wait in hope and longing. Amen.

10월 11일

여호와를 의뢰하고 선을 행하라.
땅에 머무는 동안 그의 성실을 먹을거리로 삼을지어다.
또 여호와를 기뻐하라.
그가 네 마음의 소원을 네게 이루어주시리로다. 시편 37:3-4

하늘에 계신 우리 아버지, 때로 주님의 길이 우리에게 괴로움과 고통을 의미할지라도 우리는 아버지의 뜻을 존중하며 신뢰합니다. 용기와 힘을 주소서. 우리가 여호와를 의뢰하게 하소서. 사망의 어둠에 둘러싸인 수많은 사람들에게 믿음을 허락하소서. 자기를 완전히 부인할 때, 믿음은 모든 어려움을 극복합니다. 만백성이 생명을 얻도록 주의 빛을 역사의 한가운데 비추소서. 그 빛이 우리를 이끌어 이전에 알지 못했던 깊은 평화로 안내할 것입니다. 우리의 모든 걱정과 근심을 보시고, 한 사람 한 사람을 기억하여 주소서. 인생의 시련을 통해 평화의 땅에 이르게 하소서. 모질고 험한 길이 우리의 운명이라면, 아무리 어려운 시절이라도 우리에게 맡겨진 짐을 불평하지 않고, 흔들림 없이 그 길을 가게 하소서. 슬픔과 어려움을 지나 주님을 뵙게 될 것을 믿습니다. 아멘.

Dear Father in heaven, we love and honor your ways even when they are bitter ways. We long for courage and strength. Lord, help us to believe. Grant faith to the millions surrounded by death, faith that overcomes everything through utmost self-denial. Let your light shine out to bring life to the nations in the midst of all that is happening. Your light shall lead and guide us, and peace will come, a deeper peace than we have ever known. Remember each of us in all our concerns, and grant that the struggles of life may lead us to peace. If hard and bitter ways should be our lot, help us to remain steadfast, never complaining about our burdens even in the most difficult days, for through grief and trouble the way leads to you. Amen.

10월 12일

> 우리가 우리에게 죄 지은 자를 사하여 준 것같이
> 우리 죄를 사하여주시옵고. 마태복음 6:12

주 우리 하나님, 큰 빛으로 온 누리를 밝히셔서 주님은 용서하시는 분이심을, 아무리 큰 죄도 주께 용서받지 못할 죄는 없다는 것을 알게 하시니 참 감사합니다. 세상 사람들이 언젠가 "오 하나님, 제게 자비를 베푸소서!" 하며 주님을 찾게 되기를 기도합니다. 그들의 마음에 기도의 영을 주셔서 "아버지, 저희의 죄를 용서하소서" 구하며 주께 나아가게 하소서. 진리의 영, 겸손의 영이신 성령을 보내셔서 그들의 죄를 용서하소서. 한숨짓는 영혼의 기도, 주의 이름을 부르는 자들의 기도를 들으소서. 우리의 기도가 주님의 보좌 앞에 이르기를 바랍니다. 마음속의 모든 것을 다 표현하지 못해도, 우리의 기도를 들으시고 응답하소서. 다른 이들을 위해서도 기도합니다. 아버지, 저들을 용서하소서. 주께 용서받은 자들이 하나님의 심판을 받을 때 자비를 경험하도록 모든 걸림돌을 없애소서. 우리와 함께하소서. 우리를 예수 그리스도의 보혈로 씻긴, 주님의 몸된 교회로 삼으소서. 분노로 가득한 매서운 세상에 맞서 여전히 용서할 수 있는 힘을 주소서. "우리가 우리에게 죄 지은 사람을 용서하여 준 것같이 우리의 죄를 용서하여주소서." 주께서 가르치신 그 기도가 우리의 입술을 떠나지 않게 하소서. 아멘.

Lord our God, we thank you for the great light you send throughout the world to let us know that you forgive, that no sin is too great for you to forgive. Grant that men may cry out, "Have mercy on me, O God!" Give them the spirit of prayer in their hearts to call, "Father, forgive us our sins." Send your Holy Spirit, the Spirit of truth and humility, and then forgive their sins. Wherever a soul is sighing, wherever someone is calling to you, hear him. May our prayers come before your throne. Hear and answer us. We have so much on our hearts that we cannot rightly express it all. We pray for others too. Father, forgive them. Clear away all the obstacles so that your judgment can be merciful toward those whom you forgive. Be with us. May we be a church community of Jesus Christ, washed in his blood, with strength to face every bitter outburst of the world's fury and still forgive. May our prayer remain, "Forgive us our sins as we forgive those who sin against us." Amen.

10월 13일

너희가 아들이므로 하나님이 그 아들의 영을 우리 마음 가운데 보내사
아빠 아버지라 부르게 하셨느니라.
그러므로 네가 이 후로는 종이 아니요 아들이니
아들이면 하나님으로 말미암아 유업을 받을 자니라. 갈라디아서 4:6-7

하늘에 계신 우리 아버지, 자녀 된 우리가 주 앞에 나아갑니다. 성령을 우리에게 보내셔서, 지금도 그리고 앞으로도 우리는 변함없이 주님의 자녀라는 것을 확신하게 하소서. 주 예수께서 보호하시고 인도하시니 우리의 삶이 주의 이름을 높이는 삶이 되게 하소서. 주께서 우리 인간들에게 하신 모든 언약들이 성취될, 위대한 그날을 기다리겠습니다. 어둡고 불안한 이 시대에 우리를 더욱 굳세게 하소서. 위험이 마음을 짓누르고 악이 횡행할 때, 우리의 도움이 되어주소서. 모든 악에서 우리를 건지소서. 나라와 권세와 영광이 영원히 주님의 것입니다. 아멘.

Dear Father in heaven, we come before you as your children, longing to be assured through your Spirit that we are and may remain your children. We long to live to the glory of your name under the shelter and guidance of the Lord Jesus in expectation of the great day which shall fulfill all promises made to us men. Strengthen us, especially in dark and troubled days. Help us when danger threatens and when evil tries to make headway among us. Deliver us from all evil, for yours is the kingdom, the power, and the glory for ever and ever. Amen.

10월 14일

내가 하나님 여호와께서 하실 말씀을 들으리니
무릇 그의 백성, 그의 성도들에게 화평을 말씀하실 것이라.
그들은 다시 어리석은 데로 돌아가지 말지로다.
진실로 그의 구원이 그를 경외하는 자에게 가까우니
영광이 우리 땅에 머무르리이다. 시편 85:8-9

주 우리 하나님, 우리가 겪는 모든 어려움 속에서 주님은 우리의 도움, 우리의 위로와 생명이 되십니다. 가난하고 연약한 우리가 주님께 나아갈 때, 주님은 우리를 부유하게 하십니다. 주님은 우리에게 참 생명을 주셔서, 우리가 주의 뜻을 따라 살며 주님의 정의를 좇아 살게 하십니다. 어떤 상황 속에서도 우리가 영으로 하나 되어 주의 이름을 높이게 하소서. 주는 우리의 구원, 모든 악에서 우리를 건지시는 분이시니 뭇사람들의 감사와 찬양이 온 세상에 울려 퍼지게 하소서. 아멘.

Lord our God, you are help, comfort, and life to us in everything we have to endure. We gather before you as poor, weak people, but you can make us rich and give us new life so that our lives prove we hold to your will and to the justice you bring on earth. May we be one in spirit through all we experience in our hearts, to the glory of your name. May the praise and thanks of many people ring out into all the world because you are help and deliverance from all evil. Amen.

10월 15일

예수께서 들으시고 이르시되 건강한 자에게는 의사가 쓸 데 없고
병든 자에게라야 쓸 데 있느니라.
너희는 가서 내가 긍휼을 원하고 제사를 원하지 아니하노라 하신 뜻이
무엇인지 배우라. 나는 의인을 부르러 온 것이 아니요
죄인을 부르러 왔노라 하시니라. 마태복음 9:12-13

하늘에 계신 우리 아버지, 죄 많고 부족한 우리가 주 계신 곳에 나아갑니다. 수없이 어리석은 일을 저지르고, 악하고 타락한 곳에 깊이 발을 담근 우리가 주님께 나아갑니다. 우리를 향한 변함없는 그 사랑을 믿고 아버지 앞에 나아갑니다. 우리를 긍휼히 여기셔서 이 땅에서 겪어야 할 위험과 상처들로부터 지켜주소서. 하나님나라의 은혜가 이곳에 임하여 마침내 모든 사람들의 죄가 씻기게 하소서. 주님의 자녀들이 주께 도움을 입고 기뻐할 것입니다. 온 누리에 아버지의 이름이 높임을 받으소서. 아멘.

Dear Father in heaven, we come into your presence as imperfect, sinful children, who do many foolish things and who are involved in much that is evil and corrupt. We come to you, Father, knowing that your fatherly love is with us through all eternity. Be gracious to us and free us from all the harm and injury we are bound to suffer in this earthly life. May the grace your kingdom brings on earth finally blot out the sins of all men, so that as your children they may rejoice because you have helped them. May your name be praised among all men. Amen.

10월 16일

> 그리스도 예수 안에서 너희에게 주신 하나님의 은혜로 말미암아
> 내가 너희를 위하여 항상 하나님께 감사하노니
> 이는 너희가 그 안에서 모든 일 곧 모든 언변과 모든 지식에 풍족하므로.
> 고린도전서 1:4-5

주 우리 하나님, 우리 가까이 계셔서 우리가 주님의 자녀인 것을 깨닫게 하시니 감사합니다. 주님은 우리가 이 땅에서 겪는 온갖 어려움과 시험, 노력과 아픔을 다 아십니다. 우리가 함께 모여 주님께 감사 예배를 올립니다. 감사의 제사를 드릴 때 삶의 모든 장애를 극복하고, 거칠고 뒤틀린 불의한 세상 속에서도 상처 입지 않을 것입니다. 주의 빛으로 우리를 보호하소서. 그 빛은 우리를 언제나 지혜의 길로 인도하여, 천하고 무익하고 속된 일들 속에서 우리를 정결히 지킬 것입니다. 아멘.

Lord our God, we thank you that you are so near to us that we may feel and know we are your children, your children who are in your hands with all that belongs to our earthly life, all our needs and temptations, all our efforts and pain. We come together to thank you, and our thanksgiving wins a victory over everything that makes life difficult for us. In this thanksgiving the harshness, crookedness, and injustice on earth cannot harm us. Protect us with your light, which gives us wisdom for all situations and which lifts us above everything that is base and meaningless and must pass away. Amen.

> 밤이 깊고 낮이 가까웠으니
> 그러므로 우리가 어둠의 일을 벗고 빛의 갑옷을 입자.
> 로마서 13:12

하늘에 계신 우리 아버지, 우리에게 빛을 주시니 감사합니다. 어둠이 가고 낮이 올 것에 대한 큰 기대와 소망을 주시니 감사합니다. 날을 밝히는 빛은 사람에게서 오는 것이 아니라 주님에게서 옵니다. 다가올 그날이 오늘 우리의 삶을 변화시킵니다. 세속적인 일들로 우리가 흔들리지 않고, 마음을 굳게 지킬 수 있도록 도와주소서. 은혜로 베푸신 주님의 사랑을 잊지 않고, 모든 것을 밝히시고 이해하시는 그 사랑을 우리가 기뻐하게 하소서. 아멘.

Father in heaven, we thank you for giving us light. We thank you for the great hope for a day whose light is not of our making, whose source is in you, a day to come that can touch our lives already today. Keep our hearts steadfast, free of all human wavering. May we always hold to the love you have given through your grace, and may we find joy in your love, which is full of light and understanding. Amen.

10월 18일

> 예수께서 이르시되 네 마음을 다하고 목숨을 다하고 뜻을 다하여
> 주 너의 하나님을 사랑하라 하셨으니 이것이 크고 첫째 되는 계명이요
> 둘째도 그와 같으니 네 이웃을 네 자신같이 사랑하라 하셨으니. 마태복음 22:37-39

주 하나님, 우리가 주님을 사랑하며 살 수 있도록 성령으로 우리를 도우소서. 혼란한 세상 가운데서 주님은 주님의 자녀를 선하심과 진리로 감싸 보호하신다는 것을 볼 수 있도록, 우리의 눈을 열어주소서. 전능하신 아버지, 우리가 주님을 바라봅니다. 어려운 이 시기에 우리를 지켜주소서. 이 나라를 아버지의 손에 맡기며 기도합니다. 사람들의 가슴속에 주님을 향한 사랑이 깨어나게 하소서. 주님 외에 우리가 누구에게 도움을 구하겠습니까? 예수 그리스도가 아닌 그 누구에게서 우리가 도움을 얻을 수 있겠습니까? 주님은 우리에게 예수 그리스도를 보내서서, 하늘과 땅, 땅 아래 있는 모든 악을 멸하고 승리하게 하셨습니다. 주님의 영광을 위해 그분은 우리의 주가 되실 것입니다. 아멘.

Lord our God, through your Spirit help us to live in love to you. Open our eyes to see your goodness and truth surrounding us your children, even in this troubled world. We look to you, Almighty Father. Protect us in these difficult times. We plead for our country, entrusting it to your care so that love to you may be awakened. Where shall we turn except to you? Where shall we find help except in Jesus Christ, whom you have sent to us to win the victory, to subdue and end all evil in heaven, on earth, and under the earth, and to become Lord, to the glory of your name? Amen.

10월 19일

> 그리하면 모든 지각에 뛰어난 하나님의 평강이
> 그리스도 예수 안에서 너희 마음과 생각을 지키시리라.
> 빌립보서 4:7

주 하나님, 주님의 영을 보내주셔서 우리가 주님의 평화를 이해할 수 있게 하시고, 기도할 때 주께서 진정 원하시는 것이 무엇인지 분별하게 하소서. 전능하시고 거룩하신 주님, 주님은 이 땅 위에 평화를 이루기 원하십니다. 주님의 평화는 사람의 헤아림을 뛰어넘습니다. 그 평화가 하늘과 땅, 땅 아래에 넘쳐, 모든 죄와 죽음에 맞서고, 온갖 세상의 악을 거두어 갈 것입니다. 오 주 하나님, 우리가 주님을 기다립니다. 우리의 기도를 들으소서. 이 싸움이 아무리 길어져도 인내심을 갖고 견뎌내겠습니다. 우리는 주님의 자녀이기 때문입니다. 이 땅 위에 평화를 바라는 주님의 뜻을 따라, 세상의 모든 것이 조화를 이루게 될 것을, 사람들이 마침내 주님의 이름을 높이게 될 것을 우리가 굳게 믿습니다. 아멘.

O Lord God, grant us your Spirit, that we may comprehend your peace. As we pray, help us to recognize what must come from you alone, for you are mighty and holy and your will is peace on earth. Your will is peace beyond all understanding, your peace in heaven and on earth and under the earth, your peace that opposes all sin and death and takes away every evil that can be named. We await you, O Lord our God, and you will hear us. No matter how long the battle lasts, we hold out in patience, for we are your children. We shall never lose the faith that your name shall be honored and that all things shall come into harmony with your will of peace on earth, your peace. Amen.

10월 20일

온 땅은 여호와를 두려워하며 세상의 모든 거민들은 그를 경외할지어다.
그가 말씀하시매 이루어졌으며 명령하시매 견고히 섰도다.
여호와께서 나라들의 계획을 폐하시며 민족들의 사상을 무효하게 하시도다.
시편 33:8-10

주 우리 하나님, 우리가 한마음으로 주 앞에 나아가 기도합니다. 고난과 어려움 가운데 용기를 얻을 수 있도록, 우리 마음에 주님의 빛을 비추소서. 삶의 온갖 고통과 역경 속에서도 주님을 신뢰하는 자들은 전능하신 하나님의 보호 아래 있다는 것을 알게 하소서. 위대한 하나님나라의 권세를 깨닫게 하소서. 세상의 모든 왕국이 우리를 대적하여 일어날지라도 주님은 우리와 함께하십니다. 하나님은 주님의 나라에 소망을 품은 자들과 함께하시며, 악한 시대에도 거룩하고 위대하신 주님의 다스리심을 믿고 희망을 잃지 않는 자들과 언제나 함께하십니다. 아멘.

Lord our God, we gather together in your presence and ask you to let your light shine in our hearts to strengthen us in times of need and trouble. May we come to know that through all the storms and distress of the world, you are mighty in protecting and sheltering those who trust in you. May we realize the power of your kingdom. Even if all the kingdoms of the world rise in rebellion, you are with us. You are with those who have set their hope on your kingdom and who go on hoping that even in evil days something must happen through your great and holy rule. Amen.

10월 21일

> 또 다른 천사가 와서 제단 곁에 서서 금 향로를 가지고 많은 향을 받았으니
> 이는 모든 성도의 기도와 합하여 보좌 앞 금 제단에 드리고자 함이라.
> 향연이 성도의 기도와 함께 천사의 손으로부터 하나님 앞으로 올라가는지라.
> 요한계시록 8:3-4

주 하나님, 주의 제단 앞에 나아가 기도합니다. 우리의 마음과 생각이 오직 주님을 향하게 하소서. 주님은 온 세상을 주관하시며, 주님의 뜻을 따라 사람의 마음을 다스리시는 분이십니다. 이 시대를 빛으로 밝히소서. 수백 년 동안 주 앞에 올려진 많은 기도들, 하나님나라와 그분의 뜻이 이 땅에 이루어지길 소망하는 그 기도들을 들으시고 응답하소서. 악의 먹이가 된 이 땅에서 사람들은 비참하고 힘겨운 삶을 살아갑니다. 오직 주님만이 우리를 도우실 수 있습니다. 하나님 아버지, 우리를 살피소서. 이 고통의 시간이 지나고, 온 세상 모든 민족이 주의 위대한 그날을 맞이하게 하소서. 아멘.

Lord God, we come before you and ask you to turn our hearts and minds to you alone, to you who have power over the whole world and who can do everything in the hearts of men according to your will. Let there be light in our time. Hear and answer the many prayers that have already come to you, rising for centuries before your throne, prayers for your kingdom and for your will on earth. This earth has become the prey of evil. We men are poor and needy, and you alone can help us. Help us, O Lord, our God and Father. After this misery let your day come, your great day over all the world and over all peoples. Amen.

10월 22일

> 이스라엘아 네 하나님 여호와께서 네게 요구하시는 것이 무엇이냐.
> 곧 네 하나님 여호와를 경외하여 그의 모든 도를 행하고 그를 사랑하며
> 마음을 다하고 뜻을 다하여 네 하나님 여호와를 섬기고. 신명기 10:12

주 우리 하나님, 하늘에 계신 우리 아버지, 이곳에 모인 우리와 함께하소서. 성령을 보내셔서 올바로 주를 섬기며 사는 삶이 무엇인지, 어떻게 주의 뜻을 따라 살 수 있는지 우리에게 깨우쳐주소서. 우리가 결코 선한 길을 떠나지 않도록 도와주소서. 참 자유의 삶을 방해하는 모든 악에서 건져주소서. 주의 사랑을 우리에게 보이시고, 사랑하는 형제자매들이 어디에 있든지 주님의 인자하심을 경험하게 하소서. 하늘나라의 뜻이 지상의 모든 것을 다스리는 날을 탄식하며 구하는 모든 이들의 기도를 들어주소서. 아멘.

Lord our God, our Father in heaven, be with us as we are gathered here. Through your Spirit let our hearts grow in understanding of how we can serve you rightly and live as you want us to live. Help us hold fast to all that is good. Free us more and more from everything that hinders us, from all that is evil. Show your loving-kindness to us and to our loved ones, wherever they may be. Hear every human heart that sighs to you, pleading that what is of heaven may overcome what is of earth. Amen.

10월 23일

찬송하리로다 그는 우리 주 예수 그리스도의 하나님이시요 자비의 아버지시요 모든 위로의 하나님이시며 우리의 모든 환난 중에서 우리를 위로하사 우리로 하여금 하나님께 받는 위로로써 모든 환난 중에 있는 자들을 능히 위로하게 하시는 이시로다. 그리스도의 고난이 우리에게 넘친 것같이 우리가 받는 위로도 그리스도로 말미암아 넘치는도다. 고린도후서 1:3-5

주님, 주님은 자비로운 아버지시며 모든 위로의 하나님이십니다. 우리를 격려하시고 환난 가운데서 일으켜 세우시는 분이십니다. 고난의 길을 생명의 길로 바꾸시니 감사합니다. 우리가 모든 일에 주님을 신뢰하며 감사할 수 있게 하셨습니다. 주님은 가장 고통스런 시간을 우리 인생의 최고의 순간으로 바꾸실 수 있습니다. 죄와 사망을 이기는 길을 우리에게 허락하신 주님을 송축합니다. 모든 악을 극복하는 길, 축복의 길을 보여주신 주님의 이름을 찬양합니다. 아멘.

Lord our God, Father of compassion and the God of all comfort, who encourages and strengthens us in all distress, we thank you for turning our suffering into a pathway to life, so that we may be thankful and trusting through everything. You can change what we find hardest into what is best for us. Praise to your name that a way through sin and death is given to us. Praise to your name that you have shown us a way through all evil, a way that is blest. Amen.

10월 24일

> 이는 너희가 나를 사랑하고 또 내가 하나님께로부터 온 줄 믿었으므로 아버지께서 친히 너희를 사랑하심이라. 요한복음 16:27

하늘에 계신 우리 아버지, 죄와 허물로 점철된 비참한 삶, 죽음이 지배하는 삶을 살아가는 우리에게 주의 사랑을 보이시고 그 안에 안식처를 찾게 하시니 감사합니다. 우리를 주님의 자녀로 삼아주시니 참 감사합니다. 자신에 대해 실망하고, 불완전한 성품으로 인해 괴로워할지라도 우리는 여전히 주의 자녀입니다. 우리에게 주의 영을 허락하소서. 인간의 본성과 육체의 욕망을 꿰뚫어보시는 성령을 보내셔서, 온갖 유혹과 시험 중에 굳건히 믿음을 지키게 하소서. 주의 성령을 부어주셔서 우리가 희망에 가득 찬 마음으로 미래를 바라보게 하시고, 전에도 계시고 이제도 계시며 장차 오실 주 예수 그리스도를 더욱 신뢰하게 하소서. 그분의 승리를 바라보며 우리는 두려움과 흔들림 없이 나아갑니다. 성령을 우리에게 내려주셔서 이와 같이 믿음 안에 살게 하시고, 주께서 이 땅에 오시는 그날을 더욱 준비하게 하소서. 하나님의 사랑과 자비가 오늘 우리 가운데 있음을 알게 하소서. 아버지의 영광을 위하여 그 구원의 날이 속히 오리라는 것을 깨닫게 하소서. 아멘.

Dear Father in heaven, we thank you that with our poor, faulty, sinful, and death-ridden lives we may find shelter in your love. We thank you that we are your children. We thank you that whatever we are, however depressed we are about ourselves and the inadequacy of our own nature, we are still your children. Give us your Spirit, we pray. Give us your Holy Spirit, penetrating our whole nature, our flesh and blood, keeping us firm in faith under all temptation and distress. Give us your Spirit to fill us with hope as we look to the future, to fill us with certainty in our Lord Jesus Christ, who was, and is, and is to come, whose victory is before our eyes so that we never waver or become afraid. Give us your Spirit so that we may live in this certainty and prepare ourselves more and more for your coming into the world. May we come to know that your loving-kindness is at work today, that in the end your deliverance will come quickly, to the glory of your name. Amen.

10월 25일

> 예수께서 또 말씀하여 이르시되 나는 세상의 빛이니
> 나를 따르는 자는 어둠에 다니지 아니하고
> 생명의 빛을 얻으리라. 요한복음 8:12

주 우리 하나님, 우리의 영이 주님의 영을 알아보고 하나님의 사랑을 깨닫게 하셔서, 삶이 덧없는 근심에 묻히지 않게 하시고 더욱더 높은 곳을 향하게 하소서. 주께서 우리에게 베푸신 은혜를 잊지 않고, 어떤 어려움과 장애를 만나도 주님의 축복의 손길이 우리와 늘 함께하심을 믿게 하소서. 주님 나라가 이 땅에 오도록, 앞서서 길을 인도하는 수많은 주의 목자들에게 큰 빛을 비추소서. 주의 빛으로 세상을 밝히소서. 사람들이 선한 행실로 주께 영광 돌릴 것입니다. 모든 이에게 생명을 주시는 주님을 인정할 것입니다. 아멘.

Lord our God, grant that our spirit may recognize your Spirit and your love, so that our lives cannot be swallowed up by passing concerns but are lifted to something higher. Help us hold fast to all the blessings you have allowed us to experience, the blessings you will certainly continue to give, even though new battles and new troubles are all around us. Send a great light to shine among the many people whose task is to lead the way so that your kingdom may come. Send light so that your name may be honoured through men's deeds and you may be known as life for all. Amen.

10월 26일

나는 세상에 더 있지 아니하오나
그들은 세상에 있사옵고 나는 아버지께로 가옵나니
거룩하신 아버지여 내게 주신 아버지의 이름으로 그들을 보전하사
우리와 같이 그들도 하나가 되게 하옵소서. 요한복음 17:11

구원자 되신 주 예수 그리스도여, 우리가 이 땅에 사는 날 동안 항상 곁에서 지켜주소서. 아버지께 속한 영광을 헤아릴 수 있게 하소서. 온 하늘과 땅이 전능하신 하나님께 엎드려 경배할 그날을 위해, 아버지께서 주님을 이 땅에 보내셨다는 것을 알게 하소서. 주의 말씀을 듣고 이해하며 마음에 새길 수 있도록 우리와 함께 하소서. 생의 모든 순간 우리를 떠나지 마시고, 고통 중에 있을 때, 죽음을 맞이하는 마지막 순간에도 우리 곁을 지켜주소서. 하늘에 계시는 하나님 아버지의 뜻을 우리가 한결같이 따를 수 있도록, 주의 은혜로 늘 함께하소서. 아멘.

Lord Jesus Christ, our Savior, stand at our side and protect us in all our days on earth. Grant us an understanding of the honor that belongs to God. Help us see that you are sent so that heaven and earth shall one day bow down before God's almighty will. Stand by us so that we may hear, understand, and accept your Word. Stand by us all our lives. Be with us in suffering and in our last hour when death comes to us. May your grace be with us. Help us at all times to be firmly rooted in the will of our God and Father in heaven. Amen.

10월 27일

> 우리가 사방으로 욱여쌈을 당하여도 싸이지 아니하며
> 답답한 일을 당하여도 낙심하지 아니하며 박해를 받아도 버린 바 되지 아니하며
> 거꾸러뜨림을 당하여도 망하지 아니하고 우리가 항상 예수의 죽음을 몸에 짊어짐은
> 예수의 생명이 또한 우리 몸에 나타나게 하려 함이라. 고린도후서 4:8-10

주 하나님, 비록 피해갈 수 없는 고통과 고난 속에 들리는 엄한 목소리일지라도, 우리는 언제나 주님 음성을 감사히 듣습니다. 주께서 말씀하실 때, 이 땅에 사는 우리 인생은 기쁨과 승리의 인생이 됩니다. 우리 삶 가운데 찾아오소서. 지나간 모든 일들이 선을 이루기 위한 것이었음을 깨닫게 하소서. 주님이 모든 민족과 나라의 하나님이심을 드러내시고, 온 세상 사람들을 위한 피난처가 되어 주소서. 참혹한 이 시대의 죄악과 절망이 곧 지나가게 하소서. 그때 우리가 주의 음성을 들을 것입니다. "내가 곧 올 것이니 안심하여라. 두려움은 사라지고 나의 뜻이 성취될 것이다. 내 이름이 높임을 받고 나의 나라, 나의 통치가 시작될 것이다. 그러니 용기를 내어라. 하늘에 계신 너희 하나님 아버지를 언제나 바라보아라." 아멘.

Lord God, we thank you for your voice even when it is stern and we must go through hardship and suffering. Your voice speaks to us, and in your voice we can be glad and victorious in our life on earth. Come into our lives. May each of us realize that all we have gone through has been for the good. Be God and Lord over the nations. Be a refuge for all men. Grant that the sin and distress of this terrible time may soon pass and that we may hear your words, "Be comforted. I will come soon. All these terrors must pass by. My will is being done. My name must be honored. My kingdom and my rule are coming. So take heart and at all times look to your God and Father in heaven." Amen.

10월 28일

감사로 하나님께 제사를 드리며
지존하신 이에게 네 서원을 갚으며 환난 날에 나를 부르라.
내가 너를 건지리니 네가 나를 영화롭게 하리로다. 시편 50:14-15

하늘에 계신 아버지, 우리가 함께 주님을 경배합니다. 수많은 어려움에서 우리를 건지시고, 은혜를 베푸신 주님께 온 마음 다해 감사의 제사를 드립니다. 우리의 감사를 받으시고, 우리가 언제나 기쁜 마음으로 살아가게 하소서. 주님의 자녀 된 우리를 위해 예비하신 길이 어떤 길이든, 그 길을 따를 수 있도록 우리를 준비시켜주소서. 우리 각 사람의 인생에 은혜를 베풀어주시고 우리가 속한 공동체에 복을 주소서. 성령의 빛이 만방에 비치어, 사람들이 위로를 얻고 잃어버린 믿음을 회복하게 하소서. 주의 이름이 영원히 높임 받으소서. 아멘.

Dear Father in heaven, we want to praise you together and to thank you with all our hearts for your goodness and your deliverance from our many needs. Accept our thanks, and help us go on our way with ever joyful hearts. Make us ready for whatever you have prepared for us, your children. Bless us in our individual lives and bless us in our community. Let your Spirit shed its rays into all places to comfort men's hearts and to restore and strengthen their faith. May your name be praised forevermore. Amen.

10월 29일

> 즐겁게 소리칠 줄 아는 백성은 복이 있나니
> 여호와여 그들이 주의 얼굴 빛 안에서 다니리로다.
> 그들은 종일 주의 이름 때문에 기뻐하며
> 주의 공의로 말미암아 높아지오니. 시편 89:15-16

하늘에 계신 우리 아버지, 우리를 향한 주님의 생각이 어찌 그리 자비로우신지요! 우리 삶에 베푸시는 주의 선하심이 끝이 없습니다! 주님의 자녀가 된 우리는 행복합니다. 우리의 영혼이 흡족하여 평안히 잠자리에 들 것입니다. 기쁨과 감사로 온종일 주님을 섬기겠습니다. 이것이 바로 주께서 우리에게 바라시는 길입니다. 우리가 그 길을 흐트러짐 없이 걷겠습니다. 인생의 즐거움과 기쁨을 잃지 않게 하소서. 오 주 하나님, 시련을 당해도 우리는 희망으로 가득 차 있습니다. 그 희망 때문에 오늘과 내일을 기쁨으로 맞이합니다. 어려움 속에서도 우리는 주님의 도우심을 확신합니다. 주께서 오늘 우리에게 베푸시는 은혜를 생각하며 우리 영혼이 춤을 춥니다. 아멘.

Dear Father in heaven, how lovingly you have thought of us! How much good you let us experience again and again! So our hearts are happy, and we go to rest this night full of joy and thanks because we are your children. Our thanks and joy shall be our service to you day and night. More than this you do not ask, and in this we will be faithful. We want to be joyful and to be glad for our lives. Even when we face dark hours, O Lord our God, we are filled with hope that brings us joy for the future as well as for the present, with assurance that your salvation is coming. We rejoice in what you give us already today. Amen.

10월 30일

너희 모든 나라들아 여호와를 찬양하며
너희 모든 백성들아 그를 찬송할지어다.
우리에게 향하신 여호와의 인자하심이 크시고
여호와의 진실하심이 영원함이로다.
할렐루야. 시편 117:1-2

주 우리 하나님, 주 앞에 나아가 영혼의 위로와 도움을 구하게 하시니 감사합니다. 아버지, 우리가 주님과의 사귐 속에서 살아갈 힘을 얻게 하소서. 주님의 진정한 자녀가 된다는 의미를 더욱 깊이 깨닫게 하소서. 순례와 같은 인생길에서 주님은 주님의 자녀들에게 피난처와 도움이 되십니다. 두려움과 고통이 수많은 사람들의 마음을 지배하는 이 시대를 기억하셔서, 많은 사람들이 마음을 돌이켜 주를 바라보게 하소서. 오 주 우리 하나님, 고요한 우리 마음에 성령을 보내셔서 하나님나라를 풍성히 경험하게 하소서. 온 세계에 흩어져 있는 주의 백성을 날마다 보호하소서. 모든 민족이 주님께 속하였으니, 그들이 주님 손에서 축복과 생명을 얻을 것입니다. 아버지의 나라가 마침내 이 세상에 임할 것을 믿습니다. 주의 이름이 영원히 높임 받으소서. 아멘.

Lord our God, we thank you that we may come to you and that our spirits can reach out for your help and your comfort. May we draw strength from communion with you, our Father. May we realize more fully that we are your children, truly your children, who throughout our pilgrimage are allowed to know you as our refuge and our help. Remember our world, and grant that many hearts awaken and turn to you, looking to you in all the fear and need which sweep over many people in our time. Let your Spirit be revealed to our hearts in quiet, bringing many experiences from you, O Lord our God, and from your kingdom. Protect us every day in the many lands throughout the earth. For the nations are yours; they shall receive life and blessing from you, and at last your kingdom will be revealed in all the world, to the eternal glory of your name. Amen.

10월 31일

이제 여호와를 경외하는 자는 말하기를
그의 인자하심이 영원하다 할지로다.
내가 고통 중에 여호와께 부르짖었더니
여호와께서 응답하시고 나를 넓은 곳에 세우셨도다.
여호와는 내 편이시라. 내가 두려워하지 아니하리니
사람이 내게 어찌할까. 시편 118:4-6

주 우리 하나님, 하늘에 계신 아버지께 감사드립니다. 얼마나 많은 순간 주님은 두려움과 고통의 수렁에서 우리를 건지셨는지요! 어김없이 우리의 기도를 들으시고 응답하시는 주님! 주님의 응답을 우리가 기쁨으로 기다리게 하소서. 이 세상에서 우리가 주님 외에 바랄 것이 무엇입니까? 주는 우리의 유일한 소망이십니다. 이 시대를 고치시고, 모든 민족과 영혼을 도우실 수 있는 분은 주님뿐입니다. 우리에겐 주님 외에 그 무엇도 중요하지 않습니다. 주 우리 하나님, 우리가 이 땅에 사는 동안 오직 주님만이 우리의 힘과 도움이 되시며 위로가 되십니다. 아멘.

Lord our God, dear Father in heaven, we thank you. How often you rescue us from all fear and distress! How often you hear and answer us! Grant that our hearts may always be eager and joyful because you answer us. There is nothing else for us in this world; you are our one hope, our only hope. You alone can help our times, help the nations, help each person. Nothing else matters to us. Lord our God, for the rest of our life on earth you alone are our help, our comfort, and our strength. Amen.

Evening Prayers

11월
November

11월 01일

그리스도의 말씀이 너희 속에 풍성히 거하여
모든 지혜로 피차 가르치며 권면하고
시와 찬송과 신령한 노래를 부르며
감사하는 마음으로 하나님을 찬양하고. **골로새서 3:16**

하늘에 계신 우리 아버지, 우리가 주님을 바라며 그의 나라를 구합니다. 주의 말씀을 듣고 삶의 용기를 얻기 위해, 다른 사람들과의 관계를 돌아보며 다시 사랑할 힘을 얻기 위해 우리가 모였습니다. 세상의 크고 작은 일들 가운데 주님의 뜻이 이루어지고 있음을 신뢰하게 하소서. 우리가 이 땅에 다시 오실 주님의 영광을 경험할 것입니다. 이 믿음 위에 굳건히 서 있을 때, 세상적인 근심이 더 이상 우리를 괴롭히지 못할 것입니다. 하늘의 것들이 우리의 삶을 채우고, 선하시고 자비로우시며 완전하신 주님의 뜻에 따라 만물이 새옷을 입을 것입니다. 아멘.

Dear Father in heaven, we seek you and your kingdom. We gather to hear your Word so that we may receive strength for our own lives and for all our relationships with others. We want to stand firm, believing that in everything great and small your will is being done and that we may yet experience a new coming of your glory on earth. Then earthly concerns will no longer torment us and wear us out, but heavenly things may surround us and everything become new in accordance with your good, merciful, and perfect will. Amen.

그러므로 너희가 그리스도와 함께 다시 살리심을 받았으면 위의 것을 찾으라.
거기는 그리스도께서 하나님 우편에 앉아 계시느니라.
위의 것을 생각하고 땅의 것을 생각하지 말라. 골로새서 3:1-2

주 우리 하나님, 우리 생에 넘치는 은혜를 베푸셔서, 우리가 하늘의 것들을 추구하며 늘 주를 바라보게 하시니 감사합니다. 우리에게 예수 그리스도의 영을 보내주셔서 하늘나라를 맛보게 하소서. 모든 인생들과 민족들이 천상의 세계를 경험하게 하소서. 세상에 선한 바람을 일으키셔서, 사람들이 악한 영이 아닌, 오직 성령께만 영광 돌리게 하소서. 목이 곧은 이 백성은 악을 행하나, 주님은 그것조차 선으로 바꾸실 수 있습니다. 주님 손에 변화되지 않을 것은 없습니다. 이것이 우리의 믿음입니다. 우리가 주를 바라며, 우리 삶을 그 손에 의탁합니다. 하늘나라의 능력과 풍성함으로 우리에게 복을 주소서. 아멘.

Lord our God, we thank you for sending into our lives so much that turns our thoughts to things above and enables us always to look to you. Through Jesus Christ send us what is of heaven. Send what is of heaven into every single life and into the lives of the nations, so that something good may arise and the glory does not go to the Devil but to your Spirit, your heavenly Spirit alone. In their stubbornness men intend to do evil, but you can turn it all to the good. You can change everything. This is our faith. We hope in you, and we want to put our lives in your hands. Bless us with heavenly riches and power. Amen.

11월 03일

> 우리가 그에게서 듣고 너희에게 전하는 소식은 이것이니
> 곧 하나님은 빛이시라. 그에게는 어둠이 조금도 없으시다는 것이니라.
> 요한일서 1:5

주 우리 하나님, 권능으로 우리를 다스리시고 주님의 빛으로 우리를 비추소서. 성령을 보내셔서, 우리 영혼에 일어난 변화를 분명히 보여주소서. 삶의 긴장과 불안 속에서도 기쁨과 신뢰를 잃지 않을 것입니다. 어두운 이 세상을 밝히시고 사람들의 어둠을 몰아내소서. 하나님께서 우리 인간을 창조하신 목적이 무엇인지 더욱 분명히 알게 하소서. 다가올 날들을 위해 흔들리지 않는 믿음을 주소서. 지금은 비록 눈에 띄지 않아도, 선한 것은 마침내 빛 가운데 드러난다는 것을 우리가 신뢰하게 하소서. 온 세상이 우리와 함께 주를 찬양하며 경배하게 하소서. 아멘.

☾

Lord our God, rule over us in strength, and grant us your light. Let your Spirit be with us to confirm what has already taken place in our hearts, so that we have joy and trust even under all the strain and stress of this life. Shine into the darkness of the world. Shine for all men. May we be shown more and more clearly what we men have been created for. Strengthen our faith for the future, our faith in everything good, for however hidden the good may be, it must at last come to the light. May we and all the world bring praise and honor to you. Amen.

11월 04일

그러나 너희가 이른 곳은 시온 산과
살아 계신 하나님의 도성인 하늘의 예루살렘과
천만 천사와 하늘에 기록된 장자들의 모임과
교회와 만민의 심판자이신 하나님과 및 온전하게 된 의인의 영들과
새 언약의 중보자이신 예수와. 히브리서 12:22-24상

주 우리 하나님, 우리를 구원하여주셔서 주의 성도들과 한 무리가 되게 하시니 감사합니다. 하늘과 땅에 있는 주의 성도들이 예수 그리스도 앞에 모였습니다. 그들은 해마다 숫자가 늘어나고 강성해집니다. 우리를 주님의 성도로 삼으시니 감사합니다. 우리가 앞서간 성도들과 하나임을 잊지 않고 언제나 즐거워하게 하소서. 주님의 큰 은혜를 입은 우리의 삶에 감사와 찬양, 믿음과 기쁨이 가득하게 하소서. 우리의 기도를 들어주소서. 우리는 주의 권능으로 다시 태어난 주님의 백성, 주님께서 그의 나라를 위해 모으신 사람들입니다. 우리가 주께 받은 은혜와 능력을 잘 간직하게 하소서. 우리 안에 큰 기쁨이 흘러넘칠 그날까지 온 세상을 구원하시는 주의 손을 멈추지 마소서. 아멘.

Lord our God, we thank you that you have redeemed us and that we may feel united with your holy ones, those in heaven and those on earth who are gathered around Jesus Christ, a people growing in number and strength from year to year. We thank you that we too belong to them, and we ask you to keep our hearts aware of this unity so that we may be joyful, redeemed people who find ever greater deliverance, full of praise and thanks, full of certainty and joy. Grant this to us, for we are your people, born out of your power as Savior and gathered for the sake of your kingdom. Guard your gifts and powers within us. Continue your redemption of the whole world until joy floods through our whole being. Amen.

11월 05일

> 주님의 눈길은 당신을 사랑하는 사람들에게서 떠나지 않으며
> 그분은 그들을 힘 있게 보호하고 굳건하게 받쳐주신다.
> 사막의 바람을 막는 방패요, 뙤약볕을 가리는 그늘이시며,
> 걸려 넘어질 때 부축해주시고 떨어질 때 안아주시는 분이다.
> 집회서 34:16, 공동번역

전능하신 주 하나님, 주님은 온 세상을 지키시는 분이십니다. 여전히 세상의 죄악에 물든 우리가 주 앞에 나아갑니다. 주의 손으로 우리 인생을 다스리소서. 고통과 절망 속에서도 길을 잃지 않도록 연약한 우리의 무릎을 일으켜 세우소서. 오 주 우리 하나님, 우리는 주님의 것입니다. 주께서 택하셔서 강하게 하시고 온갖 악에서 해방시키신 주님의 백성입니다. 주께 간절히 구하오니 우리를 도우소서. 주께서 우리와 함께하신다는 것을 깨닫게 하시고, 주의 말씀을 듣고 복을 누리게 하소서. 주의 이름을 영원히 찬양합니다. 아멘.

Lord God Almighty, whose eyes keep watch over the whole world, we come before you with the evil from our surroundings still clinging to us. Grant that our lives may be in your hands. Give us your strength to find the way, even through suffering and distress. For we are yours, O Lord our God, and you have chosen your people to be strong and to be freed from all evils. Help us, we beseech you. May we know that you are with us and may your Word bring us blessing, to the glory of your name forever. Amen.

11월 06일

또 이 산에서 모든 민족의 얼굴을 가린 가리개와
열방 위에 덮인 덮개를 제하시며 사망을 영원히 멸하실 것이라.
주 여호와께서 모든 얼굴에서 눈물을 씻기시며
자기 백성의 수치를 온 천하에서 제하시리라.
여호와께서 이같이 말씀하셨느니라. 이사야 25:7-8

주 우리 하나님, 아버지의 나라가 가까이 왔습니다. 늘 가까이 계셔 우리를 도우시는 주님. 어떤 고통이 닥쳐와도 우리는 주께서 주신 약속을 의지하며 주님을 바라보겠습니다. 모든 일이 선을 이룰 것이라고 주님은 약속하셨습니다. 이 땅에서 우리가 주를 신뢰하며, 인내와 기쁨으로 주님을 기다릴 수 있게 도와주시겠다고 약속하셨습니다. 오 주 우리 하나님, 우리 위에 주의 손을 얹으시고 구원의 능력을 베푸소서. 주님은 우리의 모든 필요를 아십니다. 각 사람의 마음을 살피시고 어떻게 도우실지 다 알고 계십니다. 우리에게 복을 주시고 도와주소서. 우리가 주님의 이름을 높이겠습니다. 아버지의 나라가 오게 하시며, 주의 뜻이 하늘에서와 같이 땅에서도 이루어지게 하소서. 아멘.

Lord our God, your kingdom is coming. Your help reaches us. However much we must suffer, we look to you, for you have given us your promise. You have promised that all shall go well with us. You have promised that while still on earth your people may have strength to trust in you and wait for you in patience and joy. So lay your hands upon us, O Lord our God, and let your redeeming strength be revealed in us. You know all our needs. You see into each heart and know how to help, as you have promised. Bless us and help us, and may your name be honored among us. May your kingdom come, and your will be done on earth as in heaven. Amen.

11월 07일

옛 사람들을 돌이켜보면 알리라.
주님을 믿어 망신을 당한 사람이 있으며
꾸준히 주님을 두려워하고도 버림을 받은 사람이 있으며
주님께 호소하였다가 거절당한 사람이 있느냐?
주님은 동정심이 많으시고 자비로우시므로
죄를 용서해주시고, 고난을 당할 때에 구해주신다. 집회서 2:10-11, 공동번역

하늘에 계신 우리 아버지, 하늘과 땅을 다스리시는 전능하신 하나님, 말씀으로 우리를 격려하소서. 한결같은 사랑과 자비로 주께서 우리에게 베푸셨던 은혜를 기억하며, 우리가 용기를 얻게 하소서. 아무리 어렵고 힘든 순간에도 기쁨과 열정을 잃지 않게 하소서. 변함없는 믿음을 우리에게 주소서. 믿음의 반석 위에 굳건히 서서 언제나 주님께 감사와 찬양을 드리겠습니다. 오 주여, 주님은 우리의 하나님, 우리의 아버지이십니다. 그분의 자녀를 영원히 버리지 않으시는 분이십니다. 아멘.

Dear Father in heaven, Mighty God in heaven and on earth, quicken us by the Word you have sent and by all you have done for us in your mercy and steadfast love. Keep us eager and joyful even in difficult and troubled days. Grant us unfailing trust in you, to give us firm ground under our feet so that we can always thank and glorify you. For you, O Lord, are our God. You are our Father, and you will never forsake your children in all eternity. Amen.

내가 진실로 진실로 너희에게 이르노니
내 말을 듣고 또 나 보내신 이를 믿는 자는
영생을 얻었고 심판에 이르지 아니하나니
사망에서 생명으로 옮겼느니라. 요한복음 5:24

주 우리 하나님, 우리에게 예수 그리스도를 보내주시니 참 감사합니다. 그분의 말씀은 오늘도 여전히 생명의 말씀입니다. 살아 계신 그 말씀이 항상 우리 곁에 있어, 전능하신 하나님, 하늘에 계신 우리 아버지를 향한 기쁨의 찬양이 이 땅에서 그치지 않게 하소서. 우리 모두를 기억하시고 한 사람 한 사람의 필요를 돌보아주소서. 그리스도의 말씀으로 이 세상에 임하소서. 주께서 강한 천사를 보내시듯 많은 사람들의 마음속에 주님의 말씀을 보내서, 그들이 위로받고 회복되며 고통 중에 기적을 경험하게 하소서. 예수 그리스도의 위대한 말씀을 듣고 사람들이 하나님의 이름을 높이게 하소서. 아멘.

Lord our God, we thank you for giving us Jesus Christ, whose words remain living to this very day. You will make his words continually alive so that in the name of Jesus Christ joyful praises are sung to you, Almighty God and Father in heaven. Remember us all. Remember the particular needs of each one of us. Come to the world through the words of Jesus Christ. May his words come as your strong angels to the hearts of many to comfort and restore, to help and do miracles for those in need. May your name be praised through the great and mighty Word, Jesus Christ! Amen.

11월 09일

우리는 그의 약속대로 의가 있는 곳인
새 하늘과 새 땅을 바라보도다. 베드로후서 3:13

주 우리 하나님, 사랑하는 아버지, 주님의 빛 가운데로 우리를 모으소서. 우리 마음에 성령을 보내셔서 주를 향한 신뢰가 흔들리지 않게 하소서. 주는 우리의 영원한 도움, 우리의 교훈과 위로가 되십니다. 온 세상의 구원자, 예수 그리스도를 보내주소서. 그분을 믿고 새 삶을 얻는 사람들이 더욱 많아지기를 기도합니다. 죽음에서 부활하신 분, 이 땅에 다시 오셔서 이전에 시작하셨던 일을 마무리하실 그리스도를 사람들이 주목하게 하소서. 오 주 하나님, 우리가 주의 약속을 기억하며 주님 곁에 머무르기 원합니다. 미약한 우리는 아무것도 할 수 없습니다. 오직 예수 그리스도만이 주님의 언약을 성취하실 수 있습니다. 마지막 날에 그분이 오셔서 아버지의 일을 완성하실 것입니다. 아멘.

Lord our God, dear Father, may we be gathered in your light. Through your Spirit strengthen our hearts to hold fast to you, for you remain our help, our counsel, our comfort throughout our life and in all eternity. Send us Jesus Christ, the Savior of the world, and grant that again and again men may find newness of life through him. Grant that men become attentive to him, who is risen from the dead and who will come again to complete the work he began in his life on earth. We remember your promise, O Lord God, and we remain with you. We have little strength, and through us as we are you can accomplish nothing. You alone can fulfill your promise through Jesus Christ, whom you will send to complete your works at his final coming. Amen.

11월
10일

주 하나님이 이르시되 나는 알파와 오메가라.
이제도 있고 전에도 있었고 장차 올 자요
전능한 자라 하시더라. 요한계시록 1:8

주 우리 하나님, 알파와 오메가, 처음과 나중 되신 분, 전에도 계셨고 지금도 계시며 앞으로 오실 전능하신 주님, 우리에게 이토록 놀라운 소식을 전해주시니 감사합니다. 삶이 때로 공허하고 슬플지라도, 우리는 이 복된 소식을 의지합니다. 우리 한 사람, 한 사람을 위해 주님은 모든 것을 새롭게 하십니다. 생명의 서광이 마침내 밝아오면, 우리가 오랜 세월 우리를 괴롭히는 것에서 벗어나 기뻐할 것입니다. 우리를 지키시고 우리가 속한 공동체를 보호하여주소서. 주께서 우리를 주님의 백성으로 부르시고 끝까지 믿음을 지키라고 명하셨으니, 우리의 영혼이 깨어나 새 삶을 살게 하소서. 오 주 우리 하나님, 어떤 고난과 슬픔이 닥쳐와도 우리는 믿음을 잃지 않을 것입니다. 이것이 주께 드리는 우리의 약속입니다. 우리가 인내하며 기쁨으로 고백할 것입니다. "모든 것을 새롭게 하시기 위해 예수 그리스도께서 곧 오십니다." 아멘.

☽

Lord our God, the Alpha and the Omega, the beginning and the end, who was and is and is to come, the Almighty, we thank you for this wonderful message, which is meant for us too, even though our lives often seem empty and sad. But behold, you make all things new for each one of us. Even though we have long tormented ourselves, the light of life will dawn at last and we will be able to rejoice. Continue to protect us and our community. Wake us to new life, for you have called us to believe and to endure to the end. Whatever sorrows and hardships may come, we will remain faithful, O Lord our God. This is our promise to you. We will persevere and say joyfully, "Jesus Christ is coming to make all things new." Amen.

11월 11일

> 나는 너를 애굽 땅, 종 되었던 집에서 인도하여낸 네 하나님 여호와니라.
> 너는 나 외에는 다른 신들을 네게 두지 말라. 너를 위하여 새긴 우상을 만들지 말고
> 또 위로 하늘에 있는 것이나 아래로 땅에 있는 것이나 땅 아래 물속에 있는 것의
> 어떤 형상도 만들지 말며 그것들에게 절하지 말며 그것들을 섬기지 말라.
> 나 네 하나님 여호와는 질투하는 하나님인즉 나를 미워하는 자의 죄를 갚되
> 아버지로부터 아들에게로 삼사 대까지 이르게 하거니와 나를 사랑하고
> 내 계명을 지키는 자에게는 천 대까지 은혜를 베푸느니라. 출애굽기 20:2-6

주 우리 하나님, 우리가 모든 존재의 근원인 주님께 나아갑니다. 주께서 인간에게 말씀하셨습니다. "나는 너희의 하나님이다. 나 외에 다른 신을 두지 마라. 너희의 하나님인 나 외에 다른 어떤 것도 경배하지 마라." 주께서 주신 말씀을 감사함으로 새겨듣겠습니다. 우리의 마음이 더욱 깊이 주님을 인정하게 하소서. 이 땅에 사는 동안 주님의 축복과 은혜로 우리 인생을 풍요롭게 하소서. 그때에 우리가 전능하신 하나님의 말씀을 들을 것입니다. "오 인간들아, 이제 다툼을 그치고 평화를 이루어라. 그 누구도 다른 이들보다 높고 중요한 사람은 없다. 나는 동과 서, 남과 북, 대양을 가로질러 온 세상에 퍼져 있는 모든 인류의 하나님이다. 한 분 하나님께서 예수 그리스도를 믿는 너희의 아버지가 되었다." 아멘.

Lord our God, we come to you, the source of all being. You have said to men, "I am your God. You shall have no other gods besides me. Honor none but me, your God." We thank you for this wonderful message. Help us to recognize you more and more, so that our hearts are full of the goodness and blessing we already have on earth, so that we hear you, the mighty One, say, "Stop, O men. Make peace. No one of you is more important than any other. Remember that I am God of all, in south and north, in west and east, on the oceans and everywhere. I am the one God, and through Jesus Christ I am now your Father." Amen.

11월 12일

> 주의 날이 밤에 도둑같이 이를 줄을 너희 자신이 자세히 알기 때문이라. …
> 형제들아 너희는 어둠에 있지 아니하매 그날이 도둑같이 너희에게 임하지 못하리니 너희는 다 빛의 아들이요 낮의 아들이라. 우리가 밤이나 어둠에 속하지 아니하나니.
> 데살로니가전서 5:2, 4-5

주 우리 하나님, 우리가 주님을 의지하며 주께서 하신 약속을 의뢰합니다. 지금은 비록 많은 것이 가려져 보이지 않아도, 우리는 우리에게 선포하시는 주님의 음성을 분명하게 듣습니다. "깨어서 기도하여라. 고통과 갈등, 두려움과 어려움 속에서도 너의 주 예수 그리스도의 날을 기다리며 기뻐하여라." 우리에게 권능으로 말씀하시니 감사합니다. 기다림의 시간이 아무리 길어지더라도, 우리는 영원하신 주의 말씀이 반드시 이루어질 것을 믿습니다. 주님의 말씀이 선포되고 그 이름이 높여지게 하소서. 아버지의 나라가 오게 하여주시며, 주님의 뜻을 하늘에서 이루심같이 땅에서도 이루어주소서. 아멘.

Lord our God, we hold to you and to your promise. Though much is hidden from us, your voice comes clearly to us proclaiming, "Watch and pray. You are to await the day of Jesus Christ your Lord, and you can rejoice now in the midst of strife, distress, fear, and need." We thank you for your powerful Word. However long the time of waiting may be, your Word remains eternally and will be fulfilled. Your name shall be honored in the proclamation of your Word, your kingdom shall come, and your will shall be done on earth as in heaven. Amen.

11월 13일

이 여러 왕들의 시대에 하늘의 하나님이 한 나라를 세우시리니
이것은 영원히 망하지도 아니할 것이요
그 국권이 다른 백성에게로 돌아가지도 아니할 것이요
도리어 이 모든 나라를 쳐서 멸망시키고 영원히 설 것이라. 다니엘 2:44

주 우리 하나님, 우리 가운데, 우리의 삶 속에 일하시는 주님께 감사드립니다. 우리가 짊어지고 가야 할 십자가가 무엇이든, 우리를 향한 주님의 긍휼은 한결같습니다. 주의 나라가 이 땅에 세워지고 주님의 뜻이 이루어지는 그날까지, 우리는 기쁨을 잃지 않고 인내하며 기다리겠습니다. 우리 한 사람 한 사람을 지켜주소서. 우리가 구주 예수를 생각할 때 한없는 기쁨과 용기를 불어넣어주소서. 소망과 믿음을 가슴에 품고 늘 주를 바라게 하소서. 주는 전능하신 하나님, 예수 그리스도를 다시 보내셔서 민족들 가운데 하나님 나라를 세우실 것입니다. 마침내 그 진리가 온전히 드러나면, 하나님을 아는 지식이 온 세상에 널리 퍼질 것입니다. 주께서 변함없는 사랑과 자비로 선과 악을 판단하실 것입니다. 아멘.

Lord our God, we thank you that you work in us and in our lives and that you show us your compassion, no matter what cross we have to bear. We want to rejoice in you and wait patiently until your purpose is fulfilled and your kingdom arises on earth. Protect each one of us. May our hearts find strength and never-failing joy in Jesus Christ the Savior, always hoping and believing, always looking to you. For you are the almighty God, who will come in Jesus Christ to establish his kingdom among the peoples and at last reveal his truth in its fullness. Then the knowledge of your will shall spread to all peoples, so that good and evil may come before you and be judged according to your mercy and faithful love. Amen.

11월 14일

> 여호와의 말씀이니라.
> 보라 내가 이스라엘 집과 유다 집에 대하여 일러준
> 선한 말을 성취할 날이 이르리라. 예레미야 33:14

주 우리 하나님, 주님의 은혜로 우리의 마음을 다스리소서. 주의 약속을 명예롭게 이루시어, 우리에게 주님의 사랑을 보이소서. 우리가 서로 하나 되어 공동체를 이루고 주를 찬양하며 경배하겠습니다. 그때 우리는 주께서 언제나 돌보시는 하나님의 백성이 될 것입니다. 우리에게 심긴 말씀의 씨앗이 자라게 하소서. 일상에서 주의 자녀 된 삶을 어떻게 살 수 있을지, 주의 말씀을 따르는 길이 무엇인지 우리에게 거듭 가르쳐주소서. 큰 슬픔이 몰려올 때 우리가 흔들리지 않도록 담대함을 주소서. 온 세상에 주의 뜻을 드러내소서. 천하를 다스리시는 주께서 우리를 도우시며 영원토록 함께하신다는 것을, 온 누리 사람들이 알게 하소서. 우리의 이름을 가슴에 새기신 주님, 우리가 하늘 아버지와 함께 거하기 원합니다. 우리 생애의 바람은 단 하나, 주의 자녀가 되는 것입니다. 영원히 그 품에 안겨 돌봄을 받는 주님의 아들딸이 되는 것입니다. 아멘.

Lord our God, may your grace rule in our hearts and your love come to us in glorious fulfillment of your promise, so that in our time we may have community with one another to praise and worship you. Then we will be a people belonging to you and receiving help from you. Bless your Word within us, we pray. Teach us again and again how to keep your Word, how to be your children in deed and in truth. May we be given strength of heart whenever great sorrow comes to us. Let your will be revealed everywhere. Let all men know that you rule, that you help us and will remain with us into all eternity. For our names are recorded with you, and we want to stay with you, Father in heaven. We want nothing else but to be your children in this world, to be children in your care for all eternity. Amen.

11월 15일

> 땅이 그의 소산을 내어주었으니
> 하나님 곧 우리 하나님이 우리에게 복을 주시리로다.
> 하나님이 우리에게 복을 주시리니
> 땅의 모든 끝이 하나님을 경외하리로다. 시편 67:6-7

주 우리 하나님, 우리에게 복을 내려주셔서 세상이 그 복을 누리게 하소서. 우리에게 도움의 손길을 내미셔서 온 누리가 그 도움을 받게 하소서. 온 세상을 위해 목숨을 바치신 예수 그리스도를 보며 우리가 주의 은혜를 체험하게 하소서. 주의 나라가 이 땅에 서고 이 시대가 막을 내리는 날, 선하고 복된 그날이 곧 오게 하소서. 마음의 온갖 소원과 근심을 살피시고, 우리 삶의 모든 영역에 복을 주소서. 주를 향한 감사와 찬양이 우리의 입술에서 떠나지 않게 하소서. 하나님에 대한 모독과, 참혹한 일들로 가득한 이 세상에 주님의 뜻을 펼치소서. 시련을 겪는 자들이 주께 감사하며 찬양하고, 생의 마지막에 있는 자들도 주께 영광을 돌릴 것입니다. 그들이 주의 얼굴을 뵙고 그 빛을 보았기 때문입니다. 주 하나님, 주님께 모든 것을 맡깁니다. 주의 뜻이 이루어질 것을 알기에 우리는 기쁨으로 주를 기다리며 감사의 노래를 부릅니다. 주의 이름이 높임 받으소서. 아멘.

Lord our God, bless us, that the world may be blest. Help us, that the whole world may be helped. Grant us your mercy in Jesus Christ, who laid down his life for the whole world. May it soon be revealed that your kingdom stands and will bring our age to an end, a good and blessed end. Grant your blessing on every aspect of our lives, on all the concerns and requests we have on our hearts, and help us to praise and thank you every day. Let your will become known everywhere in spite of the horror and blasphemy, so that even the dying may glorify you and all who have to suffer may praise and thank you because they see your face and recognize your light. We want to entrust everything to you, Lord God. We await you. We rejoice and thank you, for we know your will shall be done. We know and believe that your name shall be glorified. Amen.

11월 16일

믿음은 바라는 것들의 실상이요
보이지 않는 것들의 증거니. **히브리서 11:1**

주 우리 하나님, 우리가 한 소망과 믿음으로 기도합니다. 주께서 역사하실 것을 기대하며 주 앞에 나아갑니다. 온갖 갈등과 고통이 파도처럼 몰아치는 세상에서 우리가 담대하게 하소서. 전능하신 하나님, 주의 뜻을 밝히소서. 주께서 택하신 우리의 지도자들을 보호하시고, 그들을 향한 주님의 계획을 분명히 알리소서. 오, 주 하나님, 지금 이 시대를 살고 있는 하나님의 백성을 돌보소서. 그들이 선한 일을 기다리며, 섬김의 삶을 살아갈 수 있도록 용기를 주소서. 이와 같은 삶을 살기 위해 분투하는 모든 이들을 살피소서. 주께서 전능하신 그 팔로 언제나 우리를 붙들어주시니, 우리가 주님의 구원을 세상에 널리 알리겠습니다. 아멘.

Lord our God, we come to you in community of faith and trust, in expectation that you will act. May our hearts be strengthened in all the pain and in all the conflicts of our world. Reveal your will, Almighty God, and protect those you have appointed as our leaders and rulers. Let your will be made plain to them. O Lord God, help your people in these times and give them strength to wait expectantly for what is good, to live and serve in this expectation. Grant your help to all who strive for this. We can all tell of the help that comes from you, for you always support us with your power, also in hard times. Amen.

11월 17일

그 나라 사신들에게 어떻게 대답하겠느냐.
여호와께서 시온을 세우셨으니 그의 백성의 곤고한 자들이
그 안에서 피난하리라 할 것이니라. 이사야 14:32

주 우리 하나님, 우리의 피난처 되신 분, 우리가 주님을 고대합니다. 주님의 뜻은 결코 흔들림이 없고 그 약속은 변함이 없기 때문입니다. 이 진리를 굳게 붙잡고, 하루하루 믿음으로 살게 하소서. 삶이 괴로울 때에도 슬픔에 젖어 있지 않겠습니다. 주의 날이 올 때까지 믿고 소망하며 견디겠습니다. 아버지의 나라가 올 때까지 주님의 백성을 돌보아주소서. 다사다난한 이 세상에 주께 소망을 둔 사람들이 틀림없이 있을 것입니다. 그날이 오기까지 그리스도의 은혜에 뿌리를 내려 흔들리지 않는 삶을 살아가는, 하나님의 백성들이 반드시 있을 것입니다. 아멘.

Lord our God, you are our refuge. We wait for you, for your purpose will never fail and your promise will be fulfilled. This we may firmly believe, and from this we may draw strength every day. Even when our life brings sorrow, we do not want to grieve. We want to hope and believe and endure until your day comes. Your kingdom will come on earth, and in the meantime you are watching over your people. In the midst of the world's daily affairs there will be people who hope in you, who belong to you, and who are firmly rooted in the grace of Jesus Christ until the time is fulfilled. Amen.

11월 18일

시온의 딸아 크게 기뻐할지어다. 예루살렘의 딸아 즐거이 부를지어다.
보라 네 왕이 네게 임하시나니 그는 공의로우시며 구원을 베푸시며
겸손하여서 나귀를 타시나니 나귀의 작은 것 곧 나귀 새끼니라. 스가랴 9:9

주 우리 하나님, 언제나 기꺼이 우리를 도우시는 아버지 앞에 우리가 기쁨으로 나아갑니다. 온 세상이 탄식하며 슬퍼하는 시대, 어둡고 악한 시절을 살고 있는 우리를 기억하소서. 우리의 어려움을 아시는 하늘 아버지께 부르짖습니다. "주 우리 하나님, 우리를 도우소서!" 모든 일이 주의 뜻대로 이루어지게 하시고 하나님나라가 곧 오게 하소서. 우리에게 주어진 사명은 항상 기도하는 것입니다. "오소서, 온 세상을 다스리시는 구주 예수 그리스도시여!" 동서남북, 만백성을 다스리시고 구원하시는 분은 바로 예수 그리스도이십니다. 우리에게 그리스도를 보내주신 하나님 아버지의 이름을 찬양합니다. 아멘.

Lord our God, we stand before you and rejoice that you want to be our Helper, our Father. We live in a dark and evil time when whole nations groan and lament. Our need rises to you in heaven, and we cry out, "Help us, Lord our God!" Help that your will may be done in all things and that your kingdom may come. Our task is to pray to you at all times, calling, "Come, O Lord God, in Jesus Christ, the Lord and Savior of all the world!" For in east and west, in south and north, among all nations, Jesus Christ is Lord and Savior. Praise to your name that you have given us this Lord. Amen.

11월 19일

> 그러나 하나님께서 세상의 미련한 것들을 택하사
> 지혜 있는 자들을 부끄럽게 하려 하시고
> 세상의 약한 것들을 택하사
> 강한 것들을 부끄럽게 하려 하시며. 고린도전서 1:27

주 우리 하나님, 가난하지만 부유하고, 연약하지만 주 안에서 강한 우리가 주께 기도합니다. 우리 주, 우리의 구원자 되신 예수 그리스도께서 오셔서 주님의 약속을 이루시길 기도합니다. 하늘이 열리고 새 빛이 이 땅을 비치는 때가 오게 하소서. 사람들이 주께 감사하며 경배하고, 영원히 주님과 화해하며 참 행복을 누릴 그날이 오게 하소서. 어려움을 겪는 수많은 이들을 기억하소서. 우리 민족을 기억하시고 나라의 공익을 위해 노력하는 모든 이들을 생각하소서. 그들에게 복을 주시고 도와주소서. 오, 주 우리 하나님, 육신의 죽음을 앞두고 있는 자들을 위해 기도합니다. 그들도 주의 자녀이오니 주 앞에 나아가게 하소서. 주께서 도우실 때, 우리의 죽음은 생명이 되고, 슬픔과 고통은 기쁨이 될 것입니다. 주의 이름이 높임을 받으소서. 오 하늘에 계신 아버지, 주의 나라가 오게 하시며, 하늘에서와 같이 땅에서도 주님의 뜻을 이루어주소서. 아멘.

Lord our God, we come to you poor and yet rich, weak and yet strong, with the prayer that your promise may be fulfilled in Jesus Christ, our dear Lord and Savior. Let the time come when the heavens open and a new light shines over the earth, a time when men will praise and thank you and receive everlasting peace and happiness with you. Remember the many people who come into need these days. Remember our nation and all who work for the good of our country. Bless them and help them. And help the dying, O Lord our God; grant that they come to you, for they are yours. Your help will bring life out of death, joy out of grief and need. May your name be honored, dear Father in heaven, may your kingdom come and your will be done on earth as in heaven. Amen.

11월 20일

여호와 나의 힘, 나의 요새, 환난날의 피난처시여
민족들이 땅 끝에서 주께 이르러 말하기를
우리 조상들의 계승한 바는 허망하고 거짓되고
무익한 것뿐이라. 예레미야 16:19

주 우리 하나님, 갖은 억압과 고통에 시달린 우리가 무거운 마음으로 주 앞에 나아갑니다. 어떤 상황에서도 우리의 등불이 되시는 주께서 그 크신 사랑과 신실하심으로 언제나 우리를 도우실 것을 믿습니다. 우리의 도움이 주께 있음을 알기에 우리는 주님을 찾습니다. 우리가 주의 말씀을 의지하여 흔들림 없이 주님의 도움을 기다리게 하소서. 주를 기다리는 우리의 마음엔 벌써 기쁨과 확신의 빛이 비쳐옵니다. 아버지의 나라가 임하시고 주의 뜻이 하늘에서와 같이 땅에서도 이루어질 것을 믿습니다. 아멘.

Lord our God, we come to you burdened and driven by every kind of need and oppression, but you will bring light into every situation; in your great goodness and faithfulness you will continue to help. We come to you because you are our help. We want to draw strength from your Word so that we can remain steadfast in these times, awaiting your help and already finding joy and certainty in our expectation. For your kingdom is coming, and your will is being done on earth as in heaven. Amen.

11월
21일

구원의 투구와 성령의 검 곧 하나님의 말씀을 가지라.
모든 기도와 간구를 하되 항상 성령 안에서 기도하고
이를 위하여 깨어 구하기를 항상 힘쓰며
여러 성도를 위하여 구하라. 에베소서 6:17-18

주 하나님, 주님의 위엄이 하늘과 땅과 온 세상에 가득합니다. 우리가 주님을 생각하며 삶의 용기를 얻게 하소서. 주님은 우리와 함께하시며 우리를 도우시는 분. 얼마나 많은 순간, 주님은 이것을 우리에게 증명해 보이셨습니까. 환란 가운데 우리는 더욱 주를 의지하며, 주께 소망을 두고, 그의 승리를 기다립니다. 주님의 빛을 삶과 죽음 속에, 모든 것 위에 비추소서. 나라와 권세와 영광은 영원히 주님의 것입니다. 아멘.

Lord God, whose might is over all the world, over heaven and over earth, we want to find strength in you, for you have given us thousands of proofs that you are with us, helping in all that happens. And when we meet with difficulties, we want all the more to find strength in you, we want all the more to hope in you and await your victory. Let your light shine into everything, in life and in death. For yours is the kingdom, the power, and the glory for ever and ever. Amen.

11월 22일

그러므로 형제들아 주께서 강림하시기까지 길이 참으라.
보라 농부가 땅에서 나는 귀한 열매를 바라고 길이 참아
이른 비와 늦은 비를 기다리나니. 야고보서 5:7

주 하나님, 우리의 기도를 들으시고, 이 시대에 주의 능력을 보이소서. 주께서 오실 날을 앞당기는 일들이 일어나게 하소서. 우리를 아버지께로 인도하시는 구원자, 예수를 세상이 보게 하소서. 우리 마음에 심긴 생명의 말씀이 열매를 맺게 하소서. 우리에게 용기를 주셔서 늘 주와 동행하게 하소서. 우리는 주님의 약속을 의지하며 주님의 말씀을 따라 살기 원합니다. 우리의 소망은 오직 구원자 되신 주님께 있습니다. 주 예수여, 권능의 손으로 온 세상을 향한 하나님의 뜻을 성취하소서. 우리가 하늘에서처럼 땅에서도 그분의 뜻이 이루어지는 것을 보고 기뻐하며, 아버지의 영광을 즐거워할 것입니다. 아멘.

Lord Jesus, hear our prayer and reveal your hand in our days. May those things be done that bring your future nearer and that let the world see you as the Savior who can lead us to our Father. Bless your Word within us. May our hearts be strengthened, and may we always live in your presence. We draw our life from your Word, from your promise, and we set our hope on you, our Lord and Savior. Show your might, Lord Jesus, and carry out the will of God over all the world, so that we may rejoice when we see God's glory appear and his will being done on earth as in heaven. Amen.

11월 23일

> 나는 선한 목자라.
> 선한 목자는 양들을 위하여 목숨을 버리거니와
> 삯꾼은 목자가 아니요 양도 제 양이 아니라.
> 이리가 오는 것을 보면 양을 버리고 달아나나니
> 이리가 양을 물어 가고 또 헤치느니라. 요한복음 10:11-12

주 우리 하나님, 선한 목자 되시어 우리를 돌보시니 감사합니다. 주께서 목자가 되시니 우리가 늘 새롭게 기운을 얻고, 우리 위해 일하시는 주님을 기뻐합니다. 우리에게 베푸시는 선을 언제나 기억하며 슬픔 속에서도 믿음과 열정 잃지 않게 하시니 감사합니다. 주를 향한 감사가 끊이지 않게 하소서. 전능하신 하나님, 민족들을 다스리시고 이 나라를 보호하소서. 주의 양떼를 곁에서 지켜주시고, 죽어가는 자들에게 생명을, 이미 죽은 자들에게 부활의 은혜를 베푸셔서 주께서 온 세상을 통치하심을 알게 하소서. 오, 주 하나님, 우리 기도를 들으시고 복을 주소서. 하늘에서와 같이 땅에서도 주의 뜻이 이루어지길 기도합니다. 아버지의 나라가 이 땅에 세워지고, 모든 것이 주님의 위대한 계획대로 성취되게 하소서. 아멘.

Lord our God, we thank you for ruling us with your shepherd's staff so that again and again we can be refreshed and can delight in what you are doing for us. We thank you that we can have eager, joyful faith even when sorrows come, looking again and again to the good you give us. We are thankful and want to be thankful always. Be a mighty Lord over the peoples, we pray, and protect our country. Show your sovereignty by guarding the flock close beside you and by pouring out your grace to give life to the dying and resurrection to those who have died. O Lord God, hear and bless us. May your will be done on earth as in heaven, so that your kingdom may break in and everything may come right, according to your great purpose. Amen.

11월 24일

내가 율법이나 선지자를 폐하러 온 줄로 생각하지 말라.
폐하러 온 것이 아니요 완전하게 하려 함이라.
… 내가 너희에게 이르노니 너희 의가 서기관과 바리새인보다
더 낫지 못하면 결코 천국에 들어가지 못하리라. 마태복음 5:17, 20

오 주 하나님, 우리에게 새 마음, 새 가르침을 주소서. 이 땅의 모든 사람들이 주의 말씀을 따라 살며 한마음이 되게 하소서. 오직 주께서만 이 일을 하실 수 있습니다. 주님이 약속하신 성령을 보내셔서 이 땅이 천국이 되게 하시고, 주께서 기뻐하시는 하나님 나라가 되게 하소서. 우리 마음에 주님의 말씀을 새기소서. 일상의 삶에서 주님의 계명을 좇아 순종하게 하소서. 주의 명령을 따를 때, 어리석고 허물 많은 우리의 존재가 온전해질 것입니다. 우리의 죄가 씻기고, 모든 것이 주님 보시기에 바르고 선하게 변화될 것입니다. 주 하나님, 우리의 아버지, 우리와 함께하소서. 늘 우리를 살피소서. 이 시대에 주님이 기뻐하시는, 새로운 바람을 일으켜주소서. 이 땅에 평화가 회복되어 주의 이름이 영광 받으시도록, 사람들의 마음에 주님의 계명을 두소서. 아멘.

☽

O Lord God, give us new hearts. Teach us a new way, so that through your commandments all people may act in accordance with your Word and may become one. Only you can do this, working through your promised Holy Spirit, that the earth may become a paradise, a heavenly kingdom pleasing to you. Let your words be written in our hearts, and help us fulfill your commandments in our daily life. Only by carrying out your commandments may we foolish, sinful people be made perfect, our sins be forgiven, and everything become right and good in your sight. Stay with us, Lord God, our Father. Help us in everything. Let something new, pleasing to you, soon come into our time. Put your commandments into our hearts, that peace may be restored to the glory of your name. Amen.

11월 25일

> 여호와께서 다스리시나니 땅은 즐거워하며 허다한 섬은 기뻐할지어다.
> … 하늘이 그의 의를 선포하니 모든 백성이 그의 영광을 보았도다. 시편 97:1, 6

주 우리 하나님, 우리의 도움이 되신 주님을 우리가 바라봅니다. 간절한 마음으로 기도하오니 우리의 기도를 들으소서. 우리의 부르짖음을 들으시고 전능하신 주의 손을 들어 이 세대를 도우소서. 악에서 우리를 지켜주시고, 죽음과 멸망에서 건져주소서. 우리는 주의 자녀이오니 우리를 보호하소서. 모든 일이 협력해서 좋은 열매를 맺게 하시는 전능하신 아버지께 나아갑니다. 오 주 하나님, 우리를 불쌍히 여기소서. 주님의 이름을 위해 우리를 도우소서. 모든 것을 선하게 마무리하실 수 있는 분은 주님뿐입니다. 주는 우리의 기도를 들으시는 분, 주님의 모든 말씀을 신뢰하며 예수 그리스도의 이름으로 기도합니다. 아멘.

Lord our God, we turn to you, for you are our help. Hear our prayer, we beseech you; let our cry rise to you so that you may send your mighty help in our generation. Continue to protect us from all evil, from death and destruction. Protect us because we are your children. As your children we turn to you, the almighty God, who can make everything work together for good. Be merciful to us, O Lord God. Help us for your name's sake. Help, Lord, for you alone can bring everything to a good end. So we stand before you in Jesus Christ, holding to every word you have given us and knowing for certain that you hear us. Amen.

11월 26일

> 원하건대 주는 하늘을 가르고 강림하시고
> 주 앞에서 산들이 진동하기를 불이 섶을 사르며 불이 물을 끓임 같게 하사
> 주의 원수들이 주의 이름을 알게 하시며
> 이방 나라들로 주 앞에서 떨게 하옵소서. 이사야 64:1-2

주 우리 하나님, 지금도 여전히 주님의 자녀들의 기도를 들으시고 그들의 부르짖음에 귀 기울이시는 분. 더 이상 하나님께 속하기를 거부하고 고통 속에 살아가는 사람들을 위해 기도합니다. 하나님의 심판 아래 놓인 수많은 사람들 앞엔 비참한 인생, 죽음밖에 없습니다. 그런 그들도 주님의 백성, 하나님의 소유입니다. 그들 모두 주님의 자녀입니다. 주님의 이름을 온 세계에 드러내소서. 주의 손으로 놀라운 기적을 행하시고, 새 시대가 시작되게 하소서. 주의 이름이 영화롭게 하시고, 주님의 나라가 오게 하시며, 하늘에서와 같이 땅에서도 주의 뜻이 이루어지게 하소서. 아멘.

Lord our God, in our times too you hear the prayers and cries of your children. We need to cry out, for men have not become your own but still live in pain and under judgment, and many thousands have to die or undergo terrible things. They should be yours, every one of them. They should all be your children. So we cry out to you: Reveal and glorify your name on earth so that a new time may come and great wonders may be done by your hand. May your name be honored, your kingdom come, and your will be done on earth as in heaven. Amen.

11월 27일

여호와는 선하시고 정직하시니
그러므로 그의 도로 죄인들을 교훈하시리로다.
온유한 자를 정의로 지도하심이여
온유한 자에게 그의 도를 가르치시리로다. 시편 25:8-9

주 하나님, 하늘에 계신 우리 아버지, 그 손으로 우리를 이끄시어 주님의 자녀로 삼아주시니 감사합니다. 우리가 슬픔을 겪을 때 결코 외면치 않으시고 우리를 인도하여주시니 참 감사합니다. 창세부터 지금까지 우리와 함께 계신 주님은 어떤 상황에서도 우리의 갈 길을 밝히십니다. 이 시간 우리를 지켜주소서. 삶이 고통스럽고 힘들지라도 인내하며 전진할 수 있도록 우리에게 힘을 주소서. 지금도 우리를 도우시는 주님을 기뻐하며, 그분의 인도하심에 감사를 드립니다. 주의 의로운 오른손이 모든 것을 새롭게 하실 날이 가까웠으니, 주님의 권능을 세상에 드러내소서. 아멘.

Lord our God, dear Father in heaven, we thank you that we may be your children, led by you. We thank you for guiding us in times of grief and never forsaking us. Now, as of old, you are with us, Lord our God, and you show us the way in every situation. Protect us in this present time, and grant us strength to go on patiently even when our lives hold much suffering and distress. We thank you for your guidance and rejoice in your help for our time. Reveal your hand in power, for soon, very soon, your right hand will change everything. Amen.

11월 28일

주의하라. 깨어 있으라. 그때가 언제인지 알지 못함이라. 가령 사람이 집을 떠나 타국으로 갈 때에 그 종들에게 권한을 주어 각각 사무를 맡기며 문지기에게 깨어 있으라 명함과 같으니 그러므로 깨어 있으라. 집 주인이 언제 올는지 혹 저물 때일는지, 밤중일는지, 닭 울 때일는지, 새벽일는지 너희가 알지 못함이라. 그가 홀연히 와서 너희가 자는 것을 보지 않도록 하라. 깨어 있으라. 내가 너희에게 하는 이 말은 모든 사람에게 하는 말이니라 하시니라. 마가복음 13:33-37

우리의 구원자, 주 예수님, 우리가 눈을 들어 하늘을 바라봅니다. 바로 저 하늘에서 주님은 아버지의 영광을 입고 이 땅에 다시 오실 것입니다. 우리가 깨어서 쉬지 않고 기도하며, 주어진 소명에 충실하게 하소서. 세상의 모든 것을 바로잡으실 주님을 기다리게 하소서. 우리에게 복을 주시고 이 땅에 은혜 내려주소서. 모든 민족을 구원하시기 위해 주님의 종들을 세우시고, 그들을 통해 일하시는 주를 즐거이 바라보게 하소서. 우리와 함께하시고 우리에게 은혜를 베푸소서. 주의 살아 있는 말씀이 우리 마음 가운데 열매를 맺어 주일마다 주의 절기마다, 항상 기쁨이 넘치게 하소서. 우리를 지켜주시고 거룩히 하소서. 우리의 마음에 주님을 높이는 노래가 그치지 않게 하소서! 아멘.

Lord Jesus, our Savior, we look upward to heaven, for you will come from heaven in the glory of the Father. May we remain true to our calling, watching and praying every day and every hour, waiting for you, who will bring into order everything on earth. Bless us and bless our land. Grant us the joy to see you working through your servants toward the salvation of the peoples. Be with us and bless us. May your living Word work in our hearts so that every Sunday, every festival, and every day from now on may be a day of joy. Protect us. Bless us. May your name be praised in our hearts! Amen.

11월 29일

내가 진실로 진실로 너희에게 이르노니
나를 믿는 자는 내가 하는 일을 그도 할 것이요
또한 그보다 큰 일도 하리니
이는 내가 아버지께로 감이라. 요한복음 14:12

주 우리 하나님, 우리가 주님을 "아바, 아버지!"라 부릅니다. 성령이 우리를 구주 예수 그리스도께로 인도하셔서 그 말씀을 듣게 하시기 때문입니다. 우리는 주님의 나라에 속한 백성입니다. 우리가 주의 이름을 부릅니다. 우리가 살아가는 동안 겪게 될 모든 시련 속에서 믿음을 지킬 수 있게 도와주소서. 우리를 보호하시는 그 손을 거두지 마시고, 전쟁 중에 있는 나라들을 기억하소서. 주의 손은 우리를 이끄시고 주님의 뜻을 이루십니다. 만물을 향한 아버지의 뜻이 성취되어 이 땅에 참된 평화가 시작되는 날이 곧 오게 하소서. 그 일을 속히 이루실 주님을 찬양합니다. 주의 나라가 임하고, 아버지의 뜻이 하늘에서와 같이 땅에서도 이루어지며, 모든 것이 하나님의 계획대로 될 것을 믿습니다. 아멘.

Lord our God, we call to you, "Abba, dear Father!" because your Spirit draws us to Jesus Christ the Savior and to his gospel. We call to you for we belong to your kingdom. Give us strength to remain steadfast through all the troubles of our lives. Let your hand remain over us and over the warring nations. Your hand directs, your hand carries out the thoughts of your heart. May the time soon come when you will bring everything to fulfillment and give peace on earth. In expectation we praise your name, for you will bring this time and you will bring it soon. For your kingdom must come, your will must be done on earth as in heaven, and everything must go according to your plan. Amen.

11월 30일

온 땅이여 하나님께 즐거운 소리를 낼지어다.
그의 이름의 영광을 찬양하고 영화롭게 찬송할지어다.
… 와서 하나님께서 행하신 것을 보라.
사람의 아들들에게 행하심이 엄위하시도다. 시편 66:1-2, 5

주 하나님, 우리가 주님의 기적을 경험하게 하소서. 주의 일을 행하소서. 수없이 많은 영혼을 구원하신 예수 그리스도, 그분 안에 있는 우리에게 복을 주소서. 주의 나라가 이 땅에 오게 하시고, 주의 뜻을 따라 기적을 행하셔서 하나님이 기뻐하시는 일들을 이루소서. 주 하나님, 하늘에 계신 아버지를 찬양합니다! 우리는 주 안에 살고, 주를 믿으며, 그분께 소망을 둡니다. 하루하루, 매 순간 주 안에 거하게 하소서. 주는 우리의 하나님, 온 세상의 하나님이시니 우리가 주님의 이름을 높입니다. 모든 민족과 열방이 주의 이름에 영광 돌리도록 주님의 빛을 비추소서. 마지막 날 세상 모든 나라가 주 앞에 모여 경배할 것입니다. 오늘도 내일도 우리를 지키시고 은혜로 다스리소서. 언제나 새 생명과 새 힘을 주소서. 아멘.

Lord our God, let your miracles be done among us, and bless us through your deeds. Bless us in Jesus Christ, the Savior of so many people. May your kingdom come to us and at last bring the great miracles that carry out your will and that do what is pleasing to you. Lord God, Father in heaven, we praise you! In you we live, in you we believe, in you we hope, in you we want to live day by day and hour by hour. May your name be honoured among us, for you are our God and the God of all the world. Let your light shine among all people so that many millions and whole nations may glorify your name, for in the last days the nations shall come and worship you. So protect and bless us today and in the coming time, and again and again let something happen to bring us new life and strength. Amen.

12월
December

12월 01일

> 시온 딸에게 이르기를 네 왕이 네게 임하나니 그는 겸손하여
> 나귀, 곧 멍에 메는 짐승의 새끼를 탔도다 하라 하였느니라.
> … 앞에서 가고 뒤에서 따르는 무리가 소리 높여 이르되
> 호산나 다윗의 자손이여 찬송하리로다. 주의 이름으로 오시는 이여
> 가장 높은 곳에서 호산나 하더라. 마태복음 21:5, 9

주 하나님, 사람들이 진심으로 호산나를 외칩니다. 어두운 이 시대에 우리가 더 간절히 주의 이름을 부를 수 있게 하시니 감사합니다. 오 전능하신 하나님, 우리를 도우소서. 왕 되신 예수 그리스도께서 최후 승리를 거두게 하소서. 면류관 쓰신 주께서 하늘에서처럼 이 땅에도 은혜와 평화, 생명의 시대를 여실 것입니다. 모든 의로운 일들이 끝내 찬란한 결실을 맺을 것입니다. 고난과 두려움, 궁핍, 심지어 죽음의 문턱에서도 우리가 믿음을 잃지 않도록, 어둠을 이기신 왕께서 우리를 도우실 것입니다. 왕 되신 예수 그리스도, 아버지께 면류관을 받으신 주님께 호산나! 오 전능하신 하나님, 그리스도의 이름을 세상에 널리 알리소서. 사람들이 우리 임금이 오신다는 것을 깨닫고 주님의 이름을 높이게 하소서. 아멘.

Lord our God, we thank you for letting hosannas rise from people's hearts and for letting us cry out to you all the more fervently in dark times. Help us, O Almighty God, and help your king, Jesus Christ, to his final victory. For he shall be victor, bringing grace, peace, life, and victory for all that is good, on earth as in heaven. He shall be victor at all times in our lives, enabling us to keep faith in trouble, fear, and need, yes, even in death. Hosanna to the victor, Jesus Christ, the victor you have chosen! O Almighty God, proclaim him on earth. Let all the people know he is on his way, to the glory of your name. Amen.

12월 02일

> 이날은 여호와께서 정하신 것이라.
> 이날에 우리가 즐거워하고 기뻐하리로다.
> 여호와여 구하옵나니 이제 구원하소서.
> 여호와여 우리가 구하옵나니 이제 형통하게 하소서.
> 여호와의 이름으로 오는 자가 복이 있음이여
> 우리가 여호와의 집에서 너희를 축복하였도다. 시편 118:24-26

주 하나님, 주의 약속을 생각할 때 우리 마음은 감사와 찬양으로 가득합니다. 주님의 약속은 날마다 우리에게 위로와 힘을 주십니다. 고통 속에서도 우리가 의를 저버리지 않게 하십니다. 이 시간 우리를 기억하여주소서. '호산나' 소리 높여 주를 맞이하는 환호가 우리 마음에 울리게 하소서. 이 땅에 오신 예수께서 왕이시요, 구원자이심을 세상에 밝히 드러냈던 그 빛이, 다시 한 번 이 땅을 환히 비치게 하소서. 우리를 지켜주시고 복을 주소서. 이 땅에 복을 내리시고 우리를 다스리는 통치자들에게 은혜를 베푸소서. 주의 영이 함께하셔서 그들이 주님의 뜻을 시행하게 하소서. 모든 것이 주의 뜻대로 될 것을 믿습니다. 이것이 우리의 소망이요 믿음입니다. 오 주 하나님, 우리가 주를 찬양합니다. 가장 높은 곳에서 호산나! 아멘.

Lord God, our hearts are full of praise and thanks for your promise. You comfort and help us with this promise every day, enabling us to hold true through all distress. Remember us in these times, and let the cry, "Hosanna", arise often in our hearts. Let a bright light shine out now as you once let it shine around the Lord Jesus, showing him as King and Savior. Protect us and bless us. Bless our land and all those appointed to govern. May your Spirit be with them so that they may carry out your will. For your will must be done and shall surely happen. In this we trust, and in this we hope. We praise you, O Lord our God. Hosanna! Hosanna in the highest! Amen.

12월 03일

이 아이여 네가 지극히 높으신 이의 선지자라 일컬음을 받고 주 앞에 앞서 가서 그 길을 준비하여 주의 백성에게 그 죄 사함으로 말미암는 구원을 알게 하리니 이는 우리 하나님의 긍휼로 인함이라. 이로써 돋는 해가 위로부터 우리에게 임하여 어둠과 죽음의 그늘에 앉은 자에게 비치고 우리 발을 평강의 길로 인도하시리로다 하니라. 누가복음 1:76-79

주 우리 하나님, 날마다 해마다 우리에게 빛을 비추시니 감사합니다. 아무리 험난한 장벽이 가로막고 있어도 그 오른손으로 모든 것을 바로잡으시고 정의를 이루시는 주님, 우리가 주님의 얼굴을 바라보게 하시니 감사합니다. 천지는 변해도 주는 여전하시니, 우리 마음이 힘을 얻고 인내하며 주님을 찬양하게 하소서. 주는 우리의 하나님, 우리에게 구원자를 보내신 분. 우리가 주님께 한 걸음 더 가까이 다가갑니다. 주 이름의 영광을 위해 이 땅에 진리와 정의가 세워질 그날, 주의 날이 곧 오리라고 주님은 분명히 약속하셨습니다. 뭇사람들의 마음을 주께로 돌이키셔서 그들이 주님을 경배하며 도움을 구하게 하소서. 우리의 구원자 되신 예수 그리스도께 영광을 돌리게 하소서. 아멘.

Lord our God, we thank you that you let light shine out every day and every year. Thank you that we may always look to you, whose right hand will bring order into everything and set all things right, even in difficult times. May our hearts receive strength to persevere and go on praising you, for you remain, no matter what happens on earth. You are our God, you have sent us the Savior, and we can draw close to you. You have made us the firm promise that your day is coming when truth and justice will arise on earth to the glory of your name. May the hearts of many people turn to you so that they worship you and call to you for help, to the glory of our Savior Jesus Christ. Amen.

12월 04일

네가 나의 인내의 말씀을 지켰은즉 내가 또한 너를 지켜 시험의 때를 면하게 하리니 이는 장차 온 세상에 임하여 땅에 거하는 자들을 시험할 때라.
내가 속히 오리니 네가 가진 것을 굳게 잡아 아무도 네 면류관을 빼앗지 못하게 하라.
요한계시록 3:10-11

주 우리 하나님, 우리가 오늘 주님의 말씀을 듣고 용기를 얻게 하소서. 주는 우리의 아버지, 우리는 주님의 자녀가 되었으니 삶의 모든 면에서 주를 신뢰하기 원합니다. 우리가 가는 모든 길을 살피소서. 다가올 하나님나라, 다시 오실 주 예수 그리스도를 깨어서 기다리게 하소서. 이 시대의 현상들을 보며 혼란스러워하지 않게 하소서. 세상에 어떤 일이 일어나든 방황하지 않고 주를 섬길 수 있도록, 우리 영혼을 자유롭게 하소서. 성령으로 우리와 늘 함께하소서. 주의 성령을 떠나서 우리는 아무것도 할 수 없습니다. 우리를 도우소서. 이제까지 베푸신 무수한 도움을 기억하며 우리가 주님을 찬양합니다. 아멘.

Lord our God, strengthen our hearts today through your Word. You are our Father and we are your children, and we want to trust you in every aspect of our lives. Protect us on all our ways, and grant that we may always watch and wait for the coming of your kingdom, for the future of our Lord Jesus Christ. Keep us from becoming confused by present-day events. Help us to remain free, that we may serve you and not be led astray, no matter what happens in the world. Grant us your Holy Spirit in everything, for without your Spirit we can do nothing. Help us, and accept our praise for the many ways you have given us help. Amen.

12월 05일

> 나라와 권세와 온 천하 나라들의 위세가 지극히 높으신 이의
> 거룩한 백성에게 붙인 바 되리니 그의 나라는 영원한 나라이라.
> 모든 권세 있는 자들이 다 그를 섬기며 복종하리라. 다니엘 7:27

주 하나님, 우리 아버지, 주님은 세상에 주님의 존재를 알리셔서 우리가 주님과 사랑의 사귐을 갖게 하셨습니다. 주님, 우리에게 성령을 보내주소서. 이 땅에서 우리가 주님의 일을 행할 수 있도록, 우리를 격려하시는 주의 영을 보내주소서. 우리가 내딛는 모든 발걸음을 살피소서. 주의 자녀가 탄식하며 주님을 부르는 곳마다 전능하신 손길을 펼치셔서 그들을 보호하시고 인도하소서. 온 세상 사람들 위에, 모든 민족과 나라 가운데 주의 나라가 임하게 하소서. 우리가 하나가 되어 예수 그리스도를 경배하며 섬기겠습니다. 아멘.

Lord our God, dear Father, you have made yourself known on earth so that we may love you and be loved by you. Give us your Spirit, we pray. Give us your Spirit to strengthen us in the life and work you offer us. Watch over us on all our ways. Wherever your children are sighing and calling for you, protect and guide them with your mighty hand. Let your kingdom spread over the whole world, over all men, over all races and nations, that we may become united as servants of Jesus Christ to your honor. Amen.

12월 06일

성령과 신부가 말씀하시기를 오라 하시는도다.
듣는 자도 오라 할 것이요 목마른 자도 올 것이요
또 원하는 자는 값없이 생명수를 받으라 하시더라.
요한계시록 22:17

주 우리 하나님, 하늘에 계신 아버지, 자녀 된 우리와 늘 함께하소서. 주님의 얼굴 빛을 우리에게 비추소서. 세상이 인간적인 계획을 좇을 때 주의 자녀 된 우리는 주님만 따르길 원합니다. 주의 나라와 주님의 뜻을 구하며, 인류에게 주신 하나님의 언약이 이루어지길 기도합니다. 우리의 생각과 감정을 다스리셔서, 이 땅에서의 삶을 주께 바치게 하소서. 우리가 가진 모든 것, 우리의 전부를 주님 손에 기꺼이 맡기게 하소서. 우리는 주의 자녀, 전능하신 하나님 아버지와 한 마음 되게 하소서. 주의 나라가 오게 하소서. 오 주 하나님, 이것이 우리의 기도이며 하늘 아버지의 뜻입니다. 주의 이름의 영광을 위해 그 나라는 반드시 올 것입니다. 아멘.

Lord our God and Father in heaven, be with us and let your face shine upon us, for we are your children. In the midst of all human planning we are your children who seek you alone, who seek your will, your kingdom, and everything you have promised to mankind. Fill our thoughts and feelings with your power so that our lives on earth may belong to you, so that with our whole will we may put everything we have and are into your hands. For we want to be your children, to have one will with you, Almighty God. We want your kingdom. This is our will, O Lord our God, and it is your will too. Therefore it must come to pass, to the glory of your name. Amen.

12월 07일

끝날에 이르러는 여호와의 전의 산이 산들의 꼭대기에 굳게 서며 작은 산들 위에 뛰어나고 민족들이 그리로 몰려갈 것이라. 곧 많은 이방 사람들이 가며 이르기를 오라 우리가 여호와의 산에 올라가서 야곱의 하나님의 전에 이르자. 그가 그의 도를 가지고 우리에게 가르치실 것이니라 우리가 그의 길로 행하리라 하리니 이는 율법이 시온에서부터 나올 것이요 여호와의 말씀이 예루살렘에서부터 나올 것임이라. 미가 4:1-2

주 우리 하나님, 고통과 슬픔, 불행으로 얼룩진 이 세상에서 우리가 주께로 나아갑니다. 세상이 두려울 수 있어도 그것을 의지하지는 않겠습니다. 우리에겐 전능하신 하나님이 계시기 때문입니다. 어떤 상황에서도 주는 우리의 아버지, 우리는 주의 복 받은 자녀라는 사실은 결코 변하지 않습니다. 지금 이 시간, 주의 날개로 우리를 덮으소서. 세상에 넘치는 악이 우리를 해하려 하고 우리의 마음을 무겁게 할지라도, 주님은 우리를 온전히 지키실 것입니다. 이 시대를 인내하며 견뎌내도록 우리를 독려하실 것입니다. 우리는 주님을 바라며, 주께서 세상 모든 이들에게 은혜 베푸시기를 기원합니다. 그들도 우리처럼 주님의 백성입니다. 우리 가슴에 주를 향한 노래가 영원히 그치지 않게 하소서. 아멘.

Lord our God, we gather in your presence, coming from this world so full of suffering, grief, and misfortune that we could well be afraid. But we do not have to rely on this world. We can come to you, the almighty God. You are our Father, and no matter what may come, we remain your children and receive your blessing. So protect us in this present time. Even if a flood of evil seems about to break over us and our hearts are heavy, you will uphold us. You will strengthen us so that we can bear this time patiently, hoping in you and in what you do for all people, who are your people just as we are. May the praise of your name be in our hearts for ever and ever. Amen.

12월
08일

> 하물며 하나님께서 그 밤낮 부르짖는 택하신 자들의 원한을
> 풀어주지 아니하시겠느냐 그들에게 오래 참으시겠느냐
> 내가 너희에게 이르노니 속히 그 원한을 풀어주시리라.
> 그러나 인자가 올 때에 세상에서 믿음을 보겠느냐 하시니라.
> 누가복음 18:7-8

하늘에 계신 아버지, 그리스도를 보내신 그 사랑에 우리 삶을 맡깁니다. 어린아이처럼 우리는 날마다 예수님께 기도합니다. "주 예수여, 어서 오소서! 세상의 어두움에 주의 얼굴이 가렸어도, 우리는 주님을 기다립니다. 이 땅에, 인류 역사의 한가운데 찾아오소서! 모든 사람들의 마음속에 주의 선하심이 자리 잡게 하소서. 어서 오셔서 악하고 적대적인 이 세상 권세를 몰아내시고, 주를 대적하는 무리들을 끝장내소서. 그리스도의 날에 하늘 아버지의 찬연한 빛이 밝아오게 하소서. 주 예수여, 곧 오소서!" 아멘.

Father in heaven, we surrender ourselves to your love, the love in which Christ comes to us. Like children we say every day to the Lord Jesus himself, "Lord Jesus, come, come! Even if we cannot see you today because times have changed, come into the world, come more and more into world history. Send more and more of your nature, your goodness, into all hearts. Come at last, come quickly to bring an end to the adversary, an end to world power with its sinister, hostile character. May bright day, clear light from the Father in heaven, dawn through you, Lord Jesus. Yes, come, Lord Jesus!" Amen.

12월 09일

> 그러나 네가 거기서 네 하나님 여호와를 찾게 되리니
> 만일 마음을 다하고 뜻을 다하여 그를 찾으면 만나리라.
> 신명기 4:29

주 우리 하나님, 우리가 주님의 얼굴을 구하며 간절히 주를 찾습니다. 그 옛날 주의 백성들에게 수많은 기적을 베푸시며 다가가셨던 것처럼 우리에게도 찾아와 주소서. 우리가 주를 경외하고 신뢰함으로 삶의 용기를 얻게 하소서. 이 시대의 수많은 사람들이 주를 만나 위로와 도움을 받게 하소서. 주는 가난하고 곤궁한 자들, 고통받고 죽어가는 사람들에게 용기와 힘을 주십니다. 오 위대하고 전능하신 하나님, 우리 세대가 헛되이 사라지지 않게 하소서. 어김없이 새 시대가 찾아올 것을, 이 시대의 흙에서 새날의 꽃이 피어날 것을 믿습니다. 이것이 바로 우리가 믿고 의지하는 아버지의 마음입니다. 아멘.

Lord our God, we seek your face and long to find you. May we find you as your people found you in times past when you drew near with many signs and miracles. May our hearts come before you in awe and trust and draw their strength from you. May many in our time seek you and receive your comfort and help, for you provide strength and courage for the poor and destitute, for the suffering and the dying. Do not let our age pass by in vain, O great and almighty God. A new time must surely come, a new day must be born from this present age. This is your will, and in your will we trust. Amen.

12월 10일

> 내 이름을 경외하는 너희에게는
> 공의로운 해가 떠올라서 치료하는 광선을 비추리니
> 너희가 나가서 외양간에서 나온 송아지같이 뛰리라.
> 말라기 4:2

주 우리 하나님, 지난날 주를 의지했던 모든 사람들을 떠올려봅니다. 주님은 놀라운 기적과 기사를 행하셔서 그 이름을 온 세상 사람들의 마음에 새기셨습니다. 우리는 오늘날 주를 신뢰하는 모든 사람들과 한 몸이 되었습니다. 아버지의 영을 보내셔서 우리의 믿음이 변치 않게 하소서. 이 시대의 고통이 험한 파도처럼 일어나 모든 것을 무너뜨릴 듯이 보여도, 심지어 온 세상이 진멸하는 일이 있을지라도, 오 하나님, 주는 우리의 안전한 요새이십니다. 이 진리는 영원합니다. 주의 위대한 날이 올 때까지, 비참한 인생들이 주님의 구원의 능력을 믿고 위로와 도움을 얻는 그날까지, 우리가 이 진리를 붙들게 하소서. 아멘.

Lord our God, we think of all the people who have trusted in you. We remember all the signs and wonders you have shown to establish your name among men on earth. We belong to those who hold to you today; may our hearts be kept faithful through your Spirit. Even if there are great hardships in our times and everything seems on the verge of collapse, even if the world perishes, you, O God, are our stronghold. This truth remains forever. In you we want to hold true until your great day comes, until the power of the Savior is revealed in many people so that in their misery they can believe and find help and comfort. Amen.

12월 11일

> 하나님이여 나를 지켜주소서. 내가 주께 피하나이다.
> 내가 여호와께 아뢰되 주는 나의 주님이시오니
> 주밖에는 나의 복이 없다 하였나이다. 시편 16:1-2

하늘에 계신 우리 아버지, 우리를 주님의 자녀로 받아주소서. 한없이 선하신 그 손길을 우리가 영원토록 느낄 수 있게 하소서. 비록 자신을 부인하고 큰 희생을 치러야 할지라도, 여전히 우리 삶은 주님으로 인해 풍요롭습니다. 우리가 주님을 사랑하며 기뻐합니다. 주님을 섬기려 이 자리에 모인 백성에게 힘을 주소서. 우리가 길을 잃을 때마다 거룩한 영을 보내주시고, 그 손으로 우리를 보호하소서. 우리의 몸과 영혼이 주님의 놀라운 일을 직접 체험하게 하소서. 주는 전능하신 하나님, 언제나 우리를 도우시는 분이십니다. 아멘.

Dear Father in heaven, look on us as your children, and grant that we may feel in you the highest good for time and eternity. Even if we have to deny ourselves and make great sacrifices, you remain our treasure, our riches, our love, and our joy. Give us strength as a gathered people ready to serve you. Grant us your Spirit whenever we do not understand what we should do. Shelter us always in your hands, and allow us to see your miracles in souls and in bodies. For you are our God, the Almighty, and you find the way to help in everything. Amen.

12월 12일

자기 땅에 오매 자기 백성이 영접하지 아니하였으나
영접하는 자 곧 그 이름을 믿는 자들에게는
하나님의 자녀가 되는 권세를 주셨으니. 요한복음 1:11-12

주 우리 하나님, 우리를 자녀로 불러주시니 감사합니다. 우리에게 하나님의 참 자녀가 되는 특권을 주셔서 주님의 이름을 세상에 전하게 하시니 감사합니다. 예수 그리스도의 이름을 부를 때, 모든 육체와 영혼이 새 능력을 경험할 것입니다. 그 이름의 능력은 행복한 사람과 불행한 사람, 아직까지 그릇된 길을 가는 사람, 슬픔과 두려움, 인생의 무게에 짓눌려 신음하는 모든 사람을 위한 것입니다. 주께 감사드리며 그 이름을 높여드립니다. 우리의 인생에 길잡이가 되어주소서. 때로 근심과 걱정에 평안을 잃는 연약한 우리를 도와주소서. 언제나 우리를 살피소서. 주의 이름이 높임을 받고, 아버지의 나라가 오며, 주님의 뜻이 하늘에서와 같이 땅에서도 이루어지게 하소서. 가슴 깊은 곳에서 우러나는 이 기도를 들어주소서. 아멘.

Lord our God, we thank you for allowing us to be called your children. We thank you for giving us the power to become more truly your children, so that there may be a witness to your name on earth, so that again and again in the name of Jesus Christ new power may come for body and soul, for the happy and unhappy, for all who are still following false paths, for all who suffer so much grief, fear, and need. We thank you and we praise your name. Help us on our way. Help us weak people who often grow anxious and afraid. Help us in everything. Help us especially in the concern we have deepest in our hearts, that your name may be honored, your kingdom come, and your will be done on earth as in heaven. Amen.

12월 13일

또 새 영을 너희 속에 두고 새 마음을 너희에게 주되
너희 육신에서 굳은 마음을 제거하고 부드러운 마음을 줄 것이며
또 내 영을 너희 속에 두어 너희로 내 율례를 행하게 하리니
너희가 내 규례를 지켜 행할지라. 에스겔 36:26-27

주 우리 하나님, 주께서 하늘과 땅에 주의 영을 불어넣으시고 만물에 생명을 불러일으키실 때, 우리 삶이 깨어나게 하소서. 우리를 일으켜 세우실 성령님을 간절히 기다립니다. 우리가 세상의 악에 움츠러들지 않고 결코 죄에 무너지지 않게 하소서. 이 땅에서 선한 싸움을 싸우다가 천국에 들어갈 수 있도록 우리를 새롭게 하소서. 이 시대에 구세주를 갈망하며 한숨짓는 모든 사람들의 기도를 들으소서. 우리 자신을 위하듯 저들을 위해서도 기도하니, 주께서 이 기도를 들으실 것을 믿습니다. 하늘의 능력을 경험하고 마음과 영혼에 힘을 얻은 사람들이 큰 무리를 이루어, 기쁨에 찬 주님의 백성들이 될 것입니다. 세상에 넘쳐나는 불행과 적대감, 모든 위험에도 불구하고 이 땅에는 언제나 기쁨에 겨워하는 사람들이 있을 것입니다. 주께서 우리의 기도를 들으시고 승리의 면류관을 주실 것을 확신하며 변함없이 주님을 신뢰하는, 하나님의 백성이 영원히 있을 것입니다. 아멘.

Lord our God, may our lives be awakened, for you send your Spirit to blow through heaven and earth and you stir everything to life. May we long for your Spirit's prompting. Grant that we not be overpowered by evil and sin. May we be born anew to be fighters for the highest good on earth, which leads into heaven. Hear the prayers of all people far and near who are sighing for the Savior. We pray for them all as we pray for ourselves, and you will hear our prayer. You will send power to lift up their hearts and souls so that there may be a great throng of your joyful people on earth. In spite of all the misfortune, adversity, and danger in the world, there will be a people exulting from one end of the earth to the other, a people trusting in you and sure of victory through the great grace you give in answer to our prayers. Amen.

12월 14일

> 예수 그리스도는 어제나 오늘이나
> 영원토록 동일하시니라. 히브리서 13:8

하늘에 계신 아버지, 우리를 하늘 문으로 불러 모으시니 감사합니다. 어린아이와 같은 자들만이 지나갈 수 있는 문, 그 문은 아버지의 뜻이 이뤄질 것을 한 점 의심 없이 믿는 이들에게만 열릴 것입니다. 죄로 부서져 폐허가 된 역사의 한가운데서도 생명의 강, 온 세상을 살리는 예수 그리스도의 강은 여전히 흐르고 있다는 것을 믿는 자들에게 하늘 문은 열려 있습니다. 어느 누구도 그리스도의 생명을 해할 수 없습니다. 예수 그리스도는 능력으로 곧 모든 사람들 앞에 나타나실 것입니다. 온 인류를 구원하시는 주님은 어제나 오늘이나 영원토록 동일한 분이십니다. 아멘.

Thank you, Father in heaven, for gathering us together and opening a door which can be entered by all who are like children. You open the door for all who have the childlike hope that you are carrying out your purpose, that in the midst of the ruin and sin of world history, life remains, the life of the Lord Jesus Christ, life for all the world. No one can destroy this life, which will soon gather power until all men see him, Jesus Christ, who for the salvation of mankind is the same yesterday, today, and in all eternity. Amen.

12월
15일

외치는 자의 소리여 이르되 너희는 광야에서 여호와의 길을 예비하라.
사막에서 우리 하나님의 대로를 평탄하게 하라.
골짜기마다 돋우어지며 산마다, 언덕마다 낮아지며
고르지 아니한 곳이 평탄하게 되며
험한 곳이 평지가 될 것이요. 이사야 40:3-4

주 우리 하나님, 우리의 귀와 마음을 열어서 주의 말씀을 듣게 하소서. 우리를 향해 외치는 그 소리를 따르게 하시고, 주님 오실 길을 준비하는 백성이 되게 하소서. 모든 것을 버리고 주를 따를 수 있는 용기를 주시고, 우리 마음의 거친 길도 평탄해져야 한다는 것을 깨닫게 하소서. 예수 그리스도를 믿는 우리는 빛 가운데 걷습니다. 그분의 음성을 들을 때 우리는 기운을 얻고 도움을 얻습니다. 우리가 어려움에 처할 때마다 주 예수의 강한 손이 언제나 우리 곁을 지키실 것입니다. 이것이 바로 주께서 이 세상에 오신 이유입니다. 우리가 주님의 도우심을 의지합니다. 우리 각자의 마음속 깊은 곳의 내밀한 기도를 들으시고, 우리를 주님의 백성으로 삼으소서. 우리가 희망을 잃지 않고 이 땅에서 주님을 섬기겠습니다. 오 하늘에 계신 아버지, 주님은 우리를 이 땅에 두시고 승리의 주, 예수 그리스도를 힘입게 하셨습니다. 주의 이름을 찬양합니다. 아멘.

Lord our God, open our ears and our hearts so that we hear you speaking and can follow the voice that cries out to us. May we be a people who prepare the way for you. Grant each of us strength to give up everything and to realize, "The way to my heart should be levelled too." The light is now shining for us in Jesus Christ, and through hearing his voice we will find strength and help. Help will be very near to us, and the mighty hand of the Lord Jesus will be over us in every need. For this he came. We can believe in his help, and we long for it. Hear the inmost longing of each of us, and make us part of your people so that we may keep hope in our hearts and serve you on earth. Praise to your name, O Father in heaven, that you have put us on earth and that we can draw strength from the One who fights and is victorious, Jesus Christ. Amen.

12월 16일

주 여호와께서 학자들의 혀를 내게 주사
나로 곤고한 자를 말로 어떻게 도와줄 줄을 알게 하시고
아침마다 깨우치시되 나의 귀를 깨우치사 학자들같이 알아듣게 하시도다.
이사야 50:4

주 우리 하나님, 우리가 예수 그리스도의 이름으로 주를 섬기며, 그분의 뜻이 이 땅에 이루어지는 데 작은 보탬이 되게 하시니 감사합니다. 주를 섬기는 이 일에 우리가 충실하게 하소서. 우리의 귀를 깨우치셔서 주님의 말씀을 알아듣게 하시는 주님, 우리는 언제나 그 말씀에 귀 기울이며 순종하길 원합니다. 이 시간 우리와 함께하소서. 모든 이들의 마음에 주의 사랑과 긍휼을 채워주소서. 예수 그리스도의 생애가 이 땅의 모든 인생들에게 더욱 큰 의미로 다가가게 하소서. 아멘.

Lord our God, we thank you for giving us the task of serving you in the name of your servant, Jesus Christ, for letting each of us have a part in carrying out your will. Keep us true to this service. We want to be faithful, always listening to you, for you open our ears and help us know your will and respond to it. Be with us in these days. Strengthen your love and compassion in all hearts. May the life of Jesus Christ gain greater and greater power in all people on earth. Amen.

12월 17일

이 생명이 나타내신 바 된지라.
이 영원한 생명을 우리가 보았고 증언하여 너희에게 전하노니
이는 아버지와 함께 계시다가 우리에게 나타내신 바 된 이시니라.
요한일서 1:2

주 우리 하나님, 생명의 빛을 비추셔서 우리가 어떻게 살아야 할지 깨닫게 하시니 감사합니다. 십자가에 못 박히시고 죽은 자 가운데서 살아나신 주 예수와 우리가 사귐을 갖게 하시고, '영원한 생명'을 이해할 수 있게 하신 그 큰 은혜에 감사드립니다. 우리 가운데 그리스도의 능력을 나타내소서. 칠흑 같은 어둠에 둘러싸여도 염려하지 않고 의심하지 않도록, 우리 안에 그리스도의 생명을 불어넣으소서. 주님의 말씀으로 우리를 지키소서. 주의 뜻이 미치지 않는 곳이 없게 하소서. 하나님은 그 마음에 품으신 계획을 하늘에서도, 땅에서도, 세상 가장 낮은 곳에서도 반드시 성취하는 분이십니다. 아버지의 뜻이 하늘에서와 같이 땅에서도 이루어지게 하소서. 아멘.

Lord our God, we thank you that you have given us the light of life, that we can now learn how to live, and that through your great grace we may understand life in direct relationship with the Lord Jesus, who was crucified and who rose from the dead. Grant that the power of Christ may be made visible in us. Grant that his life may become our life, that we may leave behind all doubts and anxiety, even though we are often surrounded by darkness and night. Keep us in your Word. Let your will hold sway over all the world, for your will must be done in heaven, on earth, and down to the lowest depths. Let your will be done on earth as in all the heavens. Amen.

12월 18일

하나님이여 찬송이 시온에서 주를 기다리오며 사람이 서원을 주께 이행하리이다. 기도를 들으시는 주여 모든 육체가 주께 나아오리이다. 시편 65:1-2

주 하나님, 우리 아버지, 경건하고 고요한 마음으로 시온에 계신 하나님께 찬양을 드립니다. 주를 찬양하고 주님께 드린 서원을 지키는 것이 우리에게 마땅한 일입니다. 주는 기도에 응답하시는 분, 온 세상 사람들이 주님께 나아갑니다. 자녀 된 우리가 주께서 맡기신 사명을 잘 감당할 수 있도록 돌봐주소서. 주를 올바로 섬길 수 있는 길을 가르쳐주소서. 하나님나라의 합당한 백성이 되어 주의 이름을 선포할 수 있도록, 우리에게 필요한 은사를 내려주소서. 우리가 걷는 모든 발걸음을 지켜주소서. 우리 삶을 주의 손에 맡겨, 구원자 되신 하나님께 언제나 도움을 얻게 하소서. 아멘.

Lord our God, our Father, out of reverent silence comes the praise that is due to you, O God in Zion. It is right for us to praise you and to keep our promises to you. People everywhere shall come to you, for you answer prayer. Protect us your children in the task you have given us. Watch over us so that we can serve you in the right way and receive from you the gifts we need in order to go toward your kingdom and witness to your name. Help us on every step of the way. May our lives be entrusted to your hands, and may we always find our strength in you, our God and Savior. Amen.

12월 19일

여호와께서 시온의 포로를 돌려보내실 때에 우리는 꿈꾸는 것 같았도다.
그때에 우리 입에는 웃음이 가득하고 우리 혀에는 찬양이 찼었도다.
그때에 뭇 나라 가운데에서 말하기를 여호와께서 그들을 위하여
큰일을 행하셨다 하였도다. 여호와께서 우리를 위하여 큰일을 행하셨으니
우리는 기쁘도다. 시편 126:1-3

하늘에 계신 우리 아버지, 주는 우리의 소망이십니다. 마음속 소중히 간직된 주님의 약속은 우리에게 늘 희망을 줍니다. 어두워져 가는 이 시대에 우리를 지켜주소서. 주님의 영을 보내주소서. 성령께서 수많은 사람들의 마음에 주의 말씀과 언약을 선포하게 하소서. 그들이 영광의 그날을 기대하며 믿음으로 시험을 견뎌낼 것입니다. 주께서 온 세상에 구원을 베푸실 그날, 모든 민족이 함께 모여 즐거운 축제를 벌일 것입니다. 아멘.

Dear Father in heaven, we hope in you and in your promise, which we hold in our hearts as our most precious possession. Protect us when times grow hard. May your Spirit come. May your Spirit constantly reveal your Word and give your promise to the hearts of many so that they may share in the hope, the faith, and the struggle for the great day. On that day we will be allowed to rejoice, exulting with all men because your salvation comes for the whole world. Amen.

12월 20일

*기록된 바 보라 내가 내 사자를 네 앞에 보내노니
그가 네 길을 네 앞에 준비하리라 하신 것이
이 사람에 대한 말씀이니라.* 마태복음 11:10

주 우리 하나님, 우리에게 영화로운 날을 주시니 감사합니다. 예수 그리스도의 은혜의 빛으로 우리 마음을 밝히소서. 우리가 성령으로 거듭나 아들이 아버지를 섬기듯 늘 주님을 섬길 것입니다. 주의 능력과 계시로 우리를 세속적인 모든 것으로부터 자유롭게 하시고, 세상의 염려와 쾌락에 얽매이지 않게 하소서. 오 주 하나님, 우리는 주님의 자녀입니다. 하늘에 계신 아버지께 나아갈 때 우리를 받아주셔서 주의 길을 예비하는 하나님의 백성이 되게 하실 것을 믿습니다. 주의 말씀에 순종함으로 우리가 복을 누리게 하시고, 예수 그리스도의 날을 기쁨으로 기다리게 하소서. 그날은 하늘의 영광과 능력 가운데 이미 시작되었습니다. 주님의 자비롭고 선한 명령이 마침내 완수되면, 우리는 더 큰 능력과 영광을 보게 될 것입니다. 오, 하나님, 자녀 된 우리가 기도합니다. "우리의 기도를 들으시고 우리를 받아주소서. 영광스런 그날이 오기를 기다리는 우리의 심장이 불타오르게 하소서." 아멘.

Lord our God, thank you for bringing us into glorious day. Let the rays of your grace, the grace of Jesus Christ, shine into our hearts so that we are truly born of the Spirit and serve you as your children at all times, also when hard days come. Through your might and your revelation pry us loose from all earthly things. Pry us loose from worries and from pleasures. We are your children, O Lord God. We come before you, our Father in heaven, and you will accept us so that we may be a people who prepare the way for you. May all the words you speak be a blessing to us and make us joyful in expectation for the day of Jesus Christ, which has begun in power and glory and will bring power and glory when all is fulfilled according to your merciful and perfect decree. O God, your children entreat you, "Accept us. Hear us. Set the light aflame in our hearts for the coming of your great day!" Amen.

12월 21일

> 지극히 큰 영광 중에서 이러한 소리가 그에게 나기를
> 이는 내 사랑하는 아들이요 내 기뻐하는 자라 하실 때에
> 그가 하나님 아버지께 존귀와 영광을 받으셨느니라.
> 이 소리는 우리가 그와 함께 거룩한 산에 있을 때에
> 하늘로부터 난 것을 들은 것이라. 베드로후서 1:17-18

주 예수 그리스도여, 우리가 눈을 들어 주를 바라봅니다. 온 세상을 덮고 있는 죽음의 권세를 이기시고 주님은 영광 가운데 살아계십니다. 그리고 이제 그 생명을 이 땅에 사는 우리에게 나눠주십니다. 우리가 오늘 크리스마스의 의미를 새기는 무수한 사람들과 함께, 그 생명의 능력을 발견하게 하소서. 주께서 주시는 영원한 생명을 보고 듣고 경험하고 이해할 수 있도록 우리 마음에 성령을 보내주소서. 주의 나심을 깊이 생각하는 이때에 우리를 돌보시고, 우리 믿음이 흔들리지 않게 하소서. 주님의 은혜의 빛을 우리 가운데 비추시고, 제자의 길을 걷는 우리를 보호하소서. 하늘에 계신 아버지와 우리가 사귐을 갖고, 예수 그리스도와 영원히 한 몸 되게 하소서. 아멘.

Lord Jesus Christ, to you we may lift our eyes, for you have broken free from our world of death and live in the glory of life, and you offer your life to us on earth. Let the power of your life be revealed today in us and in many others who want to celebrate Christmas. Send your Spirit to move our hearts so that we hear, see, experience, and understand what you and your gift of eternal life truly mean for us. So watch over us in these days and strengthen us in faith. Shed the light of your grace over us and within us. Protect us as your disciples. Lead us into communion with our Father in heaven and into community with you, O Jesus Christ, for all eternity. Amen.

12월 22일

> 주 안에서 항상 기뻐하라. 내가 다시 말하노니 기뻐하라.
> 너희 관용을 모든 사람에게 알게 하라. 주께서 가까우시니라.
> 아무것도 염려하지 말고 다만 모든 일에 기도와 간구로,
> 너희 구할 것을 감사함으로 하나님께 아뢰라.
> 그리하면 모든 지각에 뛰어난 하나님의 평강이 그리스도 예수 안에서
> 너희 마음과 생각을 지키시리라. **빌립보서 4:4-7**

하늘에 계신 우리 아버지, 자녀 된 우리 마음에 언제나 기쁨이 머물게 하소서. 주님이 주신 기쁨으로 인해, 우리의 마음이 어떠한 상황에서도 그늘지지 않고 평화롭게 하소서. 우리가 기쁨으로 주를 섬기며 하나님의 평강을 늘 마음에 품게 하소서. 우리 안의 이 평화가 세상의 어두운 곳을 비추어, 슬픈 영혼들을 위로하게 하소서. 하늘에 계신 아버지, 이 땅에 어디에 도움을 구해야 할지 모른 채 하늘만 바라보는 불행한 사람들이 얼마나 많은지요! 주께서 그들에게 다가가실 것을 믿습니다. 눈물짓는 자들이 예수 그리스도 안에 있는 구원을 보고 즐거워할 수 있도록, 그들에게 다가가소서. 아멘.

Dear Father in heaven, let your joy be always in us, your children. Let your joy bring light and peace to our lives, no matter what happens around us. May we serve you in joy, aware of your peace at all times, so that something of this peace may go out from us to grieving hearts and to regions of the world that are in darkness. Father in heaven, how many unhappy people look up without knowing where to find help! But you will come to them. We beseech you, come to those who mourn, and let them find joy and trust for their redemption in Jesus Christ. Amen.

12월 23일

우리 주 예수 그리스도와 우리를 사랑하시고
영원한 위로와 좋은 소망을 은혜로 주신 하나님 우리 아버지께서
너희 마음을 위로하시고 모든 선한 일과 말에 굳건하게 하시기를 원하노라.
데살로니가후서 2:16-17

주 하나님, 하늘에도 계시고 땅에도 계신 우리 아버지, 주는 우리의 왕이십니다. 이제까지 우리를 지켜주시고 인도해주신 주님, 삶의 고비마다 우리를 건져주신 주께 감사드립니다. 순례의 길을 걷는 우리의 가슴은 희망에 부풀어 주님께 노래합니다. 우리 인생이 아무리 흠이 많고 죄로 얼룩져 있어도, 죽음과 공포에 짓눌려 있어도, 크리스마스가 주는 소망의 메시지를 마음에 담아 아기 예수께 경배하러 가기 원합니다. 주께서 그 손으로 우리를 붙들고 계심을 믿습니다. 주께서 도우시니 우리가 늘 앞을 바라보며 한 걸음 한 걸음 나아갑니다. 주님의 이름을 높이며 찬양합니다. 이 시간 우리와 함께하시고 우리에게 복을 주소서. 아멘.

Lord our God, our Father in heaven and our Father on earth, our Lord and our Ruler, we thank you that to this very day you have guarded and guided us and delivered us from great need. We praise you with hearts full of hope as we continue on our pilgrimage. For Christmas Day is coming with its message of hope that we may somehow bring honor to you in spite of all hindrances, mistakes, and sin, in spite of all death and the horror of dying. We know that you hold us in your hands. With your help we can look ahead, and again and again we may take a small step forward and live to the praise and honor of your name. So be with us now and bless us. Amen.

12월 24일

> 천사가 이르되 무서워하지 말라.
> 보라 내가 온 백성에게 미칠 큰 기쁨의 좋은 소식을 너희에게 전하노라.
> 오늘 다윗의 동네에 너희를 위하여 구주가 나셨으니 곧 그리스도 주시니라.
> … 홀연히 수많은 천군이 그 천사와 함께 하나님을 찬송하여 이르되
> 지극히 높은 곳에서는 하나님께 영광이요 땅에서는
> 하나님이 기뻐하신 사람들 중에 평화로다 하니라. 누가복음 2:10-11, 13-14

주 하나님, 하늘에 계신 우리 아버지, 주님은 우리에게 세상 모든 사람들의 기쁨이 될 아기 예수를 보내셨습니다. 아버지의 이름을 거룩하게 하소서. 주께서만 주실 수 있는 평화, 우리 마음에 샘솟는 이 평화를 온 세상에 허락하소서. 우리를 미쁘게 여기셔서 고통의 시간을 잘 견뎌내게 하소서. 마지막 날까지 우리의 속사람이 꿋꿋하도록 주의 사랑의 손으로 붙드소서. 그날에 세상 모든 사람들이 이 기쁜 소식을 듣게 될 것입니다. "예수 그리스도의 은혜 안에서 두려워하지 말라." 아멘.

Lord God, our Father in heaven, you have sent us the Savior, who was born to bring great joy to all people. Glorify your name, we pray. Give the world the peace you alone can give, the peace that wells up in our hearts. Let your favor rest on us so that we may hold out under our sufferings on earth. We need your loving help to remain inwardly steadfast until everyone can be reached by the message, "Be strong in the grace of Jesus Christ." Amen.

12월 25일

> 이는 한 아기가 우리에게 났고 한 아들을 우리에게 주신 바 되었는데
> 그의 어깨에는 정사를 메었고 그의 이름은 기묘자라, 모사라, 전능하신 하나님이라,
> 영존하시는 아버지라, 평강의 왕이라 할 것임이라. 이사야 9:6

주 우리 하나님, 주님은 이 땅에 빛을 비추시고, 예수 그리스도를 통해 하늘나라의 권세를 보이셨습니다. 아무리 세상이 악하고 어두워도 우리가 기뻐할 수 있는 이유는 구세주가 오셨기 때문입니다. 이 시대에 주의 능력을 드러내소서. 이 땅에 하나님나라가 세워지도록 새 일을 시작하소서. 사람들의 마음이 하나님께로 돌이켜 빛을 경험하게 하소서. 그들이 지금까지 세상을 다스리시고, 여전히 통치하고 계시는 주님께 감사와 찬양을 드릴 것입니다. 오 주 하나님, 하늘 문을 여셔서 사람들의 마음을 감화시키소서. 그들의 잠자던 내면이 깨어나고, 구주 예수 그리스도로 인한 기쁨이 그들의 슬픔을 몰아내게 하소서. 자녀 된 우리가 주께서 모든 것을 바로잡으실 그날을 기다립니다. 혼란스런 이 시절에도 주님은 여전히 일하시며, 아브라함에게 약속하셨던 것처럼 이 땅의 모든 세대에게 하나님의 뜻을 분명히 드러내십니다. 주님의 이름이 영광을 받으소서. 아버지의 나라가 오게 하시며, 하늘에서와 같이 땅에서도 주님의 뜻이 이루어지게 하소서. 아멘.

Lord our God, you have sent light to shine on earth and have revealed your heavenly power in Jesus Christ, so that in spite of all darkness and evil we may rejoice because we have a Savior. Reveal your power in our day. Let something be done anew toward the building of your kingdom on earth. Draw all hearts to you and give them light, so that they may thank and praise you for all you have done and are doing to bring the whole world into your hands. O Lord God, let people be moved by the opening of the heavens. May their hearts awaken and their sadness give way to joy in Jesus Christ the Savior. We, your children, wait in expectation for you to set everything right. We know that even in our troubled times your hand is at work to reveal your will to all generations, as you promised through Abraham. May your name be honored, your kingdom come, and your will be done on earth as in heaven. Amen.

12월 26일

*하나님이 세상을 이처럼 사랑하사 독생자를 주셨으니
이는 그를 믿는 자마다 멸망하지 않고
영생을 얻게 하려 하심이라.* 요한복음 3:16

주 우리 하나님, 빛과 생명 되신 주님의 말씀을 따라 살고 싶은 소망으로 우리는 주를 바라봅니다. 우리 마음 가운데 주님의 말씀을 심으소서. 그 말씀을 듣고 우리가 이 시대를 사는 의미를 알게 하소서. 우리는 연약하고 죄와 허물 많지만 주님은 여전히 우리를 인도하신다는 것을 깨닫고 용기를 얻게 하소서. 다가오는 주의 나라를 생각하며 우리는 늘 기뻐합니다. 시대의 고통이 아무리 거대해도 우리는 주께서 함께하신다는 것을 느낄 수 있습니다. 예수 그리스도의 빛을 비추소서. 평화와 은혜의 성령을 모든 민족에게 보내셔서 주의 뜻을 이루소서. 혼란 속에 빠진 인류를 구하시고 그들을 속박하고 있는 모든 것들로부터 해방시켜주소서. 선하고 진실하며 영원한 것을 위해 살 수 있도록 그들을 구원하소서. 주의 이름이 우리 가운데 영원히 높임 받으시길 기도합니다. 아멘.

Lord our God, our light and our life, in our longing to live by your Word we lift our eyes to you. Let your Word come into our hearts. Let your Word help us to understand our lives and our time, so that we can recognize your leading in everything and gather courage every day in spite of our weakness, sins, and faults. We can still find joy, for your kingdom is coming. We can feel that you are among us, however great the anguish of these times. Let the light of Jesus Christ shine out; let your Spirit of peace and grace come to all nations so that your will may be done. Free men from all their confusion. Release them from their bondage. Make them free for what is good, true, and eternal. May your name be praised among us today and forevermore. Amen.

12월 27일

찬송하리로다 주 이스라엘의 하나님이여
그 백성을 돌보사 속량하시며
우리를 위하여 구원의 뿔을
그 종 다윗의 집에 일으키셨으니. 누가복음 1:68-69

주 우리 하나님, 하늘에 계신 아버지, 우리가 주님 계신 곳에 나아가 기도합니다. 우리의 영혼이 위대하고 전능하신 하나님의 참 존재를 만나게 하소서. 아픔의 그늘을 거두시고 모든 것을 변화시키시는 주님은, 우리가 예수 그리스도를 통해 용서와 구원을 얻게 하십니다. 전능하신 주의 손으로 우리를 도우시고 보호하소서. 온 나라와 백성들이 주님의 은혜를 경험하고 죄와 불의를 이기신 주를 보게 하소서. 이 땅에 하나님의 정의가 실현되고, 사람들의 마음이 평화로 가득 차 전쟁이 그치게 하소서. 모든 일이 협력하여 선을 이루게 되기를 기도합니다. 만물이 그 본래의 목적을 이룰 수 있도록 모든 것을 다스리시는 주 하나님, 주님을 우리가 늘 바라보게 하소서. 아멘.

Lord our God, dear Father in heaven, we come into your presence and ask you to show yourself to us as the true, great, and almighty God, who can shed light into our misery and change it all, letting us find reconciliation and redemption in Jesus Christ. Protect and help us with your mighty hand. Let every country and nation see your grace and see the victory over all sin and injustice. Let your justice come on earth, and let peace fill the hearts of men and show in their lives. May all that happens to us serve the good. Help us always look to you, our Lord and God, for you have power to rule everything and to turn everything to its right purpose. Amen.

12월 28일

> 때가 차매 하나님이 그 아들을 보내사
> 여자에게서 나게 하시고 율법 아래에 나게 하신 것은
> 율법 아래에 있는 자들을 속량하시고
> 우리로 아들의 명분을 얻게 하려 하심이라. 갈라디아서 4:4-5

오 주 하나님, 주께서 우리에게 허락하시는 모든 경험으로 인해 감사드립니다. 이 경험을 통해 우리 영혼이 깨어서, 주의 뜻이 온전히 밝혀질 마지막 날을 기다리게 하시고, 이 땅 위 모든 나라와 민족과 각 사람을 향한 하나님의 계획을 깨닫게 하소서. 이 시대를 사는 우리의 기도를 들으소서. 주의 나라가 곧 올 것을 믿습니다. 그 나라가 우리 눈앞에 있습니다. 주의 말씀, 주의 도움이 가까이 왔습니다. 예수 그리스도께서 온 세계 위에 해처럼 떠오르실 것입니다. 우리가 주님을 경배하며 주께서 하시는 일을 찬양합니다. 주님이 이루신 모든 일을 우리 눈으로 직접 보고, 꺼지지 않는 소망으로 마지막 날을 기다리게 하소서. 우리가 아버지의 영광의 날을 즐거운 마음으로, 사랑하는 사람을 기다리듯 애타게 기다립니다. 아멘.

O Lord God, we thank you for everything you allow us to see and hear. May our hearts become awake and alive through all we receive so that we await your final revelation and recognize your ultimate will for all men, for all nations and races on earth. Hear us in these days, for we know your kingdom is coming. Your kingdom is before our eyes. Your Word, your help, is coming, and in Jesus Christ light will dawn for all the world. Praise and honor to you for all you do! May we see it all before our eyes so that our expectation of the last days is a living expectation, full of joy and blessing. We want to wait in joy, in love, and in longing for the day that is coming to your glory. Amen.

12월 29일

할렐루야 여호와께 감사하라.
그는 선하시며 그 인자하심이 영원함이로다. 시편 106:1

하늘에 계신 아버지, 권능으로 온 세상을 다스리시는 분, 우리를 향한 그 사랑에 감사드립니다. 힘겨운 상황에서도 우리가 주께 감사할 수 있는 것은, 결국 모든 것이 우리에게 유익이 될 것을 믿기 때문입니다. 주는 위대하고 강하신 하나님. 주께서 언제나 우리를 생명의 길로 이끄시고 더 풍요한 삶으로 인도하시니, 우리는 삶과 죽음, 기쁨과 슬픔 속에서 여호와께 감사합니다. 세상을 구하신 예수 그리스도 안에서 우리가 큰 사랑을 보았습니다. 우리 눈앞에 항상 계신 주님은 우리의 마음에도 계실 것입니다. 그리스도 예수 안에서 우리는 기뻐 외칩니다. "아바, 아버지!" 아멘.

Dear Father in heaven, whose might is over all the earth, we thank you for all the love you show us. We also thank you for everything that seems hard, but which you change into help and strength. We want to thank you in life and in death, in joy and in sorrow, for you are the great and mighty God, who calls us to life again and again, who leads us to fuller life. You have given us great love in Jesus Christ, our Savior. He shall always be before our eyes and remain in our hearts. Through him we can cry out in joy, "Abba, dear Father!" Amen.

12월 30일

> 마리아가 이르되 내 영혼이 주를 찬양하며
> 내 마음이 하나님 내 구주를 기뻐하였음은
> 그의 여종의 비천함을 돌보셨음이라.
> 보라 이제 후로는 만세에 나를 복이 있다 일컬으리로다.
> 능하신 이가 큰일을 내게 행하셨으니 그 이름이 거룩하시며.
> **누가복음 1:46-49**

오 주 하나님, 우리 영혼이 기쁨에 겨워 주께 나아갑니다. 우리에게 하늘의 뜻을 알리시고 성령을 보내실 그날을 고대합니다. 주님의 영은 우리의 마음을 충만케 하셔서 우리가 이 땅에서 믿음을 지키게 하십니다. 이 땅은 여전히 죄와 사망의 그늘 아래 어둡기만 합니다. 그러나 우리는 두려워하지 않고 참된 회개를 구하겠습니다. 수없이 넘어지고 실패해도 우리는 주를 바라봅니다. 주께서 바로 우리의 구원자이시기 때문입니다. 예수 그리스도는 아버지의 영광을 입고 우리에게 오십니다. 그분이 오시면 온 세상이 빛으로 가득할 것입니다. 천하의 모든 이들, 심지어 주를 모르는 자들까지도, 진실한 마음으로 주님을 인정할 것입니다. 하나님께서 예수 그리스도의 아버지시요 우리의 아버지이심을, 온 우주를 다스리시는 주님이심을 그들이 알게 될 것입니다. 주님의 영광이 나타나, 온 세상 사람들이 빛 가운데 걸으며 주를 찬양하고 영원히 그 이름을 높이게 될 것을 믿습니다. 아멘.

O Lord God, in exultation our hearts go out to you and your revelation of heaven, your revelation of the Spirit, who can fill our hearts so that we remain steadfast throughout our earthly life. It is still dark on earth. Sin and death hold sway, but we stand unafraid and seek repentance. In spite of all our failures we look to you and know you are our Savior. You send us Jesus Christ in your own glory. The world will be filled with light. Everywhere on earth, even among those who do not know you, the sincere-hearted will come to acknowledge that you, the Father of Jesus Christ and our Father, are God over all the world. You will show your glory to all people so that they may come to you, worship you, and walk in the light, to the everlasting glory of your name. Amen.

12월 31일

주께서 옛적에 땅의 기초를 놓으셨사오며 하늘도 주의 손으로 지으신 바니이다.
천지는 없어지려니와 주는 영존하시겠고
그것들은 다 옷같이 낡으리니 의복같이 바꾸시면 바뀌려니와
주는 한결같으시고 주의 연대는 무궁하리이다. 시편 102:25-27

주 우리 하나님, 해마다 하루도 빠짐없이 주님의 빛을 비추시니 참 감사합니다. 우리가 눈을 들어 언제나 주를 바라보게 하시니 감사합니다. 아무리 세월이 모질어도 주님은 정의의 오른손을 들어 모든 것을 바로잡으실 것입니다. 이 시대에 우리가 믿음을 잃지 않고 주께 영광 돌리게 하소서. 천지가 없어져도 주님은 여전히 계실 것입니다. 주님은 우리의 하나님이십니다. 구세주를 보내셔서, 우리가 주께 가까이 갈 수 있는 길을 터주셨습니다. 주님의 명예를 위해 진리와 정의가 승리할 그날이 곧 올 것이라고, 주님은 약속하셨습니다. 그 약속은 반드시 이루어질 것입니다. 수많은 사람들이 마음을 돌이켜 주를 경배하고 주님께 도움을 청하게 하소서. 우리를 살리신 예수 그리스도께 영광을 돌리게 하소서. 아멘.

Lord our God, thank you for letting your light shine every day of every year. Thank you that we may always lift our eyes to you, whose right hand will bring true order to everything, even in difficult times. Give our hearts the strength to be faithful in this age, the strength to glorify you. For you remain, no matter what happens on earth. You are our God. You have sent us the Savior and we can draw close to you. Your promise to us stands firm, the promise that your day with its truth and justice shall come, to the honor of your name. May many people turn their hearts to you; may they worship you and call to you for help, to the glory of our Savior Jesus Christ. Amen.

Evening Prayers

나와 가정, 공동체의 성숙을 돕는 책들

왜 용서해야 하는가
요한 크리스토프 아놀드 | 원마루 옮김 | 272쪽 | 11,000원

용서만이 상실을 견디는 유일한 길이다!
인생에서 가장 고통스러운 순간에 용서로 상처를 치유하고 삶을 회복한 사람들의 생생한 이야기를 통해 도저히 용서할 수 없는 상황에서 그래도 용서해야 하는 이유가 무엇인지 감동적으로 풀어낸다. 넬슨 만델라, 천종호(판사), 권근술(사단법인 어린이어깨동무 이사장) 추천!

나이 드는 내가 좋다
요한 크리스토프 아놀드 | 원마루 옮김 | 199쪽 | 11,000원

나이 드는 것이 두려운 그리스도인을 위한 인생 지침서!
노년에 겪게 되는 상실, 외로움, 용서, 작별, 죽음의 문제를 다양한 인물들의 실제 이야기를 통해 감동적으로 풀어냈다. 나이 드는 자신의 모습을 어떻게 받아들이고 다가오는 노년의 시간을 어떻게 살아야 할지 막막해하는 사람들에게 남은 여정을 풍요롭게 마무리할 길을 안내한다.

아이들의 이름은 오늘입니다
요한 크리스토프 아놀드 | 원마루 옮김 | 200쪽 | 10,000원

**진정 행복한 아이로 키우고 싶다면,
유년기의 특권을 마음껏 누리게 하세요!**
부모로서 자녀의 장래를 염려하는 당연한 마음이 어느 순간 도를 넘은 공포로 변하여 아이들에게서 유년기의 특권을 빼앗고 있다. 잘못인 줄 알면서도 용기가 없어서 세상과 타협하는 길을 선택한 우리 시대 부모와 교사에게 전하는 조언과 응원의 메시지!